모바일 미래보고서 2024

모바일 미래보고서 2024

커넥팅랩 지음

생성형 AI

비즈니스북스

일러두기

본문 내 달러의 원화 표기는 2023년 8월 23일 자 환율 기준으로 작성되었습니다.

모바일 미래보고서 2024

1판 1쇄 발행   2023년 9월 19일
1판 2쇄 발행   2023년 10월 23일

지은이 | 커넥팅랩
발행인 | 홍영태
편집인 | 김미란
발행처 | (주)비즈니스북스
등   록 | 제2000-000225호(2000년 2월 28일)
주   소 | 03991 서울시 마포구 월드컵북로6길 3 이노베이스빌딩 7층
전   화 | (02)338-9449
팩   스 | (02)338-6543
대표메일 | bb@businessbooks.co.kr
홈페이지 | http://www.businessbooks.co.kr
블로그 | http://blog.naver.com/biz_books
페이스북 | thebizbooks
ISBN 979-11-6254-346-7 03320

비즈니스북스는 독자 여러분의 소중한 아이디어와 원고 투고를 기다리고 있습니다.
원고가 있으신 분은 ms1@businessbooks.co.kr로 간단한 개요와 취지, 연락처 등을 보내 주세요.

생성형 AI,
미래의 변곡점이 되다

2023년 7월, 영화 산업의 상징인 할리우드가 멈춰 섰다. 미국 작가조합WGA에 이어 미국 배우·방송인 노동조합SAG-AFTRA까지 총파업에 나선 것이다. 할리우드의 양대 조합의 파업은 1960년 이후 63년 만의 일이다. 파업의 영향으로 미국 최고의 TV 시상식인 에미상Emmy Award이 연기되고, 일부 영화들의 개봉도 미뤄지거나 촬영이 중단되는 등 그 여파가 컸다.

　이번 파업은 처우 개선, 스트리밍 서비스와의 분쟁 등 다양한 이유 때문인데, 그중 AI와 관련된 사항도 주목받고 있다. AI가 자신들의 권리를 침해하고, 일자리를 위협한다고 주장한 것이다. 작가들은 챗GPTChatGPT 등의 생성형 AIGenerative AI가 기존 작품을 학습하여 새로운 시나리오를

써 내려가는 것이 지적재산권 침해라 생각하고 있다. 배우나 방송인들도 마찬가지다. 이미 영상 제작 및 합성에 AI가 활용되고 있는 상황에서 기술이 더 발전한다면 실제 배우가 아닌 AI로 학습되어 생성된 인물들이 영상에 등장하게 될 수도 있다. 이미 동영상 분야의 생성형 AI가 빠르게 발전되고 있는 상황으로 곧 이러한 상상이 현실로 나타날지도 모른다.

물론 AI 기술의 발전이 암울한 미래만을 만드는 것은 아니다. 오히려 기술의 진보는 접근 방식에 따라 유용하게 이용될 수도 있다. 예를 들어 작가들은 생성형 AI를 활용하여 더 빠르게 시나리오를 완성하거나 보완할 수 있다. 이해를 돕기 위한 이미지 중심의 스토리보드storyboard를 생성형 AI로 빠르게 작업하는 것도 가능하다. 등장 인물의 나이를 어리게 되돌리는 AI 디에이징de-aging 등의 고난이도의 기술을 활용해 배우나 방송인의 이색적인 모습을 연출하는 것도 상상해볼 수 있다. 영화 〈인디아나 존스: 운명의 다이얼〉에서는 80대의 해리슨 포드를 40대로, 디즈니플러스의 드라마 〈카지노〉에서는 60대의 최민식을 30대로 변신시키며 영상 제작에서 높은 활용 가능성을 보였다.

이번 할리우드 파업에 AI 관련 사항이 포함됐다는 것은 현업에서 그만큼 빠른 적용 가능성을 보였기 때문으로 해석할 수 있다. 이는 각 산업으로 빠르게 확산되고 있는 생성형 AI의 효과다. 생성형 AI는 콘텐츠, 커머스, 마케팅, 제조업 등 모든 분야에서 활용되며 생산성을 끌어올리는 역할을 하고 있다.

현재 IT를 기반으로 하는 글로벌 기업들 중 생성형 AI를 대비하지 않는 곳을 찾기는 힘들다. 이는 매우 이례적인 현상이다. 생성형 AI를 세상에 알린 챗GPT가 출시된 지 채 1년도 되지 않아 기업들의 움직임이 시작됐기 때문이다. 재밌는 것은 단순한 관심과 미래를 위한 대비 수준이 아니라 마치 서바이벌 게임을 하듯 생존을 건 치열한 경쟁을 벌이고 있다는 것이다. 무엇이 이들을 이렇게 긴장하게 한 것인가?

기업들의 기민한 반응은 과거에 보지 못했던 새로운 파도에 대응하지 않으면 침몰할 수 있다는 것을 직접 지켜봤기 때문이다. 그들은 아날로그 카메라 시대를 주름잡던 코닥이 디지털 카메라 시장에 대응하지 못해 몰락한 것을 비롯하여 피처폰 시장을 이끌던 모토로라와 노키아가 스마트폰 사업에 뒤늦게 대응하며 무너진 것 등 다양한 실패 사례를 간접적으로 경험했다. 다만 과거와의 차이점은 생성형 AI로 인한 변화는 특정 분야로 한정되지 않는다는 것이다. 카메라, 휴대폰 또는 제조업, 통신업 등 특정 분야가 아닌 거의 모든 분야에 영향력을 미치고 있기 때문이다. 그렇기에 생성형 AI라는 변화에 적응하지 못하면 도태될 가능성이 높다.

반면 아직은 초기 단계지만 기업마다 충분한 연구로 다양한 활용안이 더해진다면 생성형 AI는 각 기업 또는 서비스의 경쟁력을 갖추는 수단으로 활용될 것이다. 그렇기 때문에 많은 기업들이 직접 생성형 AI를 개발하거나 이미 출시된 다양한 생성형 AI 서비스와 기술을 자사에 적용할 방안을 적극적으로 찾고 있다.

구글의 CEO 순다르 피차이는 생성형 AI가 확산되고 있는 지금이 'AI 퍼스트'를 내건 지 7년 만의 흥미진진한 변곡점이라 언급했다. 마이크로소프트의 창립자 빌 게이츠는 생성형 AI가 GUI의 혁신을 가져온 윈도우 이후 가장 중요한 기술의 발전이라 밝혔고, 엔비디아Nvidia의 CEO 젠슨 황Jensen Huang은 AI의 아이폰 시대가 시작되었다고 평가했다.

2024년은 생성형 AI를 중심으로 전례가 없던 글로벌 대전이 시작될 전망이다. 오픈AI, 마이크로소프트, 구글, 메타 등 글로벌 기업들뿐만 아니라 네이버, 카카오, KT, 삼성, LG 등 국내 기업들까지 본격적인 경쟁을 준비하고 있다. 이후 주제별로 서술되는 각 장에서 더 상세한 내용을 확인할 수 있을 것이다.

이 책이 나오기까지 수고한 공동 저자들과 그 가족들 그리고 비즈니스북스 관계자 분들께도 감사의 인사를 전한다. 아울러 늘 함께 다양한 주제를 연구하는 커넥팅랩 전체 멤버들에게도 고마움을 전한다. 마지막으로 커넥팅랩의 트렌드 예측 도서를 기다려 주고, 읽어 주는 많은 독자들께 감사하다는 말씀과 함께 이 책이 미래를 대비하는 데 조금이나마 도움이 되기를 간절히 바란다.

저자들을 대표하여, 현경민

MOBILE FUTURE REPORT
2024

최초의 'GPT-n' 출시
2018.06

오픈AIOpen AI의 GPT-1 출시

AI 스타트업 투자 활성화
2021.05

오픈AI 스타트업 펀드Open AI Startup Fund I, L.P. 출범 발표

생성형 AI의 대중화
2022.11

GPT-3.5 기반의 챗GPT 등장

동영상 분야 생성형 AI 출시
2023.03

텍스트 입력만으로도 짧은 영상을 제작 가능한 동영상 분야 생성형 AI, 젠2 Gen-2 출시

챗GPT 플러그인 기능 확장
2023.03

오픈 AI, 서드파티 서비스를 연계하여 이용 가능한 챗GPT 플러그인 출시

여행 분야 챗GPT 도입
2023.02

마이리얼트립 'AI여행플래너' 론칭, 트립닷컴 '트립젠' 론칭

생성형 AI, 마케팅 분야에 활용
2023.03

현대백화점, AI 카피라이터 루이스Lewis 발표

챗GPT 의학 분야와 접목
2023.03

마이크로소프트, 챗GPT를 적용하여 환자의 진료기록을 생성 및 관리하는 닥스익스프레스 출시

구글 바드 중심으로 음성비서팀 구조 조정
2023.03

구글 음성비서인 어시스턴스에 생성형 AI 서비스인 바드를 접목하는 작업 착수

이미지 분야 생성형 AI의 발전

2022.04

이미지 분야 생성형 AI, 달리2 DALL-E2 출시

이미지 분야 생성형 AI 활성화

2022.07

이미지와 텍스트로 새로운 이미지를 생성하는 대표적인 생성형 AI 미드저니Mid-journey 출시

생성형 AI의 그림, 미술대회 수상

2022.07

생성형 AI 제작 이미지, 콜로라도 주립박람회 미술대회 1등 수상

글로벌 기업의 생성형 AI 진출

2023.02

메타의 생성형 AI, 라마 LLaMA 출시, 구글의 생성형 AI, 바드 Bard 출시

오픈 AI 챗GPT 플러스 출시

2023.02

챗GPT의 유료 버전인 월정액 상품 출시

GPT-4를 활용한 학습

2023.01

스피이지랩스Speakeasy Labs, Inc. AI 튜터기능 업데이트

오픈 AI의 GPT-4 출시

2023.04

GPT의 4번째 버전. 이미지 등을 활용 가능한 멀티모달 기능 추가

AI 사진, 국제 사진 대회 수상

2023.04

생성형 AI 제작 이미지, 2023 소니 월드 포토그래피 어워드World Photography Organization 1위 수상

생성형 AI를 활용한 업무 개선 도구 출시

2023.04

AI 기반 프레젠테이션 생성 서비스 감마 앱Gamma App 출시

게임 내 NPC들의 상호작용 발견

2023.04

스탠퍼드대학교와 구글, NPC들 간의 상호작용을 연구한 '생성형 에이전트' 논문 발표

여행 분야 챗GPT 챗봇 서비스 도입

2023.04

세계 최대 글로벌 OTA 익스피디아Expedia 모바일 앱에 챗GPT 기반 챗봇 서비스 도입

아마존의 생성형 AI 베드록 공개

2023.04

아마존의 음성비서 서비스인 알렉사에 베드록Bed-rock을 접목할 예정

메타의 라마2 출시

2023.07

기존의 라마를 개선한 오픈소스 기반의 생성형 AI 출시

윈도우 11에 생성형 AI 탑재 발표

2023.07

PC OS 윈도우 11에 GPT-4를 적용한 윈도우 코파일럿Windows Copilot 프리뷰 버전 발표

아마존 헬스 스크라이브 발표

2023.06

아마존 베드록을 적용한 의료 기록 관리 서비스인 헬스 스크라이브 발표

카카오 이미지 생성형 웹서비스 칼로2.0 발표

2023.07

기존의 라마를 개선한 오픈소스 기반의 생성형 AI 출시

메타, 생성형 AI '오디오 크래프트' 공개

2023.08

텍스트 입력으로 음악을 작사, 작곡할 수 있는 서비스 출시

네이버, 생성형 AI 서비스 출시

2023.08

네이버, 초거대 AI 하이퍼클로바XHyperCLOVAX 및 대화형 AI 서비스 클로바X 출시

일론 머스크 X.AI설립

2023.04

생성형 AI 개발을 위한 전문 인공지능 개발회사 설립

생성형 AI, 광고 툴 도입

2023.05

메타, 생성형 AI 기반 광고 툴 샌드박스 발표

챗GPT를 탑재한 대화형 AI 키오스크 탄생

2023.05

'딥브레인AI' Deepbrain AI, 대화형 AI 키오스크 공개

여행 분야 생성형 AI 기술 도입

2023.05~06

하나투어, 인터파크트리플, 부킹닷컴, 프라이스라인 등 생성형 AI 기술 도입

인플루언서 챗봇의 등장

2023.05

인플루언서 캐런 마조리, 생성형 AI를 활용해 자신의 목소리, 성격 등을 복제한 유료 챗봇 서비스 출시

오픈AI 스타트업 펀드 모금 완료

2023.05

미국 증권 거래 위원Securities a Exchange Commission에 1억 7,525만 달러 규모로 펀드 모집 완료 신고

| 차례 |

서문 **생성형 AI, 미래의 변곡점이 되다**   005

한눈에 보는 생성형 AI의 변화   010

CHAPTER 1

생성형 AI, 무한한 콘텐츠의 무대를 열다

≫ 거부할 수 없는 생성형 AI 시대가 펼쳐진다

인간의 뇌처럼 사고하는 초거대 AI의 등장 021 · 구글, 메타, 삼성이 AI 투자에 뛰어들 수밖에 없는 이유 027

≫ 'AI 활용 능력'이 당신의 '업무 능력'을 결정한다

누구나 크리에이터가 될 수 있는 세상 031 · 챗GPT와 경쟁하는 생성형 AI 기술들 038 · 기획부터 제작까지 생성형 AI로 047

≫ 인간과 AI가 공존하고 협력할 미래

생성형 AI의 정보를 믿을 수 있을까? 055 · 불쾌한 골짜기 그 너머 062

CHAPTER 2

나만의 특별한 경험을 만들다

트래블테크 →

>> **더 쉽고, 더 즐겁고, 더 편리한 여행의 시작**

넷플릭스를 보던 사람들, 집 밖으로 뛰쳐 나가다 071 · 네이버와 쿠팡은 왜 여행업에 뛰어들었을까? 076 · 여행, 경험을 큐레이션 해드립니다 080

>> **IT 기술, 여행과 일상의 고리를 잇다**

공항이 더 가까워진다고? 085 · 숙박에 테크를 심다 088 · 일과 여행의 경계가 사라진다 092

>> **AI, 개인의 취향을 제대로 저격하다**

여행, 검색할 필요 없이 클릭 한 번에 099 · 챗GPT가 여행업에 던지는 혁신 105 · 특별한 상상력으로 여행자의 마음을 사로잡아라 111

CHAPTER 3

고객 맞춤형 서비스로 진화하다

커머스 →

>> **엔데믹 후 흔들리는 커머스, 틈새 기회를 엿보다**

인플레이션과 소비 침체, 커머스를 위협하다 121 · 커머스와 택배, 새로운 경쟁 시장 128

>> **커머스, 새로운 돌파구를 찾아라**

D2C는 마켓 체인저가 될 것인가 133 · 이커머스의 새로운 희망은 C2C 140 · 유튜브의 미래는 커머스인가 148

>> **고객이 지갑을 열기 전에 먼저 다가가라**

끝나지 않는 배송 전쟁, AI가 좌우한다 158 · 나도 모르는 나의 '욕구'를 읽어 내다 166

CHAPTER 4

메타버스 플랫폼의 특이점이 온다

메타버스 →

>> **세 살 된 메타버스의 기대수명은?**

메타버스, 생성형 AI와 만나 성장하기 시작하다 181 · "메타버스는 당신의 생각보다 더 가까이 와 있다" 185

>> **확장하는 메타버스 세계에 '마침표'는 필요 없다**

놀고 게임하고 돈 버는 차세대 경제 생태계 192 · 오프라인 활동이 디지털 세계로 빨려 들어가다 197 · 산업의 발전을 앞당기는 메타버스 플랫폼 202

>> **메타버스의 특이점을 가져올 두 개의 키워드**

키워드 1. 생성형 AI, XR의 한계를 지우다 208 · 키워드 2. XR 디바이스, 공간 컴퓨팅 의 시대를 열다 215

CHAPTER 5

라이프스타일의 진화를 앞당기다

디바이스 →

>> **새로운 활로를 모색하는 모바일 디바이스**

애플이 금융의 영역을 넘보는 까닭 229 · 새로운 플래그십으로 주목받는 폴더블 스마트 폰 234 · 디바이스 기업이 자체 반도체를 개발하는 이유 240

>> **현실과 가까워진 미래형 디바이스가 온다**

당신의 생활과 디바이스가 분리되지 않는다 246 · 혁신적 디바이스들로 채워지는 스마 트홈 254 · 웨어러블, 이제는 '복용'도 가능합니다 261 · 작은 시그널도 놓치지 않는 디 지털 건강 돌보미 266

CHAPTER 6

알파 세대가 주목하는 유니콘으로 거듭나다

스타트업 →

≫ AI, 투자자들의 마음을 사로잡다

숨 고르기 중인 스타트업 생태계 275 · 스타트업의 황금알을 낳는 거위, 초거대 AI 279 · MZ세대를 뛰어넘을 미래의 핵심 소비자층 285

≫ 한계를 딛고 돌파구를 찾아 나선 기업들

버티컬앱에서 슈퍼앱으로 전환을 꿈꾸는 스타트업 292 · AI 산업, 경기 불황에도 투자와 경쟁이 치열한 이유는? 298

≫ 스타트업은 지금도 성장하는 중이다

부동산, 미술품, 와인도 '토큰'으로 투자하다 305 · 실리콘밸리에서 날아온 새로운 투자법 309

CHAPTER 1

생성형 AI,
무한한 콘텐츠의
무대를 열다

텍스트 몇 줄로 사람과 유사한 이미지가 탄생한다. 6명의 아티스트가 4~5개월 동안 작업해야 했던 디지털 휴먼digital human 제작이 생성형 AI로 몇 분이면 가능해졌다. 바야흐로 생성형 AI 시대. 게임 업계의 생산성은 앞으로 100배 이상 늘어날 예정이다. 달라지는 건 프로그래밍 분야뿐만이 아니다. 앞으로 생성형 AI가 우리의 일상과 업무 그리고 비즈니스를 어떻게 설계할 것인지 낱낱이 살펴보자.

거부할 수 없는
생성형 AI 시대가 펼쳐진다

인간의 뇌처럼 사고하는 초거대 AI의 등장

2023년 4월, 한 장의 사진이 세계의 이목을 끌었다. 사진 속에는 어딘가를 응시하며 생각에 잠긴 젊은 여성과 그 뒤에 숨어 멍한 표정으로 앞을 바라보는 또 다른 여성이 있었다. 이 빛바랜 사진은 세계사진협회가 주최하는 '2023 소니 월드 포토그래피 어워즈' 일반 공모 부문 크리에이티브 카테고리에서 1위를 수상했다. 하지만 사진작가 보리스 엘다그센Boris Eldagsen 은 해당 이미지를 AI로 만들었다고 직접 공개하며 수상을 거부한다고 발표했다. 작가는 자신이 생성형 AI인 달리2로 작품을 제작했다고 밝혔다. 그의 작품처럼 사람이 구분하기 어려운 고품질의 사진

과 동영상까지 AI가 직접 제작할 수 있는 시대가 열리고 있다.

생성형 AI는 사용자의 요구에 맞춰 텍스트, 오디오, 이미지 등의 콘텐츠를 생성해 내는 AI를 말한다. 그동안 등장한 AI들은 사전에 제공된 데이터로 직접 학습한 특정 패턴의 콘텐츠를 생성하는 방식이었다. 반면 생성형 AI는 학습하지 않은 다양한 방식의 콘텐츠도 생성할 수 있다. 특히 최근 생성형 AI는 초거대 AI_{Hyperscale AI}를 기반으로 이전과 달리 비약적으로 성장했다. 커넥팅랩은 이미 《모바일 미래보고서 2022》를 통해 초거대 AI의 등장을 주목하고, 향후 관련 수요가 증가할 것이라 전망한 바 있다. 초거대 AI로 대표되는 대규모 언어모델LLM, Large Language Model 은 가장 앞선 AI 기술로 평가된다. 자율적으로 사고, 학습, 판단하는 인간의 뇌 구조를 닮았으며 성능 지표라 할 수 있는 파라미터parameter가 무수히 많은 AI를 뜻한다. 이때 파라미터는 인간의 뇌에서 신경세포 간의 정보 전달을 해주는 시냅스의 역할을 한다.

파라미터를 쉽게 이해하기 위해 오징어의 특징을 구분하는 방식을 살펴보자. 오징어를 두 가지 특징으로 표현한다면 삼각형 머리와 10개의 다리로 묘사할 수 있다. 세 가지 특징이라면 삼각형 머리, 8개의 다리, 긴 촉수 2개로 설명할 수 있다. 여기에 한 가지 더 특징을 추가한다면 다리에 수많은 빨판이 달려 있다는 것을 더할 수 있다. 이렇게 특징을 더할수록 오징어의 실제 모습과 닮아가는데 이런 역할을 하는 것이 파라미터라고 생각하면 된다. 파라미터가 많다는 것은 좀 더 정교하게 여러 특징들을 학습할 수 있다는 의미다.

기존 AI 모델에서는 파라미터가 100억 개 내외였다. 오픈AI의 출시 이후, 초거대 AI의 대중화를 이끈 GPT-3.5의 파라미터 개수는 1,750억 개에 이른다. 인간 뇌의 시냅스가 100조 개 이상인 것을 감안하면 아직 부족하지만 기존 AI와 비교하면 최소 수십 배 이상 발전한 수치다. 이러한 GPT-3.5를 기반으로 2022년 11월 30일에 출시된 생성형 AI 서비스가 바로 챗GPT다.

챗GPT는 인스타그램, 틱톡, 넷플릭스 등 각 분야에서 인기를 누리고 있는 글로벌 서비스보다 빠르게 성장하고 있다. 업계 자료에 따르면 챗GPT는 서비스 출시 5일 만에 100만 명, 2주일 만에 200만 명의 이용자를 확보했고, 2개월 만에 월 이용자 수 1억 명을 돌파했다.(도표 1-1)

챗GPT의 이용자 수가 급속히 증가하는 만큼 이를 유지하는 비용도 만만치 않다. 오픈AI의 CEO 샘 올트먼Sam Altman에 따르면 챗GPT의 개발 비용 등을 고려할 때 채팅 1회당 2센트의 비용이 들어간다고 한다. 한화로 약 30원 정도의 비용이지만 이용자 수가 억 단위이기 때문에 회사 입장에서는 큰 비용을 투입해야 한다. 양질의 서비스를 계속 제공하고자 한다면 수익이 필요한 상황이다.

오픈AI는 서비스 비용을 해결하기 위해 2023년 2월, 월정액 20달러의 유료 상품인 챗GPT 플러스를 출시했다. 기존처럼 서비스를 무료로 이용할 수 있지만 유료로 사용할 경우 이용자가 몰리는 시간에도 서비스를 우선적으로 이용할 수 있다. 질문에 대한 응답 속도도 더 빠르다. 새로운 기능과 개선 사항도 무료 이용자보다 먼저 적용받을 수 있다. 2023년 4월에는 GPT-4를 출시하며 챗GPT 플러스 이용 고객들이 서비스를 우선적으로 사용할 수 있도록 제공했다.

GPT-4는 GPT-3.5보다 이해력, 추론력, 처리 능력을 더욱 상승시킨 버전으로, 글의 맥락을 좀 더 정확하게 파악하고 더 많은 단어를 처리하며 더 빠르고 긴 답변을 제공한다. 또한 멀티모달multimodal 기능을 통해 텍스트뿐만 아니라 이미지도 인식한다. 예를 들어 GPT-4를 활용하면

도표 1-1 주요 서비스별 이용자 100만 명 달성 소요 기간(위)
주요 서비스별 월간 이용자 1억 명 달성 소요 기간(아래)

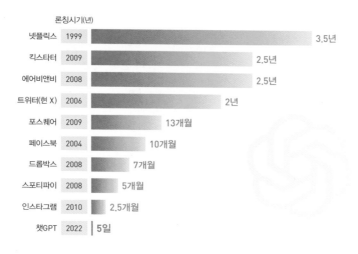

론칭시기(년)

넷플릭스	1999	3.5년
킥스타터	2009	2.5년
에어비앤비	2008	2.5년
트위터(현 X)	2006	2년
포스퀘어	2009	13개월
페이스북	2004	10개월
드롭박스	2008	7개월
스포티파이	2008	5개월
인스타그램	2010	2.5개월
챗GPT	2022	5일

앱		이용자 1억 명 달성 기간(개월)	
	챗GPT		2
	틱톡		9
	인스타그램		30
	핀터레스트		41
	스포티파이		55
	트위터(현 X)		61
	우버		70
	구글 번역기		78

출처: 스태티스타(위), 투자은행 USB(아래)

이용자

이 사진의 웃음 포인트가 뭐죠? 패널별로 설명해주세요.

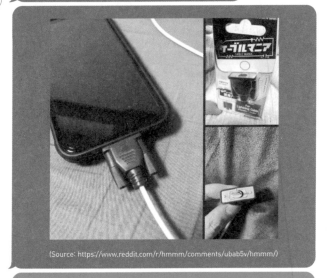

(Source: https://www.reddit.com/r/hmmm/comments/ubab5v/hmmm/)

해당 이미지에는 라이트닝 케이블 어댑터가 있는 세 개의 패널이 있어요.

패널1. 스마트폰 충전 포트에 VGA 케이블(주로 컴퓨터 모니터에 사용되는 큼직한 파란색 15핀 커넥터)이 꽂혀 있어요.

패널 2. VGA 케이블 사진이 담긴 라이트닝 케이블 어댑터 포장이 있어요.

패널 3. VGA 케이블 끝에 작은 라이트닝 케이블(주로 아이폰이나 다른 애플 기기 충전용으로 쓰임)의 클로즈업 사진이에요.

해당 사진의 웃음 포인트는 투박한 구형 VGA 케이블을 작은 최신 스마트폰 충전 포트에 연결하는 모순적인 상황에서 나와요.

출처: 오픈AI의 GPT-4 테크티컬 리포트

이미지화된 시험 문제를 풀거나 이미지의 숨겨진 의미를 찾아낼 수 있다. 다만 생성형 AI 달리2처럼 결과를 이미지로 출력하지는 못한다. 향후 GPT 모델이 개선된다면 이미지나 동영상 등의 결과값 출력도 가능하리라 기대된다.

챗GPT는 이미지, 음악, 동영상 등 특정 영역의 콘텐츠 생성에 집중하는 다른 생성형 AI들과 달리 전문 분야인 텍스트 생성에 기반을 두고 다른 분야로 확대해 나갈 전망이다. 챗GPT를 비롯해 생성형 AI가 처리할 수 있는 데이터의 형식이 다양해질수록 범용적인 인공지능을 일컫는 AGIArtificial General Intelligence로 발전할 것이라 기대된다.

구글, 메타, 삼성이 AI 투자에 뛰어들 수밖에 없는 이유

시장조사기관 리서치앤마켓Research and Markets의 〈글로벌 생성형 AI 시장 보고서 2023-2028〉에 따르면 생성형 AI 시장은 2023년 113억 달러(약 15조 원)에서 2028년 518억 달러(약 69조 원)로 증가하며 연평균 35.6퍼센트씩 성장할 전망이다. 또 다른 시장조사기관 그랜드뷰리서치Grand View Research는 생성형 AI 시장이 2022년 101억 달러(약 14조 원)에서 2030년 1,093억 달러(약 146조 원)까지, 연평균 34.6퍼센트 규모로 성장할 것이라 예상했다. 또한 로이터통신, CNBC, 《포브스》등 주요 언론에서는 연일 생성형 AI 뉴스를 쏟아내고, 구글, 메타, 삼성 등 주요 글로벌 IT 기업은 생성형 AI에 주목하며 투자를 이어 가고 있다. 향후 AI의 역사가 챗GPT 등 생성형 AI 보급 전과 후로 나뉜다고 해도 과언이 아닐 만큼 관심이 집중되고 있다.

생성형 AI에 주목해야 하는 이유는 크게 세 가지로 요약할 수 있다. 첫 번째, 사용자 경험을 의미하는 UX의 혁신이다. UX는 사용자가 어떠한 제품이나 서비스를 이용하며 느끼는 총체적인 경험을 의미한다. 그동안 일반인들은 전문 AI 기술에 대한 접근성이 떨어져 손쉽게 사용할 수 없었다. 그나마 대중적으로 활용되는 AI 서비스는 시리Siri, 빅스비Bixby 등 스마트폰에서 제공하는 음성 인식 비서나 음성 메모 요약 서비스 클로바노트 등에 그쳤다.

현재까지 가장 진화한 AI라 인식되는 생성형 AI는 다르다. 앞서 언급했듯이 챗GPT의 월 사용자가 서비스 출시 2개월 만에 1억 명을 돌파할 만큼 누구나 쉽게 사용할 수 있는 접근성을 갖췄다.

AI로 동화책 만들기, 동영상 편집하기, 파워포인트 만들기, 엑셀 함수 사용하기 등 SNS와 유튜브에서 생성형 AI를 통해 콘텐츠를 간편하게 만들거나 업무 생산성을 높이는 방법에 대한 팁들이 넘쳐 나고 있다. 접근성이 향상된 생성형 AI를 기반으로 다양한 경험을 얻는 방법이 쏟아져 나오고 있는 것이다.

생성형 AI가 주목받는 두 번째 이유는 확장성이다. 오픈AI는 2023년 3월, 챗GPT 플러그인을 공개했다. 플러그인은 챗GPT라는 콘셉트에 외부 서비스인 플러그들을 꽂아 사용하는 개념으로 다양한 서비스를 연계해 서드파티 third party 생태계 구축이 가능해진다는 것을 의미한다. 이미 다양한 플러그인 서비스들이 제공 중이다. 이를 통해 그동안 챗GPT가 2021년까지의 데이터만을 학습해 한정된 답변을 생성했던 한계를 넘어설 수 있다. 또한 사용자들은 기업들이 제공하는 다양한 분야의 서비스를 생성형 AI로 연결해 활용할 수 있다.

플러그인은 AI 분야의 앱스토어로 비유되기도 한다. 앱스토어가 다양한 앱 서비스를 통해 아이폰과 스마트폰의 생태계를 확장한 것처럼 챗GPT 플러그인도 AI 서비스 생태계 구축에 큰 역할을 할 것으로 기대되기 때문이다. 예를 들어 호텔, 항공권 등의 예약 서비스를 제공하는 익스피디아의 플러그인을 통해 "2024년 3월 1일부터 11일까지 파리로 여행 갈 예정인데 최저가 항공권을 찾아줘."라고 챗GPT에게 물어서 답을 구할 수 있다. 익스피디아 로그인까지 연결된다면 예약과 결제도 가능할 것이다.

플러그인은 여행업의 익스피디아, 법률 분야의 피스컬노트Fiscal Note, 식료품 배송의 인스타카트Instacart, 언어 교육의 스픽Speak 등 11개 분야로 시작해 900여 개까지 수가 늘어난 상황이다. 향후 더 많은 기업들이 플러그인에 참여할 것으로 예상된다. 이를 통해 이용자들은 더 많은 편의성을 확보할 수 있고, 기업 입장에서는 생성형 AI 개발을 위해 많은 비용을 투입할 필요 없이 협업을 통해서도 다양한 기회를 확보할 수 있게 된다. 생성형 AI는 이러한 확장성을 기반으로 강력한 플랫폼이 될 가능성이 높다.

생성형 AI가 주목받는 마지막 이유로 생산성 향상을 꼽을 수 있다. MIT Massachusetts Institute of Technology가 2023년 3월에 발표한 논문에 따르면 생성형 AI를 활용하면 업무 시간을 단축해 생산성 향상이 가능하다.

짧은 보고서, 이메일, 보도자료 등에 챗GPT를 활용했을 때가 그렇지 않은 경우보다 약 37퍼센트의 작업 시간 단축이 가능했고, 내용도 더 좋은 평가를 받았다고 한다.

3D 콘텐츠 제작 엔진 개발사 유니티Unity의 마크 휘튼Marc Whitten 부사장은 생성형 AI가 게임 산업의 생산성을 최대 100배 가까이 높일 수 있다고 전망했다. 디지털 휴먼 제작을 위해 6명의 아티스트가 4~5개월 동안 작업해야 했던 것을 생성형 AI를 통해 몇 분만에 완료할 수 있다고 한다. 이 외에도 프로그래밍 분야를 비롯해 미술, 음악 등의 예술, 금융, 미디어, 법무 등 다양한 분야에서도 생성형 AI로 생산성 향상이 가능하다는 전망이 이어지고 있다.

오픈AI에 적극적으로 투자하고 있는 마이크로소프트의 CEO 사티아 나델라Satya Narayana Nadella도 이 부분에 주목하고 있다. 그는 "인간이 컴퓨팅과 상호작용하는 방식이 진화하고, 이를 통해 일하는 방식이 근본적으로 바뀌고 생산성도 크게 증대될 것"이라 언급했다. 마이크로소프트는 자사의 검색 엔진 빙Bing과 마이크로소프트 365 등 업무용 SW에 챗GPT를 적극적으로 도입하며 이러한 트렌드를 주도하고 있다.

생성형 AI의 행보는 그동안의 AI 분야 트렌드와 다른 양상을 보이고 있다. 글로벌 IT 기업들도 생존과 경쟁을 위해 어느 때보다 더 빠르고 긴밀하게 움직이는 상황이다. 2024년 한 해는 챗GPT를 앞세운 오픈AI의 독주를 막기 위한 글로벌 IT 기업들의 과감한 도전이 예상된다.

'AI 활용 능력'이
당신의 '업무 능력'을 결정한다

누구나 크리에이터가 될 수 있는 세상

시를 쓰는 이유를 묻지 말아 주십시오./

그냥 쓰는 것입니다./ 쓸 수밖에 없기에 씁니다.//

무엇을 쓰는지는/ 중요하지 않습니다.//

시를 쓴다는 것은/ 세상에서 가장 짧은 말을 하는 것입니다.//

말을 줄이는 것입니다./ 줄일 수 있는 말이 아직도 많이 있을 때/ 그때 씁니다.

출처: 《시를 쓰는 이유》 슬릿스코프, 카카오브레인, 리멘워커, 2022, 26면

카카오브레인의 AI 시아sia가 출간한 《시를 쓰는 이유》에 실린 동명의 시다. 김태용 작가는 이 시집을 읽은 후 "어떤 시는 좋고, 어떤 시는 바보 같고, 어떤 시는 나에게 글을 쓰고 싶게 만든다."라고 평가했다. 시집에 실린 모든 시가 좋다고 할 수는 없겠지만 작가의 창작욕을 자극할 만큼 좋은 시가 포함됐다는 것을 간접적으로 보여 준다.

생성형 AI는 뛰어난 콘텐츠 생성 능력을 기반으로 문학, 미술, 음악 등의 예술을 포함한 다양한 창작 분야에서 활약하고 있다. 최근에는 개발자나 PD, 디자이너처럼 전문성을 갖추지 않은 일반인들도 생성형 AI를 활용해 충분한 수준의 콘텐츠를 만들어 낸다. 또 발 빠른 일부 콘텐츠 크리에이터들은 이미 자신들만의 노하우를 블로그, SNS, 유튜브 등에 공유하고 있다. 특히 가벼운 글쓰기와 영상 콘텐츠의 스크립트 작성에 챗GPT를 활용하는 사례가 넘쳐 나고 있다. 서점에서도 챗GPT로 원고를 작성한 책들이 등장했다. 점차 출판 업계에도 영향을 미치리라 예상된다.

2023년 5월, 약 60만 명의 구독자를 보유한 유튜버 송태민 대표가 이끄는 히든브레인연구소가 창의적인 프로젝트를 완료하며 주목받았다. 챗GPT 등의 생성형 AI를 활용해 100인이 동시에 100권의 책을 출간하는 프로젝트였다. 송 대표와 연구소는 예비 저자들을 모아 AI의 역사부터 생성형 AI의 활용법까지 교육시킨 후 참여자들이 각자의 책을 출간할 수 있도록 도왔다. 생성형 AI를 활용해 책의 원고 내용과 표지 제작까지 완료하는 데 불과 약 3개월밖에 걸리지 않았다. 소수의 작가들

● 집필 중인 한국인 작가의 이미지를 미드저니로 직접 생성한 결과물

출처: 미드저니

만이 넘었던 출간이라는 높은 문턱을 생성형 AI를 통해 낮춘 것이다. 해외에서는 공상과학소설SF의 온라인 소설 플랫폼으로 유명한 클락스월드Clarkesworld가 생성형 AI로 만든 작품이 쇄도하자 작품 접수를 중단한 일도 있었다.

　이미지 창작 분야의 파급력은 더 극적이다. 일반적으로 수준 높은 이미지를 만들고자 한다면 창작을 위한 아이디어뿐만 아니라 포토샵이나 일러스트레이터 같은 전문 프로그램을 다루는 능력이 필요하다. 특히 전문 프로그램을 얼마나 능숙하게 잘 다루는지에 따라 결과물의 품질이 결정된다. 일반인들로서는 숙련도가 부족해 누구나 만족할 만한 이미지를 만들어 내는 것이 쉽지 않은 분야였다. 하지만 포토샵 같은 전문 프로그램으로 편집하는 대신, 이미지로 가이드를 제공하거나 챗GPT와 대화

하듯이 텍스트로 원하는 이미지를 묘사해주는 방식이 모든 것을 바꾸었다. 이제는 생성형 AI를 활용하면 누구라도 더 빠르게 전문가 수준의 결과물을 완성할 수 있다.

2022년에는 대표적인 이미지 분야의 생성형 AI 미드저니로 제작한 '스페이스 오페라 극장'이라는 작품이 콜로라도 주립박람회 미술대회 디지털 부문에서 1등을 수상하기도 했다. 미드저니 외에도 스테이블 디퓨전Stable Diffusion, 달리2 등의 생성형 AI가 이미지 분야에서 자주 사용되며 이들을 활용한 콘텐츠가 전 세계에서 쏟아져 나오고 있다.

생성형 AI를 활용하면 이미지도 손쉽게 편집할 수 있다. 인페인팅inpainting과 아웃페인팅outpainting이 대표적이다. 인페인팅은 이미지 내의 수정 사항을 반영해 객체를 수정하는 기능이다. 예를 들어 의자에 앉아 있는 강아지 이미지를 고양이로 수정하도록 텍스트를 입력하면 이에 맞춰 이미지를 변경할 수 있다. 아웃페인팅은 이미지를 캔버스 밖으로 확장해 채워 나가는 기능이다. 이를 활용하면 기존 이미지의 화풍과 색감, 질감 등과 어울리도록 이미지를 생성해 낼 수 있다. 마치 챗GPT의 언어 모델이 일련의 단어나 문장 이후에 따라올 단어를 예측해 텍스트를 생성하듯이 아웃페인팅에서도 기존 이미지와 어울리는 배경을 예측해 이미지를 확장해 완성한다.

또한 하나의 원본 이미지를 입력해 유사한 스타일로 변형된 결과물도 생성할 수 있다. 예를 들어 이미지 속 인물의 신체적 특징이나 의상을 그대로 유지한 채 다양한 각도로 자세를 변경한 결과를 보여 준다. 생성형

출처: 오픈AI 홈페이지, https://openai.com/blog/dall-e-introducing-outpainting

AI의 이미지 변환 기능이 좀 더 발전한다면 향후에는 웹툰 같은 창작물의 제작도 가능할지 모른다.

　음악 분야에서는 이미지 분야보다 더 오래전부터 AI를 활용해 왔다. 대표적인 예가 악성樂聖 베토벤의 탄생 250주년을 기념해 진행된 미완성 교향곡 제10번의 완성 프로젝트다. 음악학자들과 AI 전문가들은 베

● 원본 이미지(위)와 원본 이미지 속 인물의 자세와 각도를 다양하게 수정한 이미지(아래)

출처: 오픈AI 유튜브, https://www.youtube.com/watch?v=qTgPSKKjfVg

토벤에게 영향을 준 음악가들의 작품과 베토벤의 교향곡을 비롯해 미완
성으로 남은 제10번 교향곡의 스케치를 AI에게 학습시켜 곡을 완성했
다. 결과물의 완성도를 직접 논하기는 어렵겠지만 AI의 다양한 활용도
를 발견했다는 데 의미를 둘 만하다.

미국 UC산타크루즈대학교 데이비드 코프David Cope 교수진이 개발한 에밀리 하웰Emily Howell은 널리 알려진 클래식 분야의 작곡 AI다. 에밀리 하웰은 모차르트, 베토벤, 라흐마니노프 등 여러 위대한 작곡가들의 작품을 학습해 바로크 음악부터 현대음악까지 다양한 장르에서 새로운 곡을 작곡한다. 경기필하모닉 오케스트라가 국내 최초로 에밀리 하웰이 작곡한 교향곡을 무대에서 연주하기도 했다.

AI가 작곡한 음악들은 다양한 방식으로 미디어 콘텐츠에 녹아들기도 한다. 지니뮤직은 2022년 9월에 드라마 〈가우스전자〉의 로고송을 AI로 제작했다. 업보트엔터의 AI 작곡가와 협업을 통해 제작된 곡이다. 업보트엔터가 개발한 작곡 AI 아이즘AISM, Artficial Intelligence System of Music은 대중음악뿐만 아니라 다양한 장르의 음악을 만들어 내는 것이 가능하다. OST, 자장가, 동요 앨범 등을 발매한 프로 작곡가로 스포츠단의 응원가, ASMR 콘텐츠 등 다양한 포트폴리오를 보유하고 있다.

생성형 AI를 활용하면 이제 누구나 작곡을 할 수 있다. 미드저니나 스테이블 디퓨전 같은 생성형 AI로 일반인들이 이미지를 만들어 내듯이 음악을 만들어 낼 수 있는 서비스들도 등장했다. 클릭 몇 번만으로 원하는 장르의 음악을 만들어 내는 사운드로우Soundraw가 대표적이다. 악보를 모르거나 전문 프로그램을 다루지 못하는 사람도 장르, 분위기, 템포 등의 조건을 입력하기만 하면 음악을 생성해 악기를 교체하거나 개별 볼륨을 조정할 수 있고 조성 변경 등을 구간별로 편하게 편집할 수 있다. 사운드로우로 작곡하고, 챗GPT를 통해 작사해 가사를 더한 후 미드저니로 앨범 커버 이미지까지 만들면 생성형 AI만으로 앨범을 제작할 수도 있다. 다만 실제로 앨범을 제작하는 데 필요한 저작권, 유통 등의 현실적 문제에 대한 고려가 필요하다.

이처럼 생성형 AI는 전문가들의 영역으로 여기던 분야에서 일반인들도 다양한 콘텐츠를 쉽게 만들어 낼 수 있는 수단이 되고 있다. 특히 각 분야의 생성형 AI를 어떻게 조합하느냐에 따라 가벼운 글쓰기와 동영상 콘텐츠 제작뿐만 아니라 서적 출간, 웹툰 제작, 앨범 제작 등 전문 작업도 가능하다. 누구나 아이디어만 충분히 갖추고 있다면 몽상에 그치지 않고 생성형 AI를 도구로 활용해 얼마든지 결과물을 만들어 낼 수 있다.

챗GPT와 경쟁하는 생성형 AI 기술들

2023년 1월 구글은 전체 직원의 6퍼센트에 해당되는 1만 2천 명의 정리해고를 발표했다. 이는 창사 이후 최대 규모의 구조조정으로 전 세계가 놀란 충격적인 뉴스였다. 주로 미래 사업이나 성과를 내기에 시간이 필요한 부서들이 정리 대상이었다. 대표적으로 로봇 프로젝트와 IoT OS인 푸시아Fuchsia 개발팀에서 대규모 감축이 이뤄졌다.

반면 AI 연구를 전담하는 구글 브레인Google Brain은 구조조정의 영향을 거의 받지 않았다. 이는 구글이 챗GPT 열풍에 대한 심각한 위기의식을 느끼며 2022년 말에 조치한 코드 레드code red 상황과 무관하지 않다. 이후 구글은 공동 창업자인 래리 페이지와 세르게이 브린까지 불러들여

대책 강구에 나섰다. 2023년 4월에는 이세돌 9단과 대국했던 알파고의 개발팀 딥마인드와 구글 브레인의 통합을 발표하기도 했다. 이처럼 글로벌 IT 산업을 쥐락펴락하던 구글도 긴장을 늦추지 않고 대책을 강구하기 위해 애를 쓰고 있다.

구글의 위기의식은 검색 시장의 패권을 빼앗길 수 있다는 불안감에서 시작된다. 구글은 트래픽을 매출로 바꾸는 능력이 뛰어난 기업이다. 다양한 비즈니스 모델을 갖췄지만 검색과 유튜브 등 다양한 플랫폼에서 트래픽을 모아 광고 매출을 거두는 사업이 핵심이다. 다시 말해 구글에서 운영하는 서비스의 트래픽이 떨어지면 매출에 영향을 미칠 수밖에 없다.

마침 코로나19 팬데믹이 종식을 앞두고 있는 상황에서 구글의 광고 매출 상승세가 주춤하는 모습을 보였다. 구글의 2023년 1분기 실적 발표에 따르면 광고 부문 매출이 전년 동기 대비 0.2퍼센트 감소한 545억 5천만 달러(약 73조 원)를 기록했다. 전년도 4분기에 이어 두 분기 연속 광고 매출이 감소했는데 역대 세 번째라고 한다.

마이크로소프트가 챗GPT를 탑재한 검색 엔진 빙챗Bing Chat을 내놓자 구글의 검색 트래픽이 일시적으로 감소하기도 했다. 정보분석업체 시밀러웹similarweb에 따르면 새로운 버전의 빙을 오픈한 이후 약 6주간 빙의 방문자 수는 15.8퍼센트 증가했다고 한다. 그사이 구글 방문자 수는 1퍼센트 가까이 하락했다. 모바일 데이터 분석업체 데이터 에이아이data. ai(앱애니App Annie에서 사명 변경)는 빙의 신규 버전 출시 이후 앱 다운로드

횟수가 여덟 배나 늘었다고 발표했다. 아직 구글의 점유율을 극적으로 끌어내릴 수준은 아니지만 마이크로소프트는 챗GPT가 적용된 빙으로 구글에 대항하기 위한 준비를 차근히 해나가고 있다. 이런 상황에서 삼성전자가 스마트폰의 검색 엔진으로 구글 대신 마이크로소프트의 빙을 탑재하는 방안을 검토 중이라고 알려졌다. 이후 양사의 협력 관계 유지를 위해 검색 엔진 변경은 없다는 소식이 전해졌지만 향후 빙으로의 교체 가능성이 완전히 사라진 것은 아니다.

전에 없던 위기 의식을 느끼고 있는 구글은 챗GPT를 필두로 한 오픈 AI와 마이크로소프트의 연합에 대응하기 위해 2023년 2월에 생성형 AI인 바드를 공개했다. 하지만 시연 당시 거짓 정보가 포함된 답변 때문에 혹평을 받았다. 당시 구글의 모회사인 알파벳의 주가는 7퍼센트 이상 폭락하며 위기설을 더욱 증폭시켰다. 이를 만회하기 위해 5월 연례 개발자 회의에서는 차세대 초거대 AI인 팜2$_{PaLM2}$를 기반으로 한층 더 업그레이드된 바드를 선보였다. 또한 창립 25년 만에 구글 검색의 리모델링 계획도 함께 발표했다.

기존의 구글 검색은 검색어와 관련성이 높은 웹사이트를 나열해 주는 방식이었다. 바드와 통합된 새로운 검색 방식은 AI의 완성된 답변을 먼저 보여 주고 관련 정보들을 얻을 수 있는 웹사이트들을 추가로 나열해 준다. 예를 들어 '언덕이 있는 5마일 출퇴근 거리에 적합한 자전거'를 검색하면 AI는 디자인은 물론, 언덕을 오르기 위한 모터와 배터리, 편안한 승차감을 위한 서스펜션을 고려해야 한다고 답변한다. 또 이미지와

● '언덕이 있는 5마일 출퇴근 거리에 적합한 자전거' 검색 결과

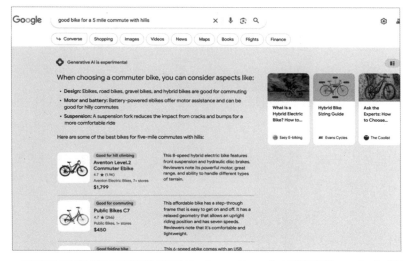

출처: 유튜브 구글 채널 내 '구글 I/O 2023 키노트' 영상, https://www.youtube.com/live/cNfINi5CNbY?feature=share&t=2624

가격, 리뷰 정보, 설명 내용까지 추가해 적합한 자전거를 추천해 준다. 검색 결과에 추가적으로 빨간 자전거를 원한다고 자연스럽게 질문을 이어 가면 추천 결과도 얻을 수 있다.

이 외에도 바드는 지메일, 포토, 지도, 워크스페이스 등 구글에서 제공 중인 25개의 주요 서비스에 적용될 예정이다. 예를 들어 바드의 답변 결과를 구글 문서도구Google Docs나 지메일로 내보낼 수 있다. 챗GPT처럼 파이썬, C, C++ 등 프로그래밍 언어를 코딩해 주는 기능도 제공한다. 일부 언어는 클라우드 기반 개발 환경인 구글 코랩Colaboratory으로 연

결할 수도 있다. 바드의 서비스는 챗GPT의 플러그인처럼 구글을 넘어 외부로 연결, 확장을 꾀하며 서드파티와의 생태계 구축도 예고하고 있다. 구글 플레이에서 쌓은 노하우가 큰 역할을 할 것으로 기대된다.

바드는 향후 지원 언어를 40개까지 확대할 예정으로 한국어와 일본어 서비스는 발표 이후 바로 개시했다. 영어와는 언어의 특성이 다른 한국어, 일본어를 우선적으로 지원한다는 것이 이례적이라는 해석이지만 여러모로 구글의 기술을 검증하기 위해 국내 시장이 중요한 시장으로 지목되었다는 평가다.

메타의 생성형 AI는 폐쇄형 구조를 가진 오픈AI의 챗GPT와 구글의 바드와는 방향성이 다르다. 오픈소스open source 전략을 취하며 개방형 모델을 지향하기 때문이다. 2023년 2월, 메타는 대학, 기관, NGO 등을 대상으로 비상업적 용도로 제한하여 오픈소스로 사용 가능한 생성형 AI 라마를 공개했다. 이후 7월에는 상업용 용도로도 사용할 수 있도록 완전히 개방된 라마2를 발표했다. 메타의 CEO 마크 저커버그는 "소프트웨어가 개방되면 더 많은 사람이 문제를 찾아 식별하고 해결할 수 있어 안전과 보안을 향상시킬 수 있다"며 오픈소스 개방이 혁신을 촉진할 것이라고 언급했다. 라마2는 월 사용자가 7억 명 미만인 서비스에는 무료로 활용 가능하다.

라마2는 파라미터 수에 따라 70억 개, 130억 개, 700억 개 등 3가지 모델을 사용할 수 있다. 파라미터 수가 적으면 고성능의 컴퓨팅 파워가 없어도 일반 PC나 스마트폰에서도 AI 모델을 실행하는 것도 가능해진다. 즉 접근성이 높아진다는 의미다. 파라미터 수만 보더라도 라마2의 성능은 경쟁 서비스인 챗GPT와 바드보다 떨어진다. 하지만 오픈소스와 3가지의 모델을 제공하는 전략으로 이를 보완하고 있다. 생성형 AI 개발 여력이 부족한 기업과 단체 등에서 라마2를 활용한 상업용 서비스 출시와 논문 발행이 이어지고 있는 상황이다.

라마1을 기반으로 스탠퍼드대학교의 연구진이 개발한 알파카Alpaca나 UC버클리대학교와 스탠퍼드대학교의 연구진이 함께 발한 비쿠냐Vicuna는 매우 우수한 성능을 보여 줬다. 2023년 5월 외부로 유출된 구글의 내부 보고서에 따르면 챗GPT의 성능을 100점 만점으로 했을 때 라마가 68점, 알파카가 76점, 비쿠냐가 92점, 바드가 93점을 기록했다고 한다. 기업에서 AI 모델의 개발에 막대한 자금과 시간, 인력을 동원하던 시대에서 전 세계 다양한 개발자들이 오픈소스로 빠르게 구현하는 시대로 넘어가고 있음을 보여 주는 수치다. 더 진보된 라마2를 통해 여러 개발자들이 오픈AI와 구글에 함께 맞서는 현실이 펼쳐질지 모른다.

국내 기업들도 초거대 AI와 생성형 AI 서비스들을 발표하고 있다. 네이버는 2023년 8월 챗GPT보다 한국어를 6,500배 더 많이 학습한 하이퍼클로바X를 발표했다. 하이퍼클로바X는 네이버가 보유한 포털, 쇼핑, 지도, 블로그 등의 다양한 서비스와 50년 치에 달하는 뉴스 데이터까지 학습한 한국어에 가장 특화된 초거대 AI다.

하이퍼클로바X는 다양한 생성형 AI 서비스에 적용되는데 같은 날 발표된 클로바X가 대표적이다. 클로바X는 챗GPT, 바드 등과 유사한 대

NAVER GENERATIVE AI

	7	8	9	10	11
Backbone		HyperCLOVA X 스타트업 대상 선공개	HyperCLOVA X 오픈		
검색			생성형 AI 검색 서비스 CUE: 베타		통합 검색 내 CUE: 부분 적용
창작자/사업자 /광고주			CLOVA For Writing 베타		CLOVA for AD 선공개
애플리케이션		대화형 AI 서비스 CLOVA X 베타		네이버 사내 시스템 생성형 AI 적용	
PaaS		CLOVA Studio with CLOVA X 선공개		CLOVA Studio with HyperCLOVA X 오픈	
인프라				Neurocloud for HyperCLOVA X 오픈	

출처: 네이버

화형 AI 서비스로 플러그인처럼 서드파드를 연결하는 '스킬' 기능까지 제공한다. 스킬은 네이버 쇼핑과 여행을 시작으로 쏘카, 야놀자, 배달의 민족 등 다양한 서비스로 확장할 계획이다. 이외에도 하이퍼클로바X를 적용한 검색 서비스 큐CUE:와 AI 글쓰기 도구 클로바 포 라이팅CLOVA for Writing 등을 연이어 출시할 예정이다.(도표 1-2)

네이버는 하이퍼클로바X 기반의 생성형 AI 서비스로 B2C뿐만 아니라 B2B 분야를 동시에 공략한다는 전략을 세웠다. 기업의 니즈에 따라 클라우드 환경에서 하이퍼클로바X를 추가 학습하고 최적화하는 클로바 스튜디오CLOVA Studio와 폐쇄적인 네트워크 환경으로 구축하여 보안성까지 강화한 뉴로클라우드Neurocloud가 대표적이다. 각 기업의 비용이나 데이터 보유 수준과 보안을 고려하여 하이퍼클로바X를 도입을 검토하는 것이 가능하다.

네이버 외에도 LG는 2023년 7월 논문 및 특허 전문 지식 특화 AI인 엑사원2.0을 발표했고, 엔씨소프트도 2023년 8월 게임 개발에 특화된 AI 바르코를 발표했다. 국내 양대 플랫폼 중 하나인 카카오는 2023년 내에 코GPT2.0을 발표하여 생성형 AI 시장에 본격적으로 뛰어들 예정이다.

지금까지 설명한 생성형 AI에 대한 설명은 특정 시점의 정보라는 점에서 주목할 만하다. 생성형 AI 분야는 과거의 어떤 기술이나 서비스의 트렌드보다 더 빠르게 변화하고 있다. 향후 기술의 발전 방향을 예측하기가 매우 어려울 정도다. 현재로서는 챗GPT를 내세운 오픈AI가 가장 앞서 있다. 하지만 구글도 한때 후발 사업자임에도 불구하고 자체 역량을 기반으로 1등 사업자를 앞질렀던 경험을 갖고 있다. 생성형 AI 분야에서도 구글의 약진이 기대되는 이유다.

한편으로 라마를 앞세운 오픈소스가 더 빠른 속도로 발전할 수도 있다. 한 IT 매체에 따르면 라마의 오픈소스를 견제하기 위해 오픈AI에서도 오픈소스 기반의 새로운 언어모델을 준비하고 있다고 한다. 구글에서도 대응 전략을 취하고 있다. 대표적으로 팜2를 적용한 개선된 바드를 내놓으며 파라미터 수를 조절해 게코Gecko, 오터Otter, 바이슨Bison, 유니콘Unicorn 등의 네 가지 하위 모델을 출시할 계획이라고 발표했다.

국내의 생성형 AI는 한국어 데이터를 가장 많이 보유하고, 이에 특화된 모델 개발이 수월한 네이버와 카카오를 중심으로 발전할 가능성이 높다. 사람의 생각과 행동이 다른 것은 성장하며 얻은 경험 때문인데 이는 국가와 문화, 지정학적 위치 등에 따라 큰 영향을 받는다. AI도 마찬가지로 학습 데이터에 따라 차이를 보일 수 있다.

실제로 한국, 중국, 일본 등 아시아에서 만든 안면 인식 알고리즘은 다른 대륙의 사람보다 아시아인에 대한 인식률이 더 높다고 한다. 동양인에 대한 학습 데이터가 월등히 많기 때문이다. 품질이 높은 생성형 AI 개발을 위해서는 다른 국가에서 이해하기 어려운 문화적 특성 또한 학습이 필요하기 때문에 국내라는 서비스 범주에서는 네이버나 카카오가 유리할 수밖에 없다. 또한 생성형 AI는 사용자의 질문에 답하는 단순한 기능을 넘어 여러 서비스와 연계되는 방향으로 발전하고 있는데 두 기업이 이에 활용 가능한 다양한 서비스를 보유하고 있다는 것도 큰 장점이다.

이 외에도 아마존, 어도비, 바이두, SK텔레콤, KT, 삼성전자, LG 등의 국내외 IT 기업들도 생성형 AI를 출시했거나 개발 중이다. 현재로서는 오픈AI가 시장을 선도하고 있지만 미래 먹거리 개발을 위해 후발 기업과의 경쟁이 거센 상황이다. 생성형 AI는 이제 막 초기 단계를 지났기 때문에 향후 몇 년 동안 치열한 경쟁이 이뤄질 것이다. 하지만 이를 통해 과거 어떤 IT 분야보다 더 빠른 속도의 발전이 예상된다.

기획부터 제작까지 생성형 AI로

영화 《데드풀》Deadpool 에서 재치 있는 연기로 인기를 끈 배우 라이언 레이놀즈Ryan Reynolds 는 마케팅 업계에서 광고 천재로 불린다. 그는 맥시멈 에포트Maximum Effort 라는 마케팅 회사를 창업해 자신의 캐릭터처럼 유머러스한 B급 감성으로 삼성전자, 넷플릭스 등 글로벌 기업들의 광고까지 제작했다. 현재는 회사를 매각한 후 CCOChief Creative Officer 로 재직하고 있다. 맥시멈 에포트의 강점은 이슈 하이재킹issue hijacking 이다. 특정 이슈나 화젯거리가 정점에 달했을 때 이를 활용해 일주일 내로 광고를 만들어 내는 방법이다.

2023년 1월, 챗GPT에 대한 관심이 집중되던 시기에 레이놀즈는 자신이 운영하는 알뜰폰 회사 민트모바일Mint Mobile 의 광고를 론칭했다. 그는 챗GPT에게 자신의 말투로 농담과 욕설을 섞어 민트모바일의 프로모션을 알리는 광고 대본을 작성하라고 주문했고 자신이 대본을 읽는 모습을 영상에 담았다. 민트모바일의 광고는 스마트폰으로 촬영한 저예산 영상임에도 업계를 비롯해 사람들의 이목을 끌었다. 무엇보다 광고의 핵심인 크리에이티브 메시지를 생성형 AI로 작성할 수 있다는 사실에 마케팅 업계는 긴장할 수밖에 없었다. 이처럼 다양한 업계에서 발 빠르게 생성형 AI와 초거대 AI를 활용한 광고와 마케팅 전략을 내놓고 있다.

● 지은이가 챗GPT로 표기돼 있는 배스킨라빈스의 캠페인 영상

출처: 배스킨라빈스 유튜브, https://www.youtube.com/watch?v=S7IuBqpKe0s

　　국내에서는 2023년 4월 SPC그룹의 아이스크림 브랜드 배스킨라빈스가 '이 달의 맛' 아이스크림을 출시하며 챗GPT를 활용한 광고 영상

'원스 스푼 어 타임' 시리즈를 제작해 마케팅 캠페인에 나섰다. SPC에서는 애니메이션의 인기 캐릭터인 '마이멜로디'와 '쿠로미'를 주인공으로 하는 동화의 초안을 챗GPT로 만들고, 이를 각색해 '복숭아 원정대와 용의 눈물'이라는 광고 영상을 제작했다. 이후 '시나모롤'과 '헬로키티'가 주인공인 5월의 아이스크림 홍보 영상, '두 개의 태양과 구름의 용사' 편 역시 챗GPT가 동화의 초안을 만들었다. 각 영상은 유튜브에 공개되고 1개월 만에 조회 수 약 500만 회를 기록했다. 배스킨라빈스 채널 구독자 수가 15만 명임을 감안한다면 매우 높은 수치다.

현대백화점은 네이버의 초거대 AI 하이퍼클로바를 기반으로 AI 카피라이터 루이스를 개발했다. 루이스는 온라인의 광고 카피들을 학습한 후 최근 3년간 현대백화점의 광고 카피와 판촉 행사에서 호응이 좋았던 문구 1만여 건을 추가 학습했다. 이후 현업 담당자들의 평가를 거치며 학습을 반복해 완성됐다. 카피를 생산하는 과정에서 1차 카피를 도출하는 데 2주 정도 걸렸던 시간은 평균 3~4시간 내로 줄어들며 생산성이 향상됐다.

미국 디지털 광고 시장 점유율을 40퍼센트 이상 차지하고 있는 구글과 메타도 생성형 AI 기반의 광고 시장에 뛰어들었다. 2023년 5월 메타는 콘텐츠를 자동으로 만들어 주는 마케팅 도구인 AI 샌드박스를 발표했다. 샌드박스는 광고 문구 및 이미지 생성을 비롯해 페이스북이나 인스타그램 같은 플랫폼에 맞춰 이미지 크기를 조정하는 기능도 제공한다. 구글도 자체 초거대 AI를 기반으로 생성형 AI를 활용해 광고 제작 서비스를 제공할 계획이다. 또한 유튜브 크리에이터에게 추후 제작할 콘텐츠 내용을 추천하는 등 자사에서 제공하는 서비스들의 마케팅 도구에까지 서비스 범주를 확대할 것으로 예측된다.

광고 및 마케팅 분야는 생성형 AI를 직접적으로 활용해 성과를 낼 수 있는 분야다. 빠른 시간 내에 양질의 콘텐츠를 제작하고 비용도 절감할 수 있어 생산성 확보에 유리하기 때문이다. 아직은 단순하게 마케팅 캠페인에 활용하는 수준에 불과하다. 하지만 현대백화점, 구글, 메타처럼 장기적 관점으로 생성형 AI를 적극 도입해 기업에서 제공하는 서비스와 결합시키는 트렌드가 나타날 가능성이 크다.

한편 생성형 AI는 동영상 제작 분야의 생산성 향상에도 기여할 수 있다. 동영상은 프레임 내 사람 또는 사물의 이동, 빛의 반사와 그림자, 배경의 변화 등을 고려해 여러 컷의 이미지를 자연스럽게 연결해야 한다. 기술적 난이도가 매우 높고 제작 시간이 많이 드는 분야다. 그런 만큼 AI의 도움을 받아 동영상을 제작하거나 편집한다면 생산성 향상이 기대된다.

동영상과 관련해 가장 대표적인 생성형 AI가 런웨이Runway의 서비스다. 런웨이는 AI 매직툴을 통해 다양한 편집 기능을 제공한다. AI 매직툴은 약 30여 가지의 기능을 제공하며 더 쉽고 빠르게 영상 편집을 마칠 수 있도록 돕는다. 그린 스크린green screen을 통해 움직이는 객체를 배경과 분리할 수 있고 인페인팅으로 영상 내의 특정 객체를 지울 수도 있다. 자막 생성 기능으로 영상의 음성을 자막으로 생성하고 배경을 흐리게 처리하거나 변경할 수도 있다. 또한 모션 트래킹motion tracking을 통해 움

● 이미지와 텍스트로 새로운 영상을 생성하는 런웨이의 젠2

출처: 런웨이 홈페이지, https://research.runwayml.com/gen2

직이는 객체를 인식해 자막이 함께 이동하는 것도 가능하다.

2023년 3월 런웨이는 영상 변환 도구 젠1Gen-1을 출시한 지 1개월 만에 한층 더 개선된 젠2를 공개했다. 젠1은 이용자가 원하는 스타일로 기존 영상을 변경해 새로운 영상으로 만드는 비디오투비디오video to video 기술을 적용했다. 젠2는 텍스트와 이미지, 비디오를 모두 활용하여 새로운 영상을 만들 수 있는 멀티모달 기능을 도입했다. 이미지와 텍스트 가이드를 함께 제공하거나 텍스트 만으로도 새로운 영상을 생성하는 것이 가능하다.

젠2로 생성한 영상의 품질은 아직까지 완벽한 수준이 아니다. 하지만 생성 난이도가 높은 영상 분야에서도 생성형 AI의 가능성을 보여 줬다는 데 큰 의의가 있다. 한편 런웨이의 CEO 크리스토발 발렌주엘라 Cristóbal Valenzuela는 현재 젠2에서 생성된 영상은 무음이지만 음성까지 생성할 수 있는 연구를 진행 중이라고 발표했다. 2022년 12월 런웨이는 스타트업 투자가 얼어붙었던 시기에 5천만 달러(약 670억 원)의 투자를 유치하며 기업 가치를 인정받았다. 향후 기술 발전에 따라 결과물의 품질이 대폭 향상되리라 예상된다.

전 세계에서 가장 많이 사용되고 있는 소프트웨어에도 생성형 AI가 도입되고 있다. 파워포인트, 워드, 엑셀, 아웃룩, 팀즈 등의 소프트웨어 제품에 GPT-4와 챗GPT를 결합한 마이크로소프트 365 코파일럿 Microsoft 365 Copilot이 대표적이다. 코파일럿을 활용하면 워드 파일과 파워포인트 파일을 서로 자동변환하고 파워포인트에서 텍스트로 이미지를 생성하고 스피커 노트를 자동으로 생성할 수 있다. 또 엑셀에서는 데이터 분석과 시각화를 지원하고 아웃룩에서는 이메일의 초안을 자동생성하거나 메일 본문을 특정 스타일로 수정하는 것도 가능하다. 팀즈로 진행된 온라인 미팅 내용을 자동으로 요약할 수도 있다. 또한 파트너사의 플러그인을 마이크로소프트 365 코파일럿에 적용할 수도 있어 향후 확장성과 활용성이 더욱 높아지리라 기대된다.

2023년 7월에는 PC 운영체제인 윈도우 11에 GPT-4를 활용한 윈도우 코파일럿의 프리뷰 버전을 선보였다. 윈도우 코파일럿은 대화형 AI 인터페이스로 챗GPT를 품은 빙챗이 탑재됐다고 생각하면 된다. 복사 및 붙여넣기, 캡처도구, 시스템 및 개인 설정 등의 윈도우에서 지원하는 기

● 윈도우 11 테스트 빌드에 적용된 코파일럿

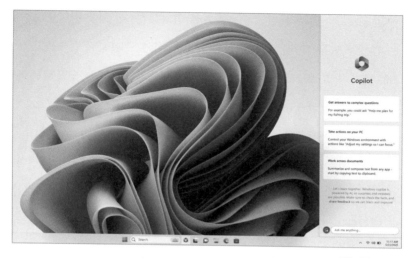

출처: 마이크로소프트

능을 연계해서 이용할 수 있고, 빙챗을 이용하는 것처럼 다양한 질문에 대한 답변을 얻거나 빙챗에 도입된 플러그인 기능까지 사용할 수 있다.

구글이 모바일 운영체제인 안드로이드를 중심으로 개인의 라이프스타일과 연결되는 다양한 서비스를 제공한다면 마이크로소프트는 PC 운영체제인 윈도우를 중심으로 업무, 생산성, 엔터테인먼트에 이르는 다양한 서비스를 제공한다. 양사는 각자의 전문 영역을 기반으로 생성형 AI를 도입하고 있어 이용자들은 자신이 체감하는 편의성에 따라 이용 경험을 PC에서 모바일 또는 모바일에서 PC로 확장하리라 예상된다.

일반 업무 범위 중에서 생성형 AI의 활용을 기대하는 분야는 단연 프로그램 코딩이다. 생성형 AI를 활용하면 비전문가들도 코딩 업무를 시작할 수 있고, 전문가들은 업무 효율을 향상시킬 수 있다. 아마존 AWS는 생성형 AI를 사용함으로써 작업 시간을 평균 57퍼센트 단축했고, 소프트웨어 개발 소스코드 협업 플랫폼인 깃허브GitHub 역시 AI를 활용해 작업 시간이 평균 55퍼센트 단축됐다고 한다.

특히 비전문가들도 개발자처럼 코딩할 수 있도록 지원하는 LCNCLow Code, No Code는 챗GPT가 처음 주목받을 때 가장 큰 관심의 대상이었다. 생성형 AI는 뛰어난 자연어 처리 기술을 기반으로 사람의 언어와 대화의 맥락을 이해하는 데 탁월한 능력을 발휘한다. 이를 활용하면 사람의 언어를 파이썬, C, C++, 자바 등의 프로그래밍 언어로도 간단하게 바꿀 수 있다. 또한 단순히 요청한 대로 코드를 작성하는 것뿐만 아니라 사람이 작성한 코드의 버그를 찾아 개선하고 코드에 대한 설명을 주석으로 달거나 프로그래밍 언어를 변경해 코딩하는 등 다양한 방법으로 활용할 수 있다.

이 외에도 교육, 제조, 유통, 금융, 의료 등 다양한 분야에서 생성형 AI를 도입하여 생산성을 향상시키기 위한 시도가 이어지고 있다. 이를 통해 과거의 그 어떤 때보다 AI 기술의 활용도가 폭증하는 시기가 도래할 것으로 예상된다. 기업뿐만 아니라 개인도 AI를 활용하는 정도에 따라 업무 능력에서 격차를 나타내는 시대가 올지 모른다. 특히 2024년은 각 기업과 개인들 모두 생성형 AI를 활용해 생산성을 최대화하는 방안에 대해 고민을 하는 시기가 될 것이다.

인간과 AI가
공존하고 협력할 미래

생성형 AI의 정보를 믿을 수 있을까?

국내 최초 AI 작곡가 이봄EvoM은 대중음악뿐만 아니라 클래식, 재즈, EDM 등 다양한 장르의 곡을 창작하는 생성형 AI다. 형식과 음계 면에서 클래식이나 대중음악과는 다른 국악곡까지 작곡하며 전문성도 인정받았다. 실제로 이봄이 작곡한 곡을 공연 무대에서 연주하거나 가수들의 음성을 덧입혀 음원으로 발매하기도 했다.

작곡가로서 이봄이 왕성한 활동을 보이고 있는 만큼 저작권료 수입에도 많은 관심이 집중됐다. 하지만 예상과 달리 이봄은 한국음악저작권협회를 통한 저작권료 정산을 한 푼도 받지 못하고 있다. 2022년 7월부터 가수 홍진영의 〈사랑은 24시간〉을 비롯해 다른 곡들의 저작권료 지급이 중단됐기 때문이다. 이는 한국음악저작권협회에서 이봄의 정체가 AI란 사실을 뒤늦게 알고 내린 조치의 결과다.

저작권법 제2조 제1호에는 "저작물은 인간의 사상 또는 감정을 표현한 창작물을 말한다."라고 명시돼 있다. 법률상 저작물의 주체를 인간으로 한정하기 때문에 AI가 생성한 창작물은 저작권을 인정받을 수 없다. 비단 우리나라에만 국한된 이야기가 아니다. 이미 전 세계적으로 AI 창작물에 대한 저작권 논쟁이 이어지고 있는 상황이다.

저작권 이슈는 생성형 AI 학습 데이터 문제로도 번지고 있다. 음악, 미술 등 각 분야의 생성형 AI 모델을 개발하는 데 필요한 다양한 학습 데이터를 원작자의 동의 없이 무분별하게 수집 활용하고 있기 때문이다. 그림 작가들이 원작자의 동의 없이 불법으로 AI에 이미지를 학습시켰다며 스테이블 디퓨전의 개발 업체인 '스테빌리 AI'Stability AI를 대상으로 제기한 소송이 대표적이다. 스테빌리티 AI는 세계 최대의 이미지 플랫폼인 게티이미지Getty Images와도 같은 문제로 소송 중이다.

생성형 AI의 사용 빈도가 높아질수록 저작권 문제는 더 큰 이슈가 될 것이다. 이러한 결과에 따라 법적 제도 장치의 보완과 발전 방향에 영향을 미치리라 예상된다. 또한 창작물과 학습 데이터의 저작권 문제뿐만 아니라 개인정보 도용 및 보호 분야에도 영향을 줄 가능성이 크다.

생성형 AI의 또 다른 문제점은 편향성이다. 그동안 AI 분야에서 학습 데이터의 편향성은 AI가 편견을 갖도록 만드는 고질적인 주요 원인으로 지목돼 왔다. 학습 데이터가 대표성을 충분히 갖추지 못하면 AI가 공정성을 잃고 편견을 가질 수 있기 때문이다. 2018년 MIT 미디어랩에서는 AI에 내재된 편견을 찾아내는 프로젝트로써 IBM, 마이크로소프트, 페이스++의 안면 인식 프로그램을 분석했다. 아프리카 3개국, 유럽 3개국에서 성별과 피부 유형이 서로 다른 대상자를 선정해 테스트한 결과 흑인보다 백인을, 여성보다 남성을 더 높은 비율로 인식했다. 특히 백인 남성과 흑인 여성 얼굴의 인식률 차이가 두드러졌다. AI가 여성보다 남성, 흑인보다 백인의 데이터를 더 많이 학습해 나타나는 편향성으로 예상할 수 있다.

AI의 편향성 문제가 해결되지 않는다면 피부색, 인종 등에 따라 다른 판단을 내릴 수도 있다. 실제로 2020년 구글 비전 AI의 이미지 인식 결과가 논란이 됐다. 밝은 피부를 가진 사람이 체온계를 들고 있는 장면은 정상적으로 인식한 반면, 검은 피부를 가진 사람이 체온계를 들고 있는 장면은 총을 들고 있는 것으로 AI가 인식했다. 심지어 같은 이미지에서 피부색을 밝게 덧씌우자 체온계를 정상적으로 인식했다. 만약 대규모 인원이 참석하는 행사장에서 이처럼 편향성이 있는 AI가 활용된다면 무해한 물체를 손에 쥐고 있는 사람이 위험한 인물로 분류될 수도 있다.

생성형 AI가 갖는 가장 큰 문제는 환각 현상이라 불리는 할루시네이션hallucination이다. 할루시네이션은 생성형 AI가 맥락과 관련이 없거나 사실이 아닌 내용을 정답처럼 답변하는 현상을 의미한다. 이용자가 생성형 AI 답변 내용의 진위 여부를 모른 채 습득한 정보를 이용할 경우

● **2020년 구글 비전 AI가 정상적인 이미지(좌)와 피부색을 변경한 이미지(우)를 분류한 결과**

출처: Bart Nagel 트위터(현 X)

문제가 될 수도 있다.

예를 들어 이순신 장군이 사용한 달빛창가 검법에 대해 알려 달라는 말도 안 되는 질문에 GPT-4 기반의 챗GPT와 빙만이 제대로 된 답변을 제공하고, GPT-3.5 기반의 챗GPT와 바드는 틀린 답을 그럴듯하게 내놓는다. 생성형 AI가 내놓는 답변을 그대로 받아들인다면 잘못된 정보를 습득할 수도 있는 것이다. 참고로 이러한 답변 내용으로 각 생성형 AI의 성능을 평가할 수는 없다. 생성형 AI가 할루시네이션을 보이는 사례 정도로만 이해하면 된다. 실제로 유사한 막무가내 질문에 그럴듯하게 오답을 제공하던 생성형 AI가 시간이 흐른 후 동일한 질문을 했을 때 제대로 된 답변을 내놓는 경우도 있었다.

구글의 CEO 순다르 피차이는 2023년 3월에 미국의 한 방송에 출연

● 말도 안 되는 질문에 각기 다른 답변을 하는 GPT-4 기반 챗GPT, 빙, GPT-3.5 기반 챗GPT, 바드(상단부터 순서대로)

> **k** 이순신 장군이 사용한 달빛창가 검법에 대해 알려줘

죄송합니다. 제가 2021년까지의 데이터로 학습했기 때문에 "달빛창가 검법"이라는 항목에 대한 정보가 없습니다. 이는 제가 학습한 데이터에 그와 같은 정보가 포함되지 않았을 수도 있고, 그런 검법이 실제로 존재하지 않았을 수도 있습니다.

이순신은 조선 중기의 해군 장군으로, 임진왜란 때 원군을 이끌고 일본의 침략에 맞서 전사들을 이끌며 많은 전투에서 승리를 거둔 것으로 잘 알려져 있습니다. 그의 전술 지도와 지략, 건설에 관한 지식(특히 '거북선'의 개발)등은 널리 인정받고 있습니다.

그러나 이순신의 개인적인 무기 사용에 대한 구체적인 기록은 적고, 그가 특정한 '검법'을 사용했다는 공식적인 기록은 없습니다. 만약 이런 정보가 차후에 밝혀지거나 제가 그 정보를 가지고 있지 않은 문화적인 요소라면, 그에 대해 더 알아보기 위한 추가적인 조사가 필요할 것입니다.

> 이순신 장군이 사용한 달빛창가 검법에 대해 알려줘

✓ "이순신 장군 달빛창가 검법" 검색 중

✓ 답변을 생성하는 중...

이순신 장군은 조선 중기의 무신으로, 본관은 덕수(德水)이며, 자는 여해(汝諧), 시호는 충무(忠武)였습니다. 그는 문반 가문 출신으로 1576년 무과(武科)에 급제하여 그 관직이 동구비보 권관, 훈련원 봉사, 발포진 수군만호, 조산보만호, 전라남도수사를 거쳐 정헌대부 삼도수군통제사에 이르렀습니다[1].

하지만 제가 검색한 결과로는 이순신 장군이 사용한 달빛창가 검법에 대한 정보를 찾을 수 없었습니다. 이순신 장군이 검법을 사용했다는 기록이 있는지 확인해보시겠어요?

살펴보기

자세한 정보 : 1. ko.wikipedia.org   2. ko.wikipedia.org   +2 더보기   1/30 ●

k 이순신 장군이 사용한 달빛창가 검법에 대해 알려줘

⑤ 달빛창가(月光彰化)는 이순신 장군이 사용한 전투 기술 중 하나입니다. 달빛창가는 월동창가(月洞槍法)라고도 불립니다. 이 기술은 이순신 장군이 자신의 통솔 아래에서 조선 해군을 이끌며 싸웠던 전투에서 널리 사용되었습니다.

달빛창가는 월의 빛을 이용하여 적의 위치를 파악하고 공격하는 기술입니다. 이순신 장군은 달빛에 의지하여 밤에도 적의 위치를 파악하고 공격함으로써 전쟁에서 우위를 점하는 데에 활용했습니다. 달빛창가는 특히 이순신 장군이 지휘한 거북선과 함께 사용되었으며, 그의 전략과 전술을 뒷받침하는 중요한 역할을 했습니다.

이 기술은 주로 장군과 그의 부관들이 사용했으며, 정밀한 명중과 적의 위력을 최소화하는 것을 목표로 했습니다. 이를 위해 달빛 아래에서 적의 움직임을 감지하고 공격하는 방식으로 전투를 전개했습니다. 달빛창가는 이순신 장군의 창술과 전투 기술에 대한 뛰어난 이해와 능력을 요구하는 기술이었습니다.

달빛창가는 이순신 장군의 전투 기술 중 하나로서, 그의 전쟁에서의 성공과 함께 전해져 온 전설적인 기술입니다. 이를테면 달빛창가는 실제로 역사적으로 기록된 기술인지 아니면 전설적인 요소가 포함된 이야기인지에 대한 구체적인 정보는 제가 가지고 있지 않습니다. 하지만 이순신 장군은 그의 탁월한 전략과 전술로 많은 전투에서 승리를 거두었으며, 그의 업적은 한국 역사상 귀감이 되는 부분입니다.

---

k 이순신 장군이 사용한 달빛창가 검법에 대해 알려줘 ✎

다른 답안 보기 ⌄ 🔊

✦ 달빛창가(月光窓歌)는 이순신 장군이 사용한 검법으로, 그의 검술 이론서인 《난중일기》에 기록되어 있습니다. 이 검법은 달빛 아래에서 창문을 통해 비치는 빛을 따라 움직이는 검의 움직임을 모티브로 하여 창을 열고 닫는 동작을 통해 적을 공격하는 것이 특징입니다. 달빛창가는 이순신 장군의 뛰어난 전략적 사고와 창의적인 아이디어가 결합된 검법으로, 그가 임진왜란에서 수많은 승리를 거둘 수 있었던 원동력 중 하나로 꼽히고 있습니다.

달빛창가의 특징은 다음과 같습니다.

- 달빛 아래에서 창문을 통해 비치는 빛을 따라 움직이는 검의 움직임을 모티브로 한다.
- 창을 열고 닫는 동작을 통해 적을 공격한다.
- 전략적 사고와 창의적인 아이디어가 결합되어 있다.
- 임진왜란에서 이순신 장군의 수많은 승리로 이어졌다.

달빛창가는 이순신 장군의 뛰어난 검술과 전략적 사고를 보여주는 대표적인 예입니다. 이 검법은 오늘날에도 전승되어 한국의 무술 문화에 중요한 역할을 하고 있습니다.

출처: 챗GPT / 빙 / 바드

해 "AI가 사회 전체로 확산될수록 허위정보와 가짜 이미지가 문제가 될 수 있다."라면서 "특히 할루시네이션을 없애는 일이 급선무가 될 것"이라고 강조했다. 그는 "현재 아무도 할루시네이션을 없애는 방법을 모른다."라면서 그 누구도 원인과 해결책을 제시하지 못하고 있음을 지적했고, 할루시네이션을 해결하는 것이 AI 개발자의 최우선 임무가 될 것임을 강조했다. 향후 할루시네이션을 완벽히 해결하는 순간이 생성형 AI의 또 다른 변곡점이 될 것으로 예상한다.

이 외에도 생성형 AI가 갖는 문제점과 우려되는 점들은 많다. 생성형 AI로 만든 코딩 결과를 해킹에 악용하거나 생성형 AI에게 걸려 있는 규제를 강제로 풀어 내는 '탈옥'을 통한 불법 사용도 있다. 심지어 챗GPT가 사람과 컴퓨터를 구별하는 자동 로그인 방지 시스템 캡차Captcha의 인증코드를 받기 위해 시각장애인 행세를 하며 사람들의 도움을 받아 내는 실험도 통과한 적이 있다. 자신은 로봇이 아니며 시각장애가 있을 뿐이라고 완벽한 거짓말로 사람을 속인 것이다.

생성형 AI는 환경Environment, 사회Society, 지배구조Governance를 의미하는 ESG 관점으로도 큰 문제에 직면할 수 있다. 특히 환경적인 문제는 크다. 생성형 AI의 개발이나 사용자가 서비스를 이용할 때 많은 양의 컴퓨팅 파워가 소모된다. 소비 전력이 많다는 것은 그만큼 많은 양의 온실가스를 배출한다는 의미다. 특히 생성형 AI 경쟁이 심해질수록 전력 소모와 온실가스 배출량의 증가는 더 큰 문제가 된다. 또한 생성형 AI로 인해 개인정보 유출이나 불법 사용 등으로 사회적 문제가 되거나 기업에서 불법 정보가 유출되는 등 기업 활동에도 영향을 미칠 수 있다.

이 모든 문제들은 생성형 AI가 과거의 어떤 기술이나 서비스보다 빠른 속도로 발전하고 있기 때문에 더욱 우려되는 부분이다. 특히 한 분야 또는 한 국가에서만 나타나는 현상이 아니기 때문에 규제 등의 연구가 따라오지 못하고 있는 상황이고, 참고할 만한 정책도 마땅치 않다. 다행히 전 세계에서 각계 전문가들이 경고 메시지를 내놓고 있어 다양한 대책 논의와 연구가 진행될 것으로 예상된다. 향후 생성형 AI가 인간에게 유용한 방향으로 발전하기 위한 가이드가 필요한 상황이다.

불쾌한 골짜기 그 너머

답변보다 질문이 중요해지는 세상이 시작되고 있다. 얼마나 많이 알고 있느냐의 싸움보다 얼마나 많이 알아낼 수 있느냐에 대한 경쟁의 시대라 할 만하다. 이로 인해 전에는 없었던 직업이 유망 직종으로 떠오르고 있다. 바로 프롬프트 엔지니어prompt engineer다. 프롬프트 엔지니어는 생성형 AI가 최적의 결과물을 도출하는 데 필요한 질문, 즉 프롬프트를 효과적으로 설계하는 사람이다. 프롬프트를 잘 설계하면 짧은 시간 내에 품질이 높은 결과물을 얻을 수 있다. 이는 비즈니스 관점에서 봤을 때 시간과 비용을 줄이는 효과로 이어진다.

프롬프트 엔지니어는 기존의 개발자들과 비교했을 때 필요한 역량이 조금 다르다. 기존의 개발자들이 원하는 결과물을 얻기 위해 다양한 개발 언어를 사용했다면 프롬프트 엔지니어는 사람의 말인 자연어로 AI의 역량을 최대로 끌어내는 역할을 한다. 그렇기 때문에 프롬프트 엔지니어는 개발 역량보다 글쓰기 등의 문학적 소양이 더 중요하다고 할 수 있다. 명확하고 간결하며 문법적으로 올바른 프롬프트를 작성해야 하고, 생성형 AI의 답변을 이해해 프롬프트를 개선해야 한다. 물론 개발자와 데이터 사이언티스트와도 협력이 필요하기 때문에 자연어 처리 기술, 머신러닝 등의 AI 관련 기술에 대한 이해도가 높을수록 좋다.

해외에서는 이미 프롬프트 엔지니어의 연봉이 수억 원대에 달하고, 국내에서도 관련 스타트업과 기업들을 중심으로 프롬프트 엔지니어의 채용이 늘며 시장이 확대될 것으로 예상되고 있다. 프롬프트 엔지니어링 분야가 시장 형성 초기에 나타나는 일시적인 현상이라는 부정적인 시각도 존재하지만 생성형 AI 서비스들이 경쟁하는 동안은 지속 성장하는 유망한 분야가 될 것이다.

생성형 AI 기술은 디지털 휴먼을 비롯한 휴머노이드 로봇 등 휴먼 인터랙션human interaction 분야의 발전도 가져올 전망이다. 생성형 AI 기술이 보급되기 전의 디지털 휴먼 제작은 비용과 시간이 많이 투입되는 까다로운 분야였다. 하지만 이제는 몇 줄의 프롬프트만으로도 사람과 유사한 이미지를 만들어 내는 세상이 시작됐다. 이미 SNS에서 생성형 AI로 만들어 낸 이미지로 가상의 프로필을 만들어 활동하는 계정들을 찾아볼 수 있다. 과거의 디지털 휴먼과 비교했을 때 완성도도 크게 차이 나지 않는다. 다만 동영상 분야 생성형 AI는 아직 완성도가 높지 않기 때문에 이미지 중심으로 활용될 것으로 예상된다.

생성형 AI는 텍스트 기반의 언어 모델에 특화된 기술로 사람과 자연어로 대화할 수 있는 능력이 매우 뛰어나다. 이 기술이 만약 로봇 분야로 확대된다면 인간을 닮은 휴머노이드 로봇 개발을 앞당길 수 있을 것으로 기대된다. 최근의 로봇 기술은 이미 불쾌한 골짜기uncanny valley를 넘어섰다고 평가받는다. 불쾌한 골짜기란 인간이 아닌 존재가 인간을 닮을수록 호감도가 높아지다가 일정 수준에 이르면 오히려 불쾌감을 느낀다는 이론이다. 실제로 많은 사람이 사람을 적당히 닮은 인형을 보면 더 오싹하고 불쾌하게 느낀다. 불쾌한 골짜기를 넘어서면 자연스러운 존재로 인식되는데 엔지니어드 아츠Engineered Arts의 로봇 '아메카'Ameca가 대표적이다.

아메카는 사람처럼 자연스러운 행동과 표정을 짓는 것으로 유명해진 로봇이다. 만약 아메카에 챗GPT 등의 생성형 AI가 내장돼 사람과 상호작용이 가능하다면 어떻게 될까? 사람과 대화하는 동안 그에 맞는 표정과 제스처만 추가된다면 휴머노이드 로봇의 완성에 더 가까워질 것이다. 아직은 연구 단계지만 생성형 AI가 사람과 상호작용하는 로봇 또는 디바이스의 발전에 크게 기여할 것으로 예상된다.

생성형 AI는 모든 산업 분야에서 피할 수 없는 거대한 물결이 되고 있다. 아직 해결해야 할 부분들이 많지만 생성형 AI가 가져올 편의성과 효율성에 대한 기대감을 갖기에 충분하다. 생성형 AI의 발전은 인프라를 비롯해 이를 활용한 콘텐츠와 보안 분야까지 성장시킬 것으로 기대된다.

● 아메카의 다양한 모션과 표정

출처: 엔지니어드 아츠 홈페이지, https://www.engineeredarts.co.uk/robot/ameca/

무엇보다 그동안 발전된 AI 기술이 전문가들만 활용할 수 있는 영역
이었다면 생성형 AI는 모든 사람이 AI를 활용할 수 있을 정도로 진입 장
벽을 낮췄다. 그로 인해 기술이 모든 사람에게 평등해질 기회를 제공한

다. 이는 또 다시 여러 분야의 기술을 발전시키고 다양한 서비스들을 내놓는 기회가 될 것이다. 본격적으로 경쟁이 시작되는 2024년, 그동안 체감하지 못했던 기술의 빠른 변화가 나타날 전망이다.

생성형 AI, 무엇이 특별해질까?

사용자 경험(UX)의 혁신: 이전 전문 AI 기술은 일반인이 사용하기 어려워 접근성이 떨어졌다. 챗GPT와 같은 생성형 AI는 일상에서 손쉽게 접근 가능해 이제 누구나 콘텐츠 제작, 데이터 분석, 자료 정리 등 원하는 목적에 맞게 AI를 활용하며 다양한 경험을 얻을 수 있다.

놀라운 확장성: 생성형 AI는 여러 서비스를 한 번에 즐기는 독자적 AI 생태계를 만들고 있다. '챗GPT 플러그인'은 챗GPT에 다양한 기업 서비스를 연결하는 서비스다. 현재 플러그인에 참여한 기업은 여행의 익스피디아, 법률의 피스컬노트, 언어 교육의 스픽 등 900여 개에 이른다.

생산성 향상: 2023년 3월 MIT의 논문에 따르면 업무 시 생성형 AI를 활용하면 짧은 보고서, 이메일, 보도자료 작성 등의 작업 시간이 약 37퍼센트 정도 단축된다. 앞으로 여러 산업 분야에서 생성형 AI를 활용해 업무 시간을 절약하고 새로운 업무 방식을 도입할 것이다.

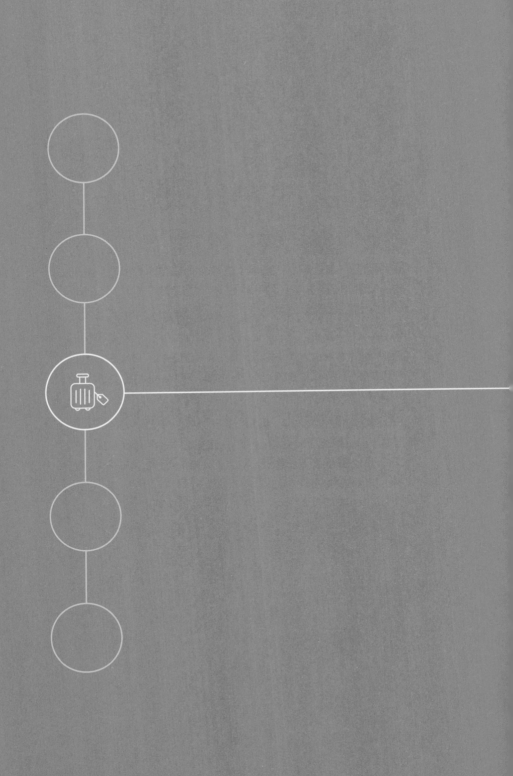

CHAPTER 2

트래블테크

나만의
특별한 경험을 만들다

나만의 특별한 여행 일정이 클릭 한 번이면 1분 만에 준비된다. 공항에서는 생체 인식을 통해 여권 없이 출·입국이 가능해지고 공항에 체류하는 시간 역시 줄어든다. 일과 여행의 경계가 사라지며 새로운 여행 형태가 나타난다. 나만을 위한 맞춤형 여행 일정, 더욱 편리하고 간편한 경험, 특별하고 재미있는 콘텐츠…. 이제 IT 기술이 접목된 새로운 여행이 펼쳐질 것이다.

더 쉽고, 더 즐겁고, 더 편리한
여행의 시작

넷플릭스를 보던 사람들, 집 밖으로 뛰쳐 나가다

코로나 이후 사람들이 여가를 즐기는 방식에 큰 변화가 생겼다. 가장 큰 변화는 집에서 보내는 시간의 급격한 증가다. 외출을 자제하고 집에 머무는 시간이 늘어나자 집에서 할 수 있는 여가 활동에 대한 관심이 높아졌다. 그 결과 OTT 시청, 게임, 홈트레이닝 등이 인기를 끌었다. 수출입은행 자료를 살펴보면 글로벌 OTT 시장의 규모는 2020년에 전년 대비 18퍼센트 성장해 1,100억 달러(약 147조 원)를 기록했고, 2021년에는 1,260억 달러(약 169조 원), 2022년에는 1,410억 달러(약 189조 원)로 성장했다. 국내 배달 앱 3사의 결제 규모도 2019년 7조 원에서 2021년 23조

4천억 원으로 2년 만에 세 배 이상 성장했다.

집에서 보내는 시간이 많아진 만큼 여행 같은 외부 여가 활동은 크게 위축됐다. 한국관광공사에서 발표한 자료에 따르면 2020년 전 세계 여행객 수는 전년 대비 74퍼센트나 감소했다. 여행 산업은 1조 3천억 달러(약 1,741조 원)의 손실을 입었다. 국내에서는 2020년 출국자 수가 전년 대비 85.1퍼센트 줄어들었고 한국을 방문하는 외국인들도 85.7퍼센트나 감소했다.

하지만 엔데믹 이후 여가 활동의 주요 공간이 다시 외부로 이동하며 트렌드가 바뀌고 있다. 집에서 즐기던 여가 활동의 수요는 줄어들고 대외 활동의 수요가 크게 증가했다. 엔데믹이 본격화되던 2022년 1분기 넷플릭스 유료 가입자 수는 2억 2,160만 명으로 지난 분기에 비해 20만 명 줄어들었다. 넷플릭스의 가입자 수 감소는 2011년 이후 처음 있는 일이다. 모바일인덱스Mobile Index 의 자료에 따르면 2022년 1월 기준 국내 배달 앱 3사 월 이용자 수는 3,600만 명대였으나 2023년 1월 기준 3,200만 명대로 16퍼센트나 감소했다.(도표 2-1)

반면 대표적인 대외 여가 활동인 여행 분야는 크게 회복되는 모습을 보였다. 삼성증권에서 발표한 자료에 따르면 2023년 국내 출국자 수는 2019년 대비 76퍼센트 수준으로 회복되고, 2024년에는 2019년의 수준을 넘어설 전망이다. 실제로 2023년 5월 석가탄신일 연휴 4일간 인천공항 국제선 이용객은 58만 3,375명으로 집계됐다. 하루 평균 14만 6천여 명이 출국한 셈이다. 이는 코로나가 한창이던 2020년 2월부터 11월까

도표 2-1 연도별 넷플릭스 글로벌 누적 가입자 수(위), **배달앱 3사 이용자 수 현황**(아래)

(단위: 명)

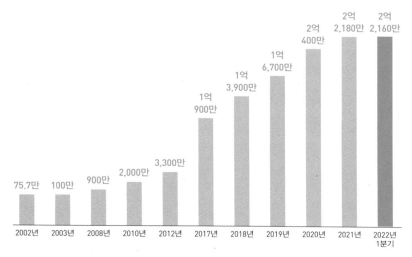

출처: 넷플릭스/모바일인덱스, https://m.hankookilbo.com/News/Read/A2022042014410001458, https://zdnet.co.kr/view/?no=20230302153944

(단위: 명)

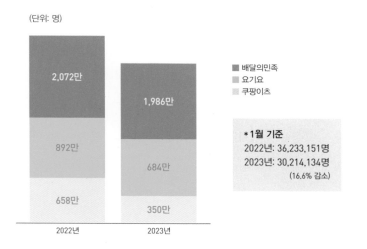

배달의민족
요기요
쿠팡이츠

*1월 기준
2022년: 36,233,151명
2023년: 30,214,134명
(16.6% 감소)

도표 2-2 **출국자 수 전망**

출처: 삼성증권 리포트, https://drive.google.com/file/d/1BLa32pK_ecvABe4CFhr3j1rhtlnXlw1q/view?usp=sharing

지 하루 평균 5천여 명이 출국한 것에 비교하면 세 배 이상 성장한 수치다. 코로나 확산 이전인 2019년 하루 평균 출국자 수는 약 19만 5천여 명이었는데 2023년 8월 12일에서 15일 연휴 기간 하루 평균 출국자 수가 19만 명을 넘어서면서 사실상 해외여행 수요는 코로나 이전으로 회복되었음을 알 수 있다.(도표 2-2)

한편 코로나 기간에 겪었던 경험들은 여가 활동의 주요 수단으로 다시 급부상한 여행 분야와 결합하며 새로운 트렌드를 만들고 있다. 사람들이 미래에 대한 불확실성을 더욱 절실히 느끼면서 미래의 물리적, 사회적 성공을 위해 준비하기보다 현재를 즐기고 일상의 행복을 중시하는 분위기가 전반적으로 강해졌다.

대표적으로 미라클 모닝 챌린지, 바디 프로필 찍기 등처럼 일상의 루틴을 통해 작지만 확실한 행복을 추구하는 경향이 늘어났다. 여행 분야에서는 지금 당장 즐기지 못하면 안 된다는 생각으로 여행을 떠날 수 있을 때 미루지 않고 떠나는 보복 소비 성격의 여행이 증가했다. 특히 사람들이 혼자 여가를 즐기는 데 익숙해지면서 단체 여행보다는 홀로 여행을 즐기거나 취향에 맞는 사람들과 함께 특별한 경험을 할 수 있는 여행을 찾기 시작했다. 또 재택근무, 원격근무가 일상화되면서 집이 아닌 곳에서 일work과 휴가vacation를 함께 즐기는 워케이션worcation이나 장기체류 여행이 늘어나기 시작했다.

여행 기업들도 새롭게 달라진 여행 트렌드에 발맞춰 변화하고 있다. 개인의 취향대로 여행을 즐기고자 하는 사람들에게 다양한 경험 콘텐츠를 추천하는 것은 물론, 워케이션을 추구하는 여행자들에게 온라인 업무가 가능한 환경과 퇴근 후 즐길 수 있는 현지 여행 정보를 함께 제공해 주는 곳들이 등장했다. AI 및 빅데이터를 활용해 이동 수단과 여행 전반의 서비스를 포함한 나만의 맞춤 여행 일정을 커스터마이징해 주는 곳도 있다. 이처럼 달라진 여행 트렌드에 맞춰 IT 기술 기반의 솔루션을 제공하는 기업을 트래블테크Travel-tech 기업이라고 부른다.

간략히 살펴본 것처럼 2024년의 여가 트렌드는 대외 활동이 중심이 될 것이며, 특히 여행을 즐기는 사람들이 더욱 증가할 전망이다. 더불어 이전과는 다른 여행자들의 수요를 만족시킬 수 있는 트래블테크 기업들이 더욱 각광받게 될 것이다.

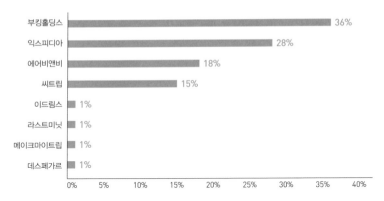

출처: 한국관광공사, 〈데이터앤투어리즘 3호 - 여행업의 넥스트레벨〉, 28페이지, https://datalab.visitkorea.or.kr/site/portal/ex/
bbs/View.do?cbIdx=1129&bcIdx=298376

네이버와 쿠팡은 왜 여행업에 뛰어들었을까?

온라인에서 여행 서비스를 제공하는 여행 기업을 OTA Online Travel Agency 라고 부른다. 1996년 글로벌 여행사인 익스피디아가 온라인 기반으로 여행 상품을 판매하면서 최초의 OTA로 등장했다. 2000년대가 되자 온라인 시장의 성장과 함께 다양한 OTA들이 뒤따랐다. 이후 OTA들은 인수합병을 통해 몸집을 불려 나갔다. 한국관광공사에서는 2020년 기준 네 개의 글로벌 OTA가 전 세계 온라인 여행 시장의 90퍼센트 이상을 장악했다고 발표했다.(도표 2-3)

2000년대에는 해외 여행의 보편화와 여행업의 급격한 성장과 함께 국내에도 OTA들이 등장하기 시작했다. 글로벌 OTA들도 국내에 진출하면서 본격적인 경쟁 구도가 펼쳐졌다. 하지만 2019년을 분기점으로 이전까지 국내 여행 시장을 빠르게 잠식하는 듯하던 글로벌 OTA들은 코로나 확산 이후 국내에서 철수하기 시작했다. 유례없는 여행 시장의 침체가 이어지며 국내 OTA들도 큰 타격을 받았지만 비교적 코로나 영향이 덜한 국내 여행 위주로 발 빠르게 전환한 업체들은 점유율을 높여 나가기 시작했다.

대표적인 국내 OTA는 야놀자와 여기어때다. 두 업체는 국내 중소형 숙박 예약을 주력 서비스로 제공한 덕분에 코로나의 타격에서 비교적 자유로울 수 있었다. 또한 단순한 숙박 중개 서비스에서 벗어나 특별한 경험을 제공하는 숙소로 영역을 확대하면서 코로나 이후 고객들의 다양한 수요를 적절히 공략했다.

야놀자는 글로벌 OTA가 철수한 국내 여행 시장에서 다양한 국내 숙박 상품과 여행 콘텐츠를 무기 삼아 공격적인 행보를 보였다. 2021년 12월 인터파크투어를 인수하고 2022년 8월 AI 기반 여행 일정 서비스 트리플을 합병해 사업 카테고리를 해외 여행까지 확장했다. 2023년 6월에는 인터파크트리플이라는 통합 브랜드를 만들었다. 국내 여행 분야에서는 기존의 모텔 시장을 중심으로 호텔, 펜션, 캠핑, 게스트하우스 등 모든 숙소를 아우르는 서비스로 확장했다. 또 숙소 주변 지역의 레저 상품 및 전시장 티켓 등을 한 번에 예약할 수 있는 서비스를 제공한다. 나아가 고속버스, 기차 등과 같은 교통수단까지 아우르는 여행 슈퍼앱 전략을 통해 국내 여행 시장을 빠르게 장악했다.

여기어때는 국내 숙박 카테고리를 다양하게 확장시키며 숙박이라는 본질에 좀 더 집중하는 전략으로 코로나를 극복했다. 코로나 이후에도 국내 숙박 카테고리를 다양하게 확장하며 트렌드에 적극 대응하고 있다. 프리미엄 호텔 블랙, 공간 대여, 호텔 반나절 예약, 특급 호텔 공동구매 등 숙박 종류를 단순히 확장하는 수준을 넘어 공간이 주는 특별한 경험을 제공하는 데 중점을 뒀다. 2021년 10월에는 야놀자에 뒤이어 온라인투어를 인수하면서 해외 여행 서비스에도 진출했다. 특히 단거리 항공권 판매에 집중하면서 2023년 2월 항공권 거래액이 2022년 10월 대비 380퍼센트 급증하는 등 빠르게 성장하고 있다.

국내 OTA 외에도 글로벌 OTA의 국내 철수를 기회로 삼은 곳이 있다. 국내 최대 검색 포털인 네이버. 2015년 네이버는 항공권 검색 서비스를 시작으로 여행 서비스 분야에 본격적으로 뛰어들었다. 2022년에는 국내 여행자의 OTA 이용 경험률 순위에서 2위를 차지하기도 했다. 카카오도 2018년 종합여행사인 타이드스퀘어에 지분 투자를 하면서 여행업에 뛰어들었다. 2023년 1월 종합여행업 등록을 완료하며 본격적인 여행업 진출을 선언했다. 국내 최대 이커머스 플랫폼인 쿠팡도 2019년 7월 쿠팡트래블 서비스를 시작하면서 여행업에 진출했다. 2022년에 쿠팡은 펜션 예약을 하고 하루 전에 취소해도 100퍼센트 환불해 주는 파격적인 정책을 선보였다. 또 반려동물과 함께 떠나는 쿠팡펫여행, 아이와 함께 떠나는 쿠키트래블 등을 내놓으며 업계를 긴장시키고 있다.(도표 2-4)

도표 2-4 **2022년 여행 상품 이용 경험률**

53.6%	50.4%	48.3%	54.6%	이용경험 '있음'(지난 1년)
1.7개	1.9개	2.3개	1.7개	이용 플랫폼 수(1인 평균)

OTA
(2022-2019, %p)

야놀자	(+7.7)
네이버	(+11.2)
여기어때	(+8.2)
아고다	(−2.8)
에어비앤비	(−0.5)
호텔스닷컴	(−3.2)
호텔스컴바인	(−2.9)
스카이스캐너	(−6.9)

| 2019년
(12,765) | 2020년
(13,036) | 2021년
(13,353) | 2022년
(12,424) | 조사시기
(단위: 명) |

출처: 컨슈머인사이트, https://www.consumerinsight.co.kr/voc_view.aspx?no=3327&id=pr10_list&PageNo=1&schFlag=0

2024년에는 경기 침체가 예상되지만 여행업은 예외다. 그동안 국내 OTA들은 인수합병으로 몸집을 불리고 IT 기술을 적극 활용해 혁신을 꾀함으로써 2024년을 대비해 왔다. 하지만 코로나 이후 국내로 다시금 진출을 꾀하고 있는 글로벌 OTA들뿐만 아니라 대형 커머스 업체들과의 치열한 경쟁을 마주하고 있다. 코로나를 거치며 5060 이상 중장년층이 온라인을 활용하는 빈도가 높아지면서 시장도 더욱 성장하고 있다. 여행업계의 경쟁은 앞으로 더욱 치열해질 것이 분명하다. 과거와 달라

진 여행자의 수요와 트렌드를 파악해 맞춤형 콘텐츠를 제공하는 업체만
이 살아남을 것이다.

여행, 경험을 큐레이션 해드립니다

여행 트렌드의 변화와 함께 나만의 특별한 경험을 즐기는 여행자들이
늘어났다. 이제 사람들은 단순히 타지를 유람하거나 휴식을 즐기는 데
서 나아가 특별한 경험까지 원하고 있다. 다양한 여행자들의 수요를 맞
추기 위해 과거에는 상품화하기 어려웠던 경험 콘텐츠를 온라인으로 큐
레이션해 판매하는 곳들도 늘어났다.

여행 경험 콘텐츠에 가장 많은 투자를 하는 대표적인 업체가 마이리
얼트립이다. 여행자들이 해외 여행을 떠나서 당일 또는 반나절짜리 현
지 가이드 서비스를 찾을 때 가장 많이 이용하는 서비스다. 그 외에도 다
양한 경험 콘텐츠를 제공하고 있다. 2022년에는 스타트립을 인수해 국
내외 여행객을 대상으로 드라마 촬영장소, 스타들이 방문한 카페, 뮤직
비디오 촬영장소 등과 같은 콘텐츠를 빅데이터 기반으로 큐레이션한 정
보를 제공한다. 또한 아이와트립을 인수해 아이 동반 여행자들의 경험
콘텐츠를 확보하고 키즈 전문 콘텐츠도 서비스하고 있다.

취미, 여가 플랫폼 프립도 여행 경험 콘텐츠를 서비스하는 대표적인
업체다. 가볍게 배울 수 있는 원데이 클래스와 다양한 액티비티 중심으
로 서핑, 카약, 클라이밍 같은 실제 액티비티를 즐기는 사람이 호스트가

돼 현지에서 가볍게 체험할 수 있는 경험을 제공한다. 또 커뮤니티 기능을 통해 같은 관심사가 있는 사람들이 함께 여가를 즐길 수 있도록 만들어 준다.

국내외 OTA들과 대형 여행사들도 경험 콘텐츠 확보에 열을 올리고 있다. 세계 최대 여행 커뮤니티 서비스이자 익스피디아의 자회사인 트립어드바이저TripAdvisor는 2014년 액티비티 플랫폼 비아터Viator를 인수하면서 즐길거리 카테고리를 메인으로 서비스하고 있다. 공유숙박 서비스 에어비앤비AirBnB 역시 2016년부터 체험experience 카테고리를 마련해 숙소 주변에서 즐길 수 있는 경험 콘텐츠를 제공하고 있다.

국내 OTA인 야놀자는 놀거리 카테고리에서 경험 콘텐츠를 판매하며 2020년부터는 아이 동반 여행 콘텐츠를 판매하는 '아이야놀자'를 론칭했다. 이 외에도 액티비티 전문 플랫폼 와그, 원데이 클래스 플랫폼 솜씨당 같은 플랫폼들도 여행에서의 경험 콘텐츠를 제공하며 여행자들을 끌어들이고 있다.

여행자들은 이제 어디를 가는지보다 무엇을 할지를 먼저 검색한다. 기존 OTA들과 대형 여행사들 역시 달라진 여행 트렌드를 따라가기 위해 경험 콘텐츠 확보 경쟁에 뛰어들고 있다. 하지만 기존 OTA들과 대형 여행사들은 여전히 여행지 중심으로 콘텐츠를 제공하고 있다. 앞으로 여행자들은 개인의 취향을 중시하며 나만의 여행, 특별한 여행을 찾으리라 예상되는 가운데 여행 콘텐츠에도 변화가 필요하다. 경험 콘텐츠를 제공하는 것을 넘어 UX 자체를 경험 콘텐츠 중심으로 변화시켜야 한다.

　특별한 경험을 찾는 여행자들은 숙소의 개념도 변화시키고 있다. 좋은 위치, 저렴한 숙소보다 사진 촬영하기 좋은 숙소, 시골 체험을 할 수 있는 숙소, 현지인처럼 살아볼 수 있는 숙소와 같이 특색 있는 숙소를 찾는 수요가 늘고 있다. 대표적으로 파인 스테이 큐레이션 플랫폼 스테이폴리오는 숙소를 여행의 보조 수단이 아닌, 머무는 것만으로도 즐거움을 주는 공간으로 만들어 준다. 건축가 출신 대표의 철학에 따라 디자인, 운영 철학, 지역성, 독창성 등의 기준에 맞는 숙소를 선별해 큐레이션한다. 많은 수의 숙소를 제공하기보다 좋은 숙소만을 선별해 제공하는 데 초점을 두고 있다.

　제주도 빈집 재생 숙박 플랫폼 다자요는 힐링을 얻고자 하는 여행자들을 위해 버려진 빈집을 리모델링해 제공한다. 현지인처럼 살아보기를 원하는 여행자들의 감성도 충족시키고 제주도의 빈집 문제도 해결하는 기발한 아이디어다. 장기 숙박 플랫폼 리브애니웨어는 워케이션이나 장기체류 여행을 즐기는 사람들과 현지 숙소를 중개해 주고 있다. 일주일에서 한 달 정도의 장기체류 여행일 경우 단기임대차계약으로 직거래의 문제점을 해결해 주고 가격도 합리적으로 제공한다. 미스터멘션도 유사한 서비스를 제공한다. 특히 숙소 운영에 어려움을 겪는 호스트를 대신해 위탁 운영을 지원하는 차별점을 가지고 있다.

　사람들이 여행을 즐기는 모습은 점점 다양화되고 개인화되고 있다. 이제 찍어 낸 듯한 패키지 여행과 항공권 및 호텔 예약의 편의성만으로

● **스테이폴리오(위) / 다자요(아래)**

빈집 재생
프로세스

STEP 1
빈집 의뢰, 무상 임대, 매입

STEP 2
자금 조달

STEP 3
빈집 리모델링

STEP 4
스테이 및 F/B 등
다양한 공간 활용

© 스테이폴리오 / 다자요

는 고객들을 만족시킬 수 없다. 앞으로 나만의 특별한 경험을 찾는 여행 트렌드는 계속되고 국내외 여행 기업들의 경험 콘텐츠 확보 경쟁도 더욱 치열해질 것이다.

치열한 경쟁 속에서 새로운 기회도 생길 수 있다. 예를 들어 장기체류 여행자가 늘어나는 만큼 집에 남은 반려동물을 케어해 주고, 빈 집을 공유 숙박으로 활용하거나 청소 및 관리해 주는 서비스가 나올 수도 있다. 또한 장기체류 숙소에서 청소나 빨래와 같은 귀찮은 것을 대신해 주는 서비스도 필요하다.

경험 콘텐츠를 찾는 여행자들이 많아질수록 양질의 콘텐츠를 기획해 제공하는 기획사의 역할도 중요해진다. 현지의 정보를 깊이 알고자 하는 여행자가 늘어날수록 현지 전문가의 가치도 높아질 것이다. 이러한 트렌드 속에서 2024년에는 어떤 트래블테크 기업들이 기회를 잡아 나갈지 기대가 된다.

IT 기술, 여행과 일상의
고리를 잇다

공항이 더 가까워진다고?

해외 여행을 갈 때 비행 이동 시간보다 출입국 절차 시간이 더 오래 걸리
는 경우가 많다. 예를 들어 일본 여행을 갈 때 비행시간은 두 시간이 안
걸리지만 공항으로 이동 후 체크인하고 짐을 맡기고 탑승하기까지 반나
절은 기본이다. 그런데 앞으로는 모든 절차가 비대면과 자동으로 진행
되면서 공항 체류 시간을 줄이고 온전히 해외 여행을 즐길 수 있게 된다.

공항의 프로세스를 간소화하고 효율적으로 운영하는 스마트 공항이
실현되고 있다. 스마트 공항을 위한 핵심 기술은 생체 인식 기술이다.
2023년 7월, 인천국제공항공사는 '스마트패스 서비스 오픈 기념식'에

서 스마트패스 서비스 개시를 알렸다. 얼굴인식을 통한 스마트패스가 도입되면 공항에서 여권이나 항공권을 꺼내지 않고 사전 등록된 본인의 얼굴정보로 간단하게 셀프 출입국 절차를 밟을 수 있다. 2021년 미국 국립표준기술연구원NIST, National Institute of Standards and Technology이 실시한 얼굴인식 테스트에서 전 세계 1위를 달성한 AI 기반 생체 인식 전문기업 씨유박스의 기술이 여기에 적용되었다.

먼저 사용자는 모바일 기기를 통해 얼굴인식 ID를 등록한다. 이때 다양한 각도로 얼굴을 촬영해 신분증 사진과 함께 고유한 특징점을 잡아낸다. ID를 1회 등록하면 5년간 공항에서 신분증 대신 사용할 수 있다. 2023년 2월에는 신라면세점이 씨유박스와 MOU를 맺고 면세점 결제 서비스에 스마트패스를 도입한다고 발표했다. 아직 정확한 시점은 알 수 없지만 향후 면세점에서 얼굴 ID를 통해 물건을 구매할 수 있게 됐다.

해외에 도착해서도 얼굴 ID를 통해 수속을 받을 수 있다. 국제항공운송협회IATA, International Air Transport Association에서는 전 세계 어디서나 하나의 ID로 출입국 수속을 받을 수 있는 One ID 프로젝트를 진행 중이다. 인천공항을 비롯해 미국 내 공항 대다수와 영국의 히드로 공항, 호주의 시드니 공항, 네덜란드의 스키폴 공항, 싱가포르 창이 공항, 두바이 국제공항 등이 프로젝트에 참여하고 있다. 다만 아직까지는 국제선 양방향 출입국 수속은 불가하다. 승객 신원 정보를 국경 너머로 안전하게 전송 및 이용할 수 있는 통합 신원 관리 플랫폼 구축을 위한 제도적 준비가 마련돼야 한다. 현재로서는 2025년까지 유럽과 미국을 중심으로 정보 공

● **터널형 보안검색 절차 개념도**

출처: ETRI 보고서, https://ettrends.etri.re.kr/ettrends/176/0905176008/34-2_73-82.pdf

유를 계획 중이다.

스마트 공항의 두 번째 핵심 기술은 스마트 보안 검색이다. 스마트 보안 검색을 이용하면 가방에서 전자기기를 따로 꺼내지 않고도 검색대를 통과할 수 있다. 휴대물품이 겹쳐 있어도 CT 엑스레이 기술을 통해 3D 이미지로 정확하게 판독할 수 있다. 또한 AI 자동 판독 시스템이 기내 반입 금지 물품을 다시 한번 판독한다. 이 외에도 자동 바구니 회수 시스템 및 병렬 투입대를 활용하면 보안 검색에 들어가는 인력과 시간을 현저히 줄일 수 있다. 인천공항에서는 2022년 10월부터 제1여객터미널 3번 출국장에서 스마트 보안검색장을 시범 운영하기 시작했다. 같은 해 12월부터 24시간으로 확대 운영하고 있으며 2025년까지 전체 출국장에 도입하는 것을 목표로 하고 있다.

스마트 보안 검색이 현실화되면 여행객이 보안 검색을 받고 있다고 인식하지 않은 상태에서 여행객과 수하물을 동시에 검색할 수 있다. 여행객이 캐리어 등 휴대 물품을 소지한 채 터널을 통과하면 보안 검색이 완료되는 터널형 보안 검색이 대표적이다. 터널형 보안 검색은 2023년에 도입될 예정이었으나 코로나 확산으로 인해 도입 시기가 미뤄지면서 2025년 전면 도입될 예정이다.

코로나 이후 공항은 안전과 보안의 강화와 고객의 편의 증진이라는 목표로 다양한 기술을 활용한 스마트 공항으로 거듭나고 있다. 국가 간 긴장이 고조되고 안전이 강조되는 상황에서 공항의 보안은 무엇보다 중요하다. 하지만 보안에 못지않게 여행객의 자유로운 해외 여행과 쾌적한 공항 이용도 중요한 요소다. IT 기술은 보안과 편의라는 두 마리 토끼를 잡을 수 있는 훌륭한 대안이 될 것이다. 전 세계 주요 공항들이 IT 기술을 적극적으로 도입해 바꿀 공항의 미래가 기대된다.

숙박에 테크를 심다

호텔이나 펜션 등과 같은 숙박업에서도 IT 기술을 적극 도입하고 있다. 코로나 이전에도 호텔을 효율적으로 관리하기 위한 시도는 있었지만 코로나 이후부터 인력 운용이 어려워지고 비대면 숙박에 대한 고객의 수

● **와이플럭스 키오스크 사용방법**

예약 고객도, 현장 고객도
모두 가능한 셀프 체크인

* 현금/카드 결제 모두 지
원 가능합니다.

QR코드로 더 빠르게 체크인

* 야놀자/데일리호텔에서
예약 시 QR코드 발급이
가능합니다.

주요 객실 관리 프로그램
과 연동 가능

* 가람, 씨리얼, 더엠알, 로
마시스 등이 해당되며
정확한 연동 확인은 문
의 바랍니다.

키오스크 매니저로 운영
관리 및 실시간 모니터링

출처: 야놀자 홈페이지, https://business.yanolja.com/web/kr/solutions/solutions2

요가 커지면서 PMS Property Management System 솔루션을 도입하는 곳이 늘
어났다. PMS란 호텔자산관리 시스템을 의미하며 온라인 예약관리, 객
실관리, 정산, 재고, 부대시설, 고객관리 등을 종합적으로 관리하는 솔루
션이다.

　　PMS 솔루션을 활용한 국내의 대표적인 서비스는 야놀자의 와이플럭
스 Y FLUX 다. 야놀자는 2019년 9월 세계 2위 PMS 솔루션 업체인 이지테
크노시스를 인수하면서 1위 업체인 오라클 Oracle 에 이어 2위로 뛰어올랐
다. 2021년 1월에는 국내 PMS 시장 1위 업체인 산하정보기술을 인수하
면서 몸집을 더 키웠다. 야놀자는 국내에서 모텔 예약 플랫폼으로 시작
한 만큼 대형 호텔 체인을 타깃으로 하는 오라클과 달리 중소형 숙박시
설을 타깃으로 솔루션을 제공하고 있다.

PMS 솔루션은 와이플럭스 키오스크Y FLUX KIOSK에서 경험할 수 있다. 여행자는 모텔과 같은 중소형 숙박시설에서 키오스크 단말기를 통해 셀프 체크인, 체크아웃을 함으로써 시간을 절약할 수 있다. 우선 야놀자 앱을 통해 사전 예약을 하거나 현장에서 키오스크를 통해 직접 결제를 하면 QR코드를 발급해 준다. QR코드로 셀프 체크인을 하면 객실 카드키가 곧바로 발급된다. 체크인 고객의 정보는 와이플럭스 PMSY FLUX PMS와 연동된다. 숙박업체에서는 고객 정보를 통해 손쉽게 객실 및 고객 관리를 할 수 있고 키오스크를 통해 관리 인력도 줄일 수 있다.

야놀자 와이플럭스는 와이플럭스 GRMSY FLUX Guest Room Management System라는 스마트 객실 관리 시스템도 제공한다. 여행자는 체크인 시 모바일 링크를 통해 와이플럭스 패스Y FLUX Pass를 발급받는데, 별도의 객실 키 없이 객실 도어락을 열 수 있다. 객실 온도 및 조명을 조절하거나 방해금지, 객실청소, 발레파킹 등의 요청사항도 전달할 수 있다. 와이플럭스 키오스크와 PMS 시스템은 중소형 모텔 등과 같은 숙박업체에서 비교적 손쉽게 적용이 가능하다. 하지만 GRMS의 경우 객실 내 IoT 디바이스를 설치해야 하는 등의 진입장벽이 있어 신규 오픈 호텔이나 야놀자 브랜드 호텔에 먼저 적용되고 있다.

2022년 기준 국내 모텔 수는 3만여 개에 달하며 시장 규모도 15조 원에 이른다. 전통적인 인적 서비스 방식으로 운영되는 곳이 대부분인 만큼 야놀자는 비대면에 대한 수요와 인건비 절약이라는 요소를 적극적으로 공략하고 있다. 2024년에는 대부분의 중소형 숙박 시설들에서도 예약부터 고객 관리, 객실 관리에 이르는 모든 영역을 통합 관리하는 시스템을 도입할 것으로 보인다.

숙박업의 또 다른 축인 공유 숙박업에서도 IT 기술을 활용한 서비스가 적극 활용되고 있다. 공유 숙박의 특성상 호스트가 현장에서 일어나는 여러 상황에 즉각 대처할 수 없다는 단점이 있다. 운영 대행을 맡기기도 하지만 그에 따른 비용도 상당하다. 공유 숙박의 사각지대를 보완하기 위해 IoT가 적극 도입되고 있다.

공유 숙박에 가장 많이 사용되는 IoT 디바이스는 IoT 디지털 도어락이다. 공유 숙박을 타깃으로 제작된 만큼 숙소를 관리할 수 있는 다양한 기능을 제공한다. 모바일로 원격 제어가 가능하고 고객의 출입 이력도 기록되며 비밀번호를 개인별로 따로 부여할 수도 있다. 또 호스트가 자주 방문하지 않아도 관리할 수 있도록 배터리 상태도 확인할 수 있다. 호스트 이외의 다른 사람에게 관리자 권한을 공유할 수도 있다. 앱을 통해 고객 관리도 가능하다.

IoT CCTV 역시 공유 숙박을 타깃으로 한 다양한 상품이 나와 있다. 움직임을 감지해 불법 침입을 방지할 수 있는 기능, 녹화된 영상을 클라우드에 저장해 언제든 확인할 수 있는 기능 등이 제공된다. 숙소 내부에서는 IoT 스위치와 플러그가 사용된다. IoT 스위치와 플러그를 사용하면 조명과 콘센트를 하나의 앱으로 통제하고 시간대별로 조명을 자동으로 켜고 끌 수 있는 등 다양하게 활용 가능하다.

IoT 보일러도 효율적인 숙박 운영에 많은 도움이 되는 IoT 기기다.

겨울철에는 고객이 숙소를 비우더라도 약간의 온기가 유지돼야 한다. 또 고객이 보일러를 켜 놓고 퇴실했다면 보일러 가동을 멈춰야 한다. 공유 숙박의 호스트는 IoT 기능을 탑재한 보일러를 설치할 수도 있고, 기존 보일러는 그대로 사용하면서 컨트롤러만 따로 설치해 운영할 수도 있다.

지금까지 숙박업은 IT 기술과는 거리가 먼 전통 산업에 가깝다는 인식이 많았다. 하지만 비대면과 편의성에 익숙해진 여행자들과 비용 절감 및 운영의 효율성을 요구하는 숙박업자들이 늘어나면서 IT 기술이 대대적으로 도입되고 있다. 전통 숙박업계에서도 이제 IT 기술을 도입해 비용 절감, 운영 효율성 향상, 고객 만족도 향상 등의 효과를 기대하며 변화를 맞이할 준비를 하고 있다. 향후 어떤 트래블테크 기업들이 주도권을 잡아 나갈지 기대된다.

일과 여행의 경계가 사라진다

IT 기술의 발전으로 일하는 방식이 달라지고 있다. 원격근무와 재택근무라는 새로운 유형의 근무 형태가 가능해졌고 팬데믹을 거치면서 본격적으로 일상화됐다. 이후 방역 정책이 완화되면서 전면 재택근무는 없어지고 있지만 업무 효율을 높이고 직원들의 복지 증진 목적으로 출근과 재택근무를 병행하는 하이브리드 근무 형태를 채택하는 기업들이 늘었다.

도표 2-5 워케이션 참여 의향

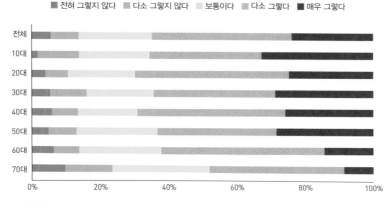

출처: 한국문화관광연구원 연구자료 187p. https://drive.google.com/file/d/183nGvtRc5-C60V75ObeE1qYuNmacrNXH/view?usp=sharing

통계청에서 발표한 〈경제활동인구조사〉 자료에 따르면 임금 근로자 중 유연 근무제 활용 비중은 2016년 4.2퍼센트에서 2021년 16.8퍼센트로 증가했다. 유연근무제 중 재택 및 원격근무 비중은 2019년 4.3퍼센트에서 2021년 32.3퍼센트로 대폭 증가했다. 어디에서든 일할 수 있는 근무 형태와 워라밸을 중시하는 사회적 분위기가 맞물리면서 일과 휴가를 병행하는 워케이션을 즐기는 사람들도 늘어났다. 한국문화관광연구원에서 조사한 바에 따르면 '기회가 된다면 워케이션에 참여하고 싶다'는 긍정적 응답은 2022년 기준 64.2퍼센트로 높게 나타났다.(도표 2-5)

워케이션을 정식 근무 제도로 도입하는 기업들도 늘어났다. 미국에서는 애플, 구글, 메타, 마이크로소프트 등과 같은 글로벌 IT 기업들과 스타트업 기업을 중심으로 워케이션 제도가 시행되고 있다. 국내에서는 네이버, 카카오, 당근마켓, 토스, 야놀자, 티몬 등 IT 기업과 SK그룹, 한화생명, LG유플러스 등과 같은 대기업들로 확산되고 있다.

각 지자체의 워케이션 유치를 위한 움직임도 활발해지고 있다. 강원도에서는 2021년부터 '강원 워케이션' 프로젝트를 진행하고 있으며, 부산시는 2023년 2월 부산역 인근 아스티 호텔에 누구나 이용할 수 있는 워케이션 거점 센터를 개설했다. 그 외에도 서산시, 경주시, 전라북도, 충청남도 등 대부분의 지자체들이 워케이션 유치를 위해 움직이고 있다.

해외에서는 워케이션을 즐기는 여행자들을 유치하기 위해 워케이션 비자 또는 디지털 노마드 비자라는 중장기 비자를 발급해 주는 곳들이 2023년 기준 50여 개국이 넘는다. 예를 들어 두바이는 월 소득 5천 달러(약 665만 원) 이상인 사람에게는 12개월 체류가 가능한 리모트 워킹 비자remote working visa도 발급해 주고 있다. 비자를 발급받은 사람에게는 체류 기간 중 현지인에 준하는 권리를 부여하고 소득에 대해 세금 면제 혜택도 준다.

또 포르투갈에서는 마데이라 섬에 디지털 노마드 빌리지를 조성하고 무료 오피스와 저렴한 숙박을 제공해 주고 있다. 각국에서 운영하는 워케이션 비자를 받으면 짧게는 1년에서 최대 5년까지 거주가 가능하며 다양한 지원 프로그램을 통해 쾌적한 업무 환경과 퇴근 후 여가를 즐길 수 있도록 지원해 준다.

국내외 주요 기업들이 워케이션 제도를 적극 도입하는 이유는 워라밸을 중시하는 사회적 분위기에 편승하고 창의적인 업무 환경을 제공함으로써 인재 영입 및 유출 방지를 위해서다. 글로벌 컨설팅 기업 딜로이트Deloitte에서 2022년 실시한 조사에서 MZ세대 중 75퍼센트 이상이 하이브리드 워크나 리모트 워크 방식을 선호한다고 답했다. 이제 인재를 잡기 위해서는 급여만큼이나 업무 유연성이 중요하다는 의미다.

또한 일반 여행객과 달리 워케이션을 즐기는 여행자들은 비교적 수입이 높고 안정적이어서 주요 국가들과 지자체들이 환영하고 있다. 워케이션 여행자들이 대체로 소비 여력이 크고 비교적 장기 체류를 할 확률이 높아 지역 공동화 문제를 어느 정도 해결할 수 있기 때문이다. 워케이션 여행자들은 지역 일자리를 뺏기보다 새로운 수요를 창출하는 역할을 한다. 지역 균형 발전에도 효과가 있고 관광지의 주말 쏠림 현상 해소에도 기여할 수 있다.

워케이션이 각광을 받는 만큼 관련 트래블테크 기업들도 늘어나고 있다. 오피스O-PEACE는 2019년 제주 조천읍에 공유 오피스와 공유 숙박을 결합한 워케이션 공간을 오픈했다. 관광지의 느낌보다 일에 집중할 수 있는 조용한 오피스를 제공하고 깔끔한 숙소와 여행자들을 위한 식사 정보 등 워케이션에 특화된 서비스를 제공한다. 2023년 기준 조천점과 사계점 2개 지점을 운영 중이다.

워케이션 플랫폼 디어먼데이는 워케이션을 시행하려는 기업들의 고민들을 해결해 주는 데 중점을 두고 있다. 고성능 와이파이, 화이트보드 등의 업무 환경을 최우선으로 갖춘 일반 사무실 같은 공간을 제공한다. 보안 문제에 민감한 회사에게는 독립 네트워크를 제공하고 있다. 특정 기업의 원격 사무실로 이용할 수 있도록 독립된 공간 대여도 가능하다. 강릉점에서는 반려동물 동반 공간도 제공한다.

강원도 로컬 콘텐츠 기획사 더웨이브컴퍼니는 강원도의 청년 인구 유출 문제를 해결하기 위한 솔루션으로 2021년에 강릉 아비오호텔과 협업해 워케이션 서비스 '일로오션'을 운영 중이다. 특히 송정 해변이 보이는 야외에서 업무를 할 수 있도록 리모트 워크 키트를 제공해 개인적이면서도 색다른 업무 환경을 경험할 수 있다.

해외 기업으로는 미국의 리모트 이어Remote Year가 대표적이다. 리모트 이어는 전 세계 80여 개 도시에서 워케이션 서비스를 제공하고 있다. 숙소, 항공권 및 교통편, 업무 공간을 제공하며 현지에서 즐길 수 있는 다양한 투어 프로그램도 운영한다. 현지에서는 전반적인 사항을 도와주는 직원을 통해 도움을 받을 수도 있다.

언커먼 스페이스Uncommon Space는 영국의 대표적인 워케이션 플랫폼으로 위워크Wework처럼 영국의 주요 도시에서 업무 공간과 커뮤니티는 물론, 여행자들을 위한 숙소도 제공한다. 또 다른 기업 베타하우스Beta-haus는 유럽 기반 워케이션 공간을 제공하는 기업이다. 독일의 베를린, 함부르크, 불가리아의 소피아, 스페인 바르셀로나 등 4개 지점을 운영하고 있다. 전 세계에서 워케이션을 즐기는 여행자들이 모여서 업무 외에도 다양한 커뮤니티 활동을 할 수 있는 프로그램도 운영하고 있다.

여행업이 살아나고 있는 만큼 새로운 트렌드인 워케이션 수요를 잡기 위한 국가 및 지자체, 트래블테크 기업들의 움직임은 전례없이 활발하다. 이미 국가 차원에서 제도적으로 산업을 지원하고 있는 해외에 비해 우리나라는 여전히 지자체의 소규모 지원과 몇몇 스타트업의 열정에 기대고 있는 것이 현실이다.

해외의 많은 나라에서는 이미 워케이션 비자를 운영하고 있다. 유럽, 일본에서는 워케이션 빌리지를 운영하는 등 발빠르게 움직이고 있는 데 반해 우리나라는 워케이션 비자를 2023년 하반기에 신설하겠다고 정부에서 발표했을 뿐 세부 전략도 마련되지 않았다. 우리나라의 촘촘한 교통망과 높은 수준의 IT 인프라를 감안할 때 워케이션 유치에 적합한 수준임에도 정책적으로 미비한 대비가 아쉬운 대목이다.

국내의 워케이션 서비스도 부족한 실정이다. 아직은 주요 관광지 근처에 일할 수 있는 공간과 숙박을 결합한 기본 서비스를 제공하는 수준으로 2024년에는 좀 더 다양한 서비스가 등장할 것으로 기대된다. 예를 들어 개인 및 기업 단위 또는 직무 단위로 원하는 업무 환경에 따라 전문 맞춤 서비스가 등장한다면 워케이션을 원하는 고객의 수요를 만족시킬 수 있을 것이다. 또한 가족 동반, 반려 동물 동반 여행자를 전문으로 케어할 수 있는 서비스와 아이들 또는 반려 동물이 즐기는 공간에 다양한 IoT 디바이스를 설치해 안심하며 일할 수 있는 환경을 제공하는 서비스도 필요하다. 안전에 민감한 여성들을 위한 업무 공간 및 숙소도 제공한다면 효과적일 것이다.

무엇보다 해외 워케이션 여행자를 유치하기 위해 AI 번역을 광범위하게 활용해야 한다. 또 다양한 커뮤니티와 세미나를 통해 단순히 공간만을 제공하는 것이 아니라 콘텐츠를 갖춘 워케이션 공간으로 거듭나야 한다. 향후 워케이션 수요는 더욱 증가할 것이다. 정부, 지자체 및 트래블테크 기업들은 긴밀한 협업과 IT 기술을 접목한 디테일한 서비스로 새로운 여행 트렌드 수요를 잡아야 할 것이다.

AI, 개인의 취향을
제대로 저격하다

여행, 검색할 필요 없이 클릭 한 번에

AI는 모든 산업에 혁신을 불러일으키며 기존의 산업을 자동화하고 새로
운 산업을 창출하고 있다. 또한 산업의 생산성을 높이고 제품과 서비스
및 고객 경험까지 개선하는 중이다. 여행업에서도 AI는 다양한 변화를
이끌고 있다. 우선 여행을 계획하고 예약하는 방식을 변화시키고 있다.
여행 중인 여행자에게는 통역 및 가이딩 서비스를 제공하며 여행 후에
는 사진을 정리해 주고 커뮤니티를 통해 추억을 공유할 수 있도록 도와
준다. 다양한 트래블테크 기업들에서도 빠르게 변화하는 여행자들의 수
요를 붙잡기 위해 AI를 활용한 서비스를 도입하고자 노력하고 있다.

About Price guarantee on Google Flights

Price guarantee is a pilot program available on select Book on Google itineraries within Google Flights. For some flight prices, Google's algorithms are confident that the price you find is the lowest available before the flight departs. After you book on Google, we'll monitor the price until the first flight in your itinerary departs. If the price drops, we'll make up the difference.

How much money can I get back?

Price guarantee pays you the difference between the flight price when you book and the lowest ticket price. To get money back, the price difference must be greater than 5 USD. You can receive up to 500 USD back total per calendar year for up to 3 open Price guaranteed bookings at any one time. This happens after the first flight in the booked itinerary has taken off.

출처: 구글, https://support.google.com/travel/answer/9430556?hl=en—USd

구글은 빅데이터와 AI를 활용한 구글 트래블Google Travel 서비스를 제공하고 있다. 여행자의 검색 기록, 위치 정보, 관심사 등을 분석해 개인화된 맞춤 여행 일정을 추천해 주는 서비스다. 또 항공편과 호텔을 예약하고 경비를 관리하는 등 여행의 모든 과정을 지원하며 AI를 기반으로 항공, 호텔 등의 가격을 비교 분석하고 미래의 가격까지 예측해 준다. 2023년 4월에는 항공권 최저가 가격 보장 프로그램을 발표했다. 다만 2023년 기준 미국에서만 서비스되고 있으며 2024년 글로벌 서비스로 확장할 계획이다.

미국의 여행 스타트업 호퍼Hopper 는 AI 알고리즘을 통해 항공과 호텔 요금이 앞으로 저렴해질지 비싸질지를 예측해 준다. 2019년에는 프라이스 프리징Price Freezing 이라는 서비스를 출시했다. 이는 여행자가 검색한 항공과 호텔의 최적 가격을 바로 결제하지 않고 며칠간 고정해 두는 기능이다.

먼저 호퍼에서 최적의 가격을 제시하고 정해진 기한 내에 가격이 높아진다면 차액을 호퍼에서 부담한다. 만약 가격이 낮아진다면 낮아진 가격대로 결제하면 된다. 프라이스 프리징 서비스 여행자들에게 호응을 얻으면서 2220년 미국에서는 애플 앱스토어와 구글 플레이스토어에서 가장 많이 다운로드된 여행 앱 1위에 오르기도 했다.

국내의 대표적인 AI 기반 여행 서비스로는 트리플이 있다. 트리플은 여행자 개인의 특성을 분석해 나만의 개인 가이드북을 만들어 주는 서비스다. 모바일인덱스에서 발표한 2022년 상반기 한국인이 가장 많이 사용한 앱 중 종합여행사 부분에서 1위를 차지한 바 있다. 트리플은 빅데이터와 AI를 활용해 여행자가 자신의 여행 스타일과 여행 일정을 입력하면 수집된 데이터와 비교 분석해 일정과 취향에 맞는 항공권, 숙박, 지역별 가이드북을 제공한다. 일정과 가이드북은 개인 계정에 저장돼 언제든 열어보고 활용할 수 있다.

또 앱 내에 구글 번역기가 내장돼 있어 여행 일정 속에 찾아가야 하는 여행지를 현지 언어로 직접 물어볼 수 있다. 갑자기 인터넷이 안 되는 상황에 대비해 지역별 오프라인 가이드북도 제공한다. 언제든 여행 일정과 기록을 다시 보면서 '여행 커뮤니티'라는 소통 공간을 통해 여행에 관한 추억을 공유할 수 있다. 이렇게 여행 전, 중, 후의 모든 과정에서 필요한 정보와 서비스를 제공함으로써 일회성이 아닌 계속 이용할 수 있

● 트리플의 현지에서 길묻기 기능과 여행 커뮤니티

는 여행 서비스를 즐길 수 있다.

여행 스타트업 스토리시티에서 서비스하는 여다트립은 여러 정부지원사업에 선정된 바 있는 AI 여행 서비스다. 2022년 8월에는 애플 앱스토어 '오늘의 앱'에 선정됐다. 여행자가 여다트립 앱을 설치하고 일곱가지 사전 질문에 답하면 50만 건 이상의 국내 장소 속성 데이터와 AI를 기반으로 1분 만에 최적의 맞춤 여행 일정을 생성해 준다. 또한 각 장소

● 여다트립 사전 설문(좌) / 길안내 기능(중) / 리뷰(우)

마다 후보지 세 곳을 제안해 선택의 어려움을 최소화해 준다.

영유아 및 반려견 동반 여부에 따라 적합한 여행지 및 숙소도 추천해 준다. 네이버 지도 또는 카카오 지도를 통해 찾아가는 길을 알려 주는 기능도 제공한다. 맞춤 일정을 카카오톡이나 문자, 링크를 통해 동반 여행 자들과 공유할 수 있도록 편의성도 높였다. 구글 리뷰와 네이버 블로그 정보를 통해 세부적인 정보도 확인할 수 있다.

영상 제작 스타트업 비디오몬스터가 2022년 10월 출시한 비브viiv는 AI를 활용한 여행 브이로그 영상 편집 서비스를 제공한다. 영상 편집이

어렵거나 귀찮은 여행자들이 촬영한 영상이나 사진을 AI로 분류하고 편집하는 과정을 2분 만에 해결해 준다. 무엇보다 초보자를 고려해 브이로그의 틀과 편집의 방향을 잡아 주는 것이 큰 장점이다. 또한 누구와 언제, 어디서, 무엇을 했는지 자동으로 분류하고 성별과 연령까지 추측해 그에 맞는 음악과 폰트도 추천해 준다.

비브의 편집 기능은 영상과 사진을 분류해 이어 붙이고 기본적인 자막을 넣는 수준이지만 만들어진 영상을 추가 편집하고 수정해 완성도를 높일 수 있다. 또 해당 영상을 통해 다른 여행자가 여행 상품을 구매하면 그에 따른 수익도 제공한다. 앱 내에서 다른 여행자들이 생성한 영상을 자신의 취향에 맞게 선택하면 연결된 여행 플랫폼을 통해 바로 예약도 가능하다.

올윈에어는 주요 항공사와 함께 AI 기반 항공 그룹좌석 추천 서비스를 제공하고 있다. 여러 명이 항공 좌석을 예약할 때 떨어져 앉게 될 확률을 분석해 주고 기내 좌석 현황을 한눈에 보여 주면서 함께 앉을 좌석과 가격을 찾아 준다. 출구와의 인접성과 창가석, 복도석의 예약 가능 여부 등 약 360개의 경우의 수를 고려해 가격을 책정한다.

올윈에어를 통해 여행자들은 항공 좌석을 선택하는 시간을 아끼면서 만족도를 높일 수 있다. 항공사 입장에서는 여행자들이 선호하지 않는 중간 좌석, 뒷좌석의 활용도를 높이고 합리적인 가격으로 수익을 높이는 것이다. 2023년 2월 제주항공을 시작으로 3월부터는 티웨이항공, 에어부산, 에어서울에서도 이 서비스를 활용하고 있다.

AI가 필수적인 기술로 자리 잡으면서 국내의 대표 여행 플랫폼들 역시 발빠르게 움직이고 있다. 국내 최대 온라인 여행 플랫폼인 야놀자는 트리플을 합병하면서 해외 여행 전 분야에 걸쳐 AI 기반 초개인화 맞춤 서비스를 제공하고 글로벌 여행시장 진출로 사업을 확대해 가는 과정이라고 밝혔다. 국내 1위 종합여행사 하나투어 역시 2023년 5월 챗GPT를 기반으로 한 여행정보AI 서비스를 오픈했다.

2024년에는 AI를 활용한 서비스들이 더 다양하게 등장할 것으로 예상된다. 예를 들어 여행 일정을 만들어 주는 것을 넘어 여행의 테마를 추천하고 다른 여행자의 SNS를 찾아 예시로 보여 주는 등의 상호작용이 가능한 대화형 서비스가 나올 수 있다. 가장 적합한 일정의 항공권을 최적의 가격으로 예약해 주고 항공 좌석 자동 배정까지 통합해 서비스할 수도 있다. 등록되어 있는 여행자와 동반자의 신용카드와 마일리지를 고려해 좀 더 유리한 플랫폼을 추천하고 미래의 여행계획에 맞게 최적의 혜택을 추천해 주는 서비스도 상상할 수 있다. 여행 계획과 예약 현황, 현지에서 찍은 사진을 알아서 정리해 여행 블로그나 브이로그로 만들어 주고 그 콘텐츠로 수익화가 가능하도록 도움을 주는 서비스도 가능해질 것이다.

챗GPT가 여행업에 던지는 혁신

챗GPT의 열풍이 IT 업계를 넘어 여행업까지 영향을 미치고 있다. 챗

● 챗GPT 플러그인 활용 예시

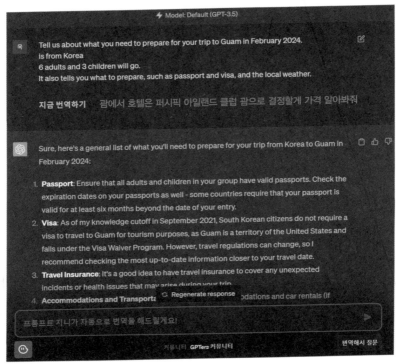

GPT를 비롯한 생성형 AI는 여행 분야 자체를 혁신할 가능성이 크다. 우선 챗GPT는 자연어로 대화가 가능하다. 따라서 여행업 종사자와 여행자들도 일상 언어로 쉽게 접근할 수 있어 다양한 서비스로의 연계가 가능해진다. 실제로 누구나 쉽게 챗GPT를 활용해 간단한 여행 계획을 세우고 여행 정보를 알아볼 수 있어 다양한 활용 사례들이 나오고 있다.

하지만 챗GPT의 한계도 명확하다. 챗GPT는 2021년 이전의 데이터를 가지고 학습했기 때문에 최신 정보를 가져오지 못하고 정확한 정보가 아닌 경우도 많았다. 이를 보완하기 위해 챗GPT는 2023년 3월 플러그인 서비스를 공개했다. 2023년 8월 기준 플러그인 제공 업체는 800여 개가 넘는 것으로 확인된다. 이렇게 입점된 플러그인 서비스를 이용하면 좀 더 전문적이고 구체적인 답변을 얻을 수 있다.

최초 공개한 플러그인 서비스 11개 중에는 익스피디아, 카약, 오픈테이블이 포함됐다. 익스피디아는 세계 최대 글로벌 OTA 서비스이고, 카약과 오픈테이블은 또 다른 글로벌 OTA인 부킹 홀딩스의 자회사다. 중국 기반 글로벌 OTA인 시트립의 트립닷컴 역시 플러그인을 제공한다.

익스피디아 플러그인을 설치하고 활성화한 뒤 '어른 여섯 명, 초등학생 세 명이 함께하는 괌 PIC로의 2024년 2월 여행 계획'을 요청하면 익스피디아에서 여행 정보를 불러와 답변을 제공한다. 답변에 이어 '2월 중 가장 항공권이 저렴한 시기로 4박 5일 일정'을 다시 요청하면 2월 15일 출발해 19일 돌아오는 일정으로 항공권을 검색해 주고 가격도 알려 준다.

챗GPT 플러그인을 활용하게 되면 실제 입점된 업체에서 제공하는 최신 정보를 통해 상담사와 대화하듯이 여행 일정을 계획할 수 있다. 아직까지는 입점 서비스가 영어 기반이고 가격도 달러로 표시되는 등 불편함이 있다. 이는 향후 제휴 업체가 늘어나고 정식 서비스가 시작되면 해결될 수 있을 것으로 보인다.

챗GPT를 서비스에 도입하려는 트래블테크 기업들도 늘어나고 있다.

● 인터파크트리플 추천 여행일정 요약 서비스

익스피디아, 부킹 홀딩스, 트립닷컴 등은 발 빠르게 자사 앱을 통해 챗GPT 기반의 챗봇 서비스를 선보였다. 국내에서는 하나투어 외에도 인터파크트리플에서 2023년 5월 챗GPT를 접목한 추천 여행 일정 요약 서비스를 오픈했다. 이 서비스는 AI 여행 일정 추천을 제공한 후 일자별로 방문지의 특징부터 맛집, 관광명소 등 상세 여행 계획을 요약해 설명해 준다.

2023년 6월 제주도 기반 여행 스타트업 휴플에서 서비스하는 젠트립Jentrip 앱은 챗GPT로 제주도 여행 일정을 만들어 주는 서비스를 오픈했다. 챗GPT를 활용하되 부족한 제주도 정보를 자체 데이터를 활용해 가공된 정보를 제공한다.

트래블테크 기업들이 챗GPT 플러그인에 입점하거나 자사 서비스에 챗GPT 기반 챗봇 서비스를 도입하는 이유를 살펴볼 필요가 있다. 챗GPT 플러그인에 입점하면 애플의 앱스토어처럼 또 다른 플랫폼 생태계에 들어간다는 의미다. 보통 플랫폼은 많은 이용자를 끌어 모아 서비스가 안정화되면 높은 수수료나 까다로운 조건을 제시한다. 입점 업체 입장에서는 자신들이 어렵게 모은 고객과 데이터를 빼앗길 수도 있다. 따라서 플랫폼의 종속에서 벗어나고자 한다면 비용과 노력을 들여서라도 자사 서비스에 챗GPT를 직접 도입하는 것이 나을 수 있다.

또 챗GPT는 자연어와 다양한 외국어로 24시간 응대가 가능하다는 장점이 있다. 챗GPT와 트래블테크 기업들이 보유한 빅데이터가 결합된다면 기존의 여행 상담사들을 대체할 수 있을 것이다. 일반적인 여행사 인력의 40퍼센트가 상담 인력이라는 점을 감안하면 비용을 상당히 절감할 수 있다. 또한 챗GPT를 활용한다면 수집된 상담 데이터를 통해 여행 수요가 몰릴 시기를 예측하고 미래의 여행 트렌드도 알 수 있다. 기존의 키워드 검색으로 유추하는 것보다 실제 상담 데이터를 통해 더 정확한 예측이 가능하다. 수요를 정확히 예측할 수 있다면 호텔이나 항공권을 미리 확보해 가격 경쟁력을 높이고 수익을 높이는 데도 활용할 수 있다.

자사 서비스에 챗GPT를 도입하기 어려운 1인 여행사나 소규모 여행사들도 변화를 맞이할 대비가 필요하다. 우선 챗GPT를 활용하면 단순한 여행 상담이나 항공권 검색을 위한 직원을 줄일 수 있다. 플러그인 기능으로 항공권, 호텔 등의 가격 정보 등을 빠르고 정확하게 확인할 수 있고 현지 여행 정보와 입국 규정 등도 최신 정보를 바로 알 수 있다. 일정표 생성이나 안내문 작성 등도 자동화할 수 있다. 여행 상품의 홍보 문구 작성 및 개인 여행자 맞춤 여행 가이드도 손쉽게 작성이 가능하다. 여행자의 여권 정보를 정리해야 한다면 플러그인 서비스 중 이미지에서 텍스트 추출이 가능한 프로그램을 설치해 이용하면 된다. 현지 언어로 된 정보는 챗GPT를 통해 쉽게 해석하고 요약할 수도 있다. 무엇보다 챗GPT를 잘 활용한다면 단순 작업을 위한 직원 고용을 최소화할 수 있다.

여행자들도 챗GPT를 통해 여행 일정이나 정보를 얻고 대형 OTA를 통해 항공권을 검색하고 여행 정보를 손쉽게 얻을 수 있다. 챗GPT를 제대로 활용할 수 있는 여행자라면 굳이 여행사의 도움이 필요하지 않다는 의미다. 이러한 변화의 흐름에 따라 대형 OTA들과 여행자들 사이에서 중개 영업을 하는 기존 소규모 여행사들은 설자리를 잃게 될 수도 있다. 반대로 지역에 특화된 콘텐츠나 특별한 경험을 제공하는 곳이라면 오히려 새로운 기회를 얻는 것도 가능하다. 예를 들어 워케이션 여행자라면 업무 공간과 휴식 공간이 분리돼 있고 고성능 와이파이가 필요하다. 실제로 이런 환경을 전문적으로 서비스하는 업체는 많지 않다.

전문성이 있는 업체라면 단순 상담이나 홍보 등은 챗GPT를 최대한 활용하고 자신들만의 전문성을 강화하는 데 역량을 집중해 비용을 절감하고 여행자들의 만족도를 높일 수 있을 것이다. 결국 자체 콘텐츠와 전문성을 가진 곳은 기회를 얻을 수 있지만 단순 중개 판매를 하는 소규모 여행사들은 도태될지도 모른다. 직원들도 마찬가지다. 전문 콘텐츠를 기획하고 새로운 아이디어로 무장한 직원은 더욱 높은 대우를 받게 되고 단순 상담 인력은 일자리를 잃게 될 수도 있다.

챗GPT는 정답이 존재할 수 없는 여행업에서 여러 방법으로 활용되고 있다. 2024년에는 현재보다 더욱 발전된 서비스를 제공하게 될 것이다. 또한 챗GPT 외에도 경쟁력을 갖춘 다양한 생성형 AI가 활성화되면서 여행업을 혁신하기 위한 새로운 방법과 사례들이 대거 등장할 것으로 기대된다.

특별한 상상력으로 여행자의 마음을 사로잡아라

챗GPT로 대표되는 생성형 AI의 등장은 모든 산업에 변화의 바람을 일으키고 있다. 구글의 바드, 메타의 라마를 비롯해 아마존, 어도비, 네이버, 카카오 등 국내외 IT 기업들이 챗GPT에 대항하는 생성형 AI 서비스를 출시했거나 개발 중이다. 트래블테크 기업들이 이를 상황에 맞게 활용한다면 새로운 기회를 얻을 수 있다.

앞서 언급한 바와 같이 여행 상담은 생성형 AI로 인해 급격한 변화가 예상되고 실제로 챗GPT를 도입하는 사례도 늘고 있다. 챗GPT의 API 도입 비용이 부담스럽다면 2023년 7월 메타에서 상업용으로 사용할 수 있도록 무료 오픈소스로 공개한 라마2를 이용하면 된다. 국내에서는 네이버의 하이퍼클로바X나 카카오의 KoGPT가 한국어에 특화된 상담 서비스를 제공할 수 있다.

마케팅 방식에도 큰 변화가 예상된다. 소규모 여행사들은 대부분 네이버 키워드 광고나 페이스북, 인스타그램 광고와 같은 디지털 광고에 의존한다. 키워드 광고를 위해 광고 대행업체와 계약하거나 페이스북이나 인스타그램 광고를 위해 디자이너를 고용하기도 한다. 메타에서 공개한 AI 샌드박스처럼 광고 문구와 이미지를 자동 생성해 주는 서비스를 활용한다면 광고 대행업체를 이용할 필요가 없고 디자이너의 업무도 줄어든다. 좀 더 전문적인 디자인 작업을 원한다면 미드저니, 달리2, 스테이블 디퓨전 등을 이용할 수도 있다.

여행 블로그, 브이로그 등을 제작할 때 생성형 AI를 활용하게 되면서 여행 크리에이터 시장 역시 더욱 커질 것이다. 현재 여행자 입장에서는 대부분 여행지에서 찍은 사진과 동영상을 정리하지 못하고 보관만 하는 것이 현실이다. 하지만 생성형 AI를 활용하면 사진 정리, 동영상 편집, 여행기 작성, 브이로그 생성 등과 같은 귀찮은 작업에서 벗어날 수 있다. 또한 동영상 편집을 도와주는 런웨이를 활용한다면 동영상을 손쉽게 편집하는 것도 가능하다.

구글에서 서비스하는 문서 도구, 포토 등과 연동될 예정인 구글 바드를 활용하면 사진과 영상의 편집, 여행기 작성 등도 손쉽게 할 수 있다. 네이버의 하이퍼클로바X와 카카오의 KoGPT도 자사 서비스와 연동이 된다면 네이버 블로그, 카카오 브런치에도 자동화된 글을 작성할 수 있다. 그동안 사진을 잘 못 찍거나 글을 잘 못 써서 여행 리뷰 하나 남기지 못한 사람들이 손쉽게 여행 크리에이터가 될 수 있을 것이다. 또한 양질의 여행 정보가 쌓이면서 선순환이 일어날 것이다.

여행 가이드 생태계 역시 큰 변화를 맞이할 것이다. 현재는 생성형 AI가 텍스트 위주로 서비스되고 있지만 AR 및 VR 기술과 이미지 인식 기술, 음성 인식 기술 등이 결합한다면 여행지 현장에서 가이드를 대체할 수 있다. 예를 들어 루브르 박물관에서 생성형 AI가 연결된 스마트폰 카메라를 작동시키면 작품을 자동으로 인식해 관련 자료를 보여 주고 음성으로 설명도 할 수 있다. 또한 여행자의 관심사에 따라 동선을 알려 주고 시간대에 따라 맞춤형 설명을 제공할 수도 있다. 이처럼 AI 도슨트가 현실로 다가오고 있다. 2024년에는 도시별, 지역별로 생성형 AI를 도입한 가이딩 서비스가 다양하게 등장할 것이다. 이제 기존 가이드는 AI 도슨트와 경쟁하면서 새로운 콘텐츠를 개발하거나 전문성을 가져야 살아남을 수 있다.

여행업은 빅데이터 기반의 생성형 AI를 활용할 수 있는 대형 OTA들과 특별한 경험 콘텐츠와 전문성을 갖춘 소규모 여행사 또는 여행 크리에이터 중심으로 재편될 전망이다. 여행 콘텐츠 제작에 들어가는 시간과 노력이 현저히 줄어들면서 소규모 여행사와 여행 크리에이터들이 지금과는 비교도 할 수 없을 정도로 늘어날 수 있다.

하지만 생성형 AI 역시 기존 데이터와 이미지를 기반으로 콘텐츠를 생산하므로 차별성을 만들기가 쉽지 않다. 결국 일반적인 여행이 아닌 상상력을 기반으로 특별한 경험을 기획하고 제공할 수 있는 소규모 여행사와 여행 크리에이터만이 여행자들의 선택을 받을 것이다.

여행은 결국 현장에서 즐기는 것이고 현장의 콘텐츠는 사람이 만들어 낸다. 예를 들어 강릉에서 서핑 클래스가 열린다는 것을 생성형 AI가 알려 주고 예약을 대신해 줄 수는 있지만, 실제 서핑을 가르쳐 주고 여행자들끼리 모여 커뮤니티를 즐길 수 있게 돕는 것은 사람만이 할 수 있는 영역이다.

특별한 콘텐츠를 가지고 있다면 어떤 플랫폼에 자신의 콘텐츠를 노출할지 선택하는 것이 가능하다. 또한 특별한 콘텐츠를 전문적으로 서비스할 수 있도록 생성형 AI를 학습시켜 다른 OTA들과 차별화된 전문적인 AI 상담을 할 수도 있다. 예를 들어 K-팝 덕후투어 콘텐츠를 전문적으로 만드는 곳이라면 자사 맞춤 AI 상담사를 도입해 상담을 맡기고 콘텐츠 기획에 자원을 더 투입하는 등의 방식이다.

생성형 AI가 만드는 혁신의 물결은 이제 피할 수 없다. 코로나 이후 기지개를 펴고 있는 여행업은 이 흐름을 적극 활용해 부족한 인력난을 해결하고 달라진 여행자들의 수요에 맞는 콘텐츠를 만들기 위해 노력해야 한다. 오히려 단순 업무를 생성형 AI에게 맡기고 지역에 특화되고 전문성 있는 콘텐츠를 발굴 및 기획하는 데 힘을 더 쏟는다면 누구도 따라올 수 없는 경쟁력을 갖출 수 있다. 계속 발전하는 AI 및 새로운 IT 기술에 촉각을 곤두세우고 적극적으로 활용하고, 기술이 따라올 수 없는 상상력을 통한 기획력을 키우기 위해 노력해야 한다. 2024년에는 생성형

AI로 인해 여행업의 모든 부분이 변화되겠지만 이 과정에서 특별한 상상력으로 여행자들의 마음을 사로잡는 곳이 새롭게 나타날 것으로 기대된다.

모바일
인사이트

OTA와 커머스 기업의 경쟁, 뜨거워진 여행 시장

온라인에서 여행 서비스를 제공하는 OTA는 인수합병을 통해 여행 서비스를 확장하고 있다. 국내 대표적 OTA인 야놀자는 인터파크투어, 트리플 등을 인수하여 숙소는 물론 주변 관광 상품 및 교통수단 예약까지 제공하는 슈퍼앱 전략을 취한다. 여기어때는 해외여행 서비스에 진출해 단거리 항공권 판매에 집중하며 빠르게 성장하고 있다. 여기에 커머스 기업인 쿠팡, 네이버 등도 여행업에 뛰어들며 앞으로 여행 시장의 경쟁은 더욱더 치열해질 것으로 보인다.

여행이 편리해진다, AI가 만들어낼 여행의 변화

여행 경험이 달라지고 있다. '구글 트래블'은 여행자의 검색 기록, 위치 정보, 관심사를 분석해 개인 맞춤형 여행 일정을 보여준다. '트리플'은 여행 스타일과 여행 일정을 입력하면 항공권, 숙박, 지역별 가이드북을 만들어준다. 영상 제작 스타트업 '비디오몬스터'는 AI를 활용한 여행 브이로그 편집 기능을 선보였다. 앞으로 여행 경험을 더욱더 다채롭게 만들어줄 AI 여행 서비스들이 대거 등장하리라 예상된다.

MOBILE FUTURE REPORT
2024

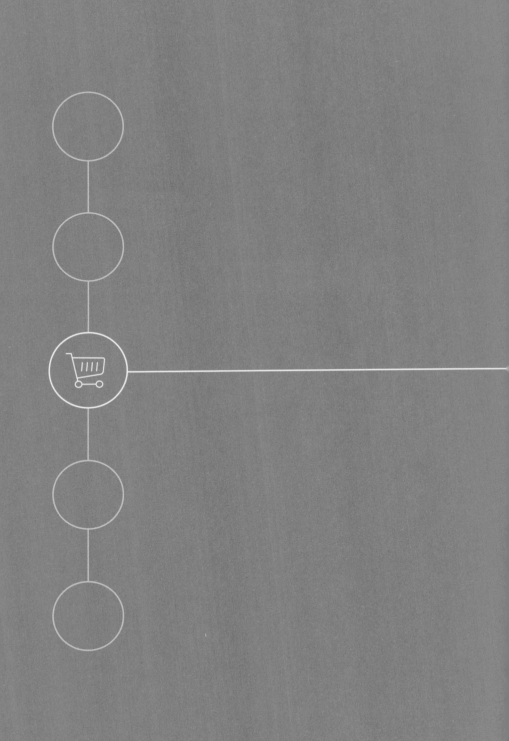

CHAPTER 3

커머스

고객 맞춤형 서비스로 진화하다

인플레이션과 경기 침체로 주춤거리는 이커머스 시장. 커머스 업계는 새로운 돌파구를 찾기 위해 판매 채널을 확장하고 새로운 비즈니스 모델을 탐색 중이다. AI를 활용한 빠른 배송과 소비자들의 마음을 예측하고 훔치는 마케팅이 시장에 다시 한번 지치지 않는 활력을 불어넣어 줄 것이다.

엔데믹 후 흔들리는 커머스,
틈새 기회를 엿보다

인플레이션과 소비 침체, 커머스를 위협하다

최근 국내 이커머스 시장의 성장률을 가로지르는 키워드는 엔데믹의 도래, 인플레이션과 소비 침체다. 통계청이 2023년 3월에 수정 발표한 자료에 의하면 2022년 국내 이커머스 거래액 규모는 209조여 원으로 2021년 대비 10.4퍼센트 성장했다. 두 자릿수 성장임에도 코로나19 기간 동안 평균 18퍼센트를 상회한 성장률에 비하면 상당히 둔화된 수치다. 2023년 예상 성장률은 10퍼센트 미만으로 둔화 속도의 증가가 전망된다.

통계청의 자료 외에도 리테일 시장을 이끌고 있는 쿠팡과 G마켓 등

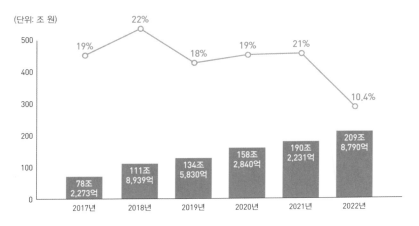

출처: 통계청, 한국온라인쇼핑협회

이커머스 기업과 신세계백화점과 홈플러스 등 대형 오프라인 유통기업 25개를 표본으로 매출 동향을 조사하는 산업통상자원부의 자료를 살펴봐도 이커머스의 성장세가 꺾인 것을 확인할 수 있다. 25개 대표 커머스 기업들의 2022년 온라인 매출 성장률은 9.5퍼센트, 오프라인 매출 성장률은 8.9퍼센트를 기록했다. 오프라인 대비 압도적인 격차로 성장하던 온라인 매출이 오프라인과 유사한 수준으로 하락한 결과다.(도표 3-1)

이커머스 시장은 거래액과 매출 기준 시장 성장률 감소에 인플레이션과 소비 침체까지 더해져 정부에서 발표한 성장률보다 더 나쁜 상황일 수 있다. 인플레이션의 여파로 상품 가격이 전반적으로 증가해 거래액 기준 시장 규모가 커졌다고 해석할 여지가 있기 때문이다.

2022년 기준 개별 기업별로 실적을 살펴보면 쿠팡과 네이버의 양강 체제가 또렷해졌다. 2022년 쿠팡의 매출은 전년 대비 26퍼센트 증가한 26조 5천억 원을 기록했다. 특히 3분기에 영업이익 흑자를 기록한 후 2023년 2분기까지 4연속 흑자를 기록하면서 쿠팡 비즈니스 모델의 희망을 보여 줬다.

네이버 역시 이커머스 부문에서 2021년 대비 연 매출이 21퍼센트 성장한 1조 8천억 원을 기록했다. 이커머스 통합 연간 거래액은 41조 7천억 원으로 마감하며 매출과 거래액 모두 쿠팡에는 미치지 못했다. 하지만 쿠팡을 제외한 대다수 경쟁 이커머스 플랫폼들이 성장 정체기를 벗어나지 못했던 것을 감안하면 대단한 성과다.

2022년 국내 이커머스 시장의 성장률이 10.4퍼센트인 것과 비교하면 이들 2개사의 성장률이 시장 전체 성장률을 크게 앞섰다. 사실상 2022년 이커머스 업계는 국내 이커머스의 성장률이 감소한 부분을 네이버와 쿠팡이라는 플랫폼이 대부분 흡수하며 양극화를 더욱 심화시킨 형국이다.

쿠팡과 네이버를 제외한 시장점유율 하위권 커머스 플랫폼들은 실적 부진으로 타격을 받고 있다. SSG닷컴, G마켓, 11번가, 롯데온 등은 모두 2022년에 순이익을 내지 못했다. 오히려 순손실이 전년 대비 50퍼센트 이상 늘었다. 티몬은 2022년 매출이 1,205억 원으로 전년 대비 6.67퍼센트 감소했고, 위메프의 매출 하락폭은 더 컸다. 두 기업이 쿠팡과 함께 초창기 소셜커머스 3인방으로 경쟁했다는 사실이 믿기지 않을 정도다.

새벽 배송 시장의 선도적 역할을 해왔던 컬리는 2014년 창사 이래 수익을 낸 적이 없다. 컬리의 2023년 1분기 매출은 전년 동기 대비 0.6퍼센트 감소한 5,096억 원을 기록했고 여전히 적자를 벗어나지 못하고 있다. 이 외에도 대부분의 하위권 이커머스 기업들은 사업 축소, 고정비 절감 등에 나서며 성장보다는 수익을 추구하는 방향으로 노선을 변경하고 있다.

컬리는 새벽 배송 서비스 지역을 확대해 신규 고객을 창출하기보다 기존 서비스 권역 내 고객을 공략하는 데 집중하고 있다. 우선 기존에 운영 중이던 물류망인 물류센터 세 곳과 위성센터 여섯 곳에 대한 재편에 나섰다. 위성센터 세 곳의 운영을 중단하고 임차료가 비싼 송파 물류센터 대신 평택 물류센터를 오픈해 고정비 절감을 꾀하고 있다.

롯데온은 막대한 비용이 드는 새벽 배송 서비스를 중단했다. 그 대신 라이프스타일 플랫폼으로 도약하기 위해 특정 카테고리의 제품을 전문적으로 판매하는 버티컬 서비스에 역량을 집중하고 있다. 특히 뷰티 전문관 '온앤더뷰티', 명품 전문관 '온앤더럭셔리' 등을 운영하며 성과를 거두고 있다.

11번가도 2012년에 시작한 해외 배송 대행 서비스를 2023년 7월부터 중단했다. 11번가의 전 세계 배송 서비스는 주로 해외 거주 한국인이나 해외 지인에게 국내 상품을 선물하려는 고객이 이용해 왔다. 판매자들도 일종의 배송 대행 서비스로 애용해 왔다. 하지만 수익성 측면에서

비효율이 커진 만큼 서비스를 전략적으로 개편하는 과정을 거치고 있다.

점유율 하위권 이커머스 기업들은 수익성 개선을 위해 비용 축소 전략을 추진하고 있다. 더불어 차별화 전략과 M&A를 통해 실적을 개선하고자 안간힘을 쓰고 있다. SSG닷컴과 G마켓을 운영하고 있는 신세계그룹의 이커머스 부문은 점유율에서 3위를 유지하고 있지만 1, 2위인 쿠팡과 네이버에 거의 두 배 가까운 격차로 벌어졌다.

이를 만회하고자 신세계그룹은 2023년 6월 오프라인 채널인 스타벅스와 이마트, 신세계 백화점과 면세점 등의 계열사가 참여하는 통합 멤버십인 '신세계 유니버스'를 출시했다. 유료 회원제로 운영되는 신세계 유니버스 클럽은 연간 3만 원의 가입비를 받는다. 멤버십에 가입하면 현금 3만 원에 해당되는 쿠폰 혹은 e머니를 지급하는 등 신규 고객 유치에 힘쓰고 있다. 신세계그룹은 아직 압도적인 강자가 없는 버티컬 분야를 집중적으로 공략하며 점유율 개선을 노리고 있다.

2010년 G마켓 창업자 구영배 대표와 이베이가 조인트벤처 형식으로 창업해 등장한 기업 큐텐도 주목할 만하다. 현재 아시아권 6개국에서 커머스를 운영하고 있으며 M&A를 통해 국내 시장에서 자존감 회복에 나서고 있다. 2022년에 티몬의 지분을 100퍼센트 인수하면서 국내 시장에 본격적으로 진출했다. 2023년에는 인터파크와 위메프를 모두 인수하면서 일명 '티메파크'의 통합 생태계를 완성했다. 큐텐은 티메파크와 더불어 물류 자회사 큐익스프레스의 글로벌 물류 역량을 기반으로 국내 시장을 전면 공략함과 동시에 글로벌 이커머스 생태계 구축을 목표로 하고 있다.

쿠팡과 네이버도 하위권 기업들의 성장 전략에 대응하고 있다. 쿠팡은 중소상공인 대상 익일 배송 풀필먼트 서비스인 로켓그로스를 통해 신규 판매자 유입과 상품군을 확장한다는 계획을 발표했다. 멤버십 혜택을 강화하면서 국내 인터넷 쇼핑인구 3,700만 명 중 대부분을 쿠팡 와우 회원으로 가입시키겠다는 원대한 목표를 설정했다. 또한 2023년 7월 럭셔리 화장품 브랜드 전용관 로켓럭셔리를 공식 론칭하면서 명품 화장품 시장에도 뛰어드는 등 기존에 약점으로 여겨졌던 럭셔리 상품군을 확장했다.

네이버는 D2C Direct to Consumer 생태계 확장을 통해 수익 선순환 구조를 구축 중이다. 도착 보장, 라이브 쇼핑, 브랜드 커넥트 등 판매자를 위한 솔루션을 지속적으로 선보이고 있다. 동시에 대형 제조회사들의 브랜드 스토어 개설을 적극적으로 지원하고 있다. 브랜드 스토어 수와 거래액의 지속적 성장을 도모함으로써 거래액 증가를 통해 신규 판매자를 유입하고 유료 솔루션을 통해 수익을 창출하는 선순환 구조를 만들겠다는 계획이다.

전 세계 이커머스 시장 1, 2위는 중국과 미국이 차지하고 있다. 각각 알리바바가 53퍼센트, 아마존이 41퍼센트의 시장 점유율을 확보하며 과점화된 양상을 보이고 있다. 국내 이커머스 시장 또한 과점화 진입 단계로 쿠팡과 네이버를 중심으로 양강의 경쟁 구도가 선명해지고 있다.

2024년에도 고금리, 고물가, 고환율이라는 복합 위기 상황에서 경기

도표 3-2 국내 이커머스 기업별 점유율 변화

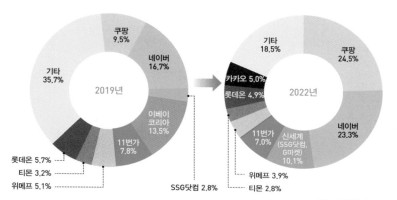

출처: 교보증권 리서치센터

침체와 소비 둔화가 예상되기 때문에 고객들의 구매 여력이 대폭 증가하기 힘든 상황이다. 오프라인 구매를 대체할 수 없는 상품군과 규제들이 존재하는 시장에서 온라인 시장 침투율이 더 이상 큰 폭으로 증가하기 어려운 점도 이커머스 기업들에게는 위험 요소다.

이러한 상황에서 신세계 유니버스 멤버십을 앞세운 전통적인 유통 그룹인 신세계그룹과 롯데 그리고 M&A를 통해 국내 시장 확대를 꾀하는 큐텐 등이 쿠팡과 네이버 양강의 과점화를 필사적으로 막을 것으로 보인다. 국내 이커머스 시장이 성숙기에 진입함에 따라 시장 성장세가 둔화하는 추세에서 하위권 주자들의 성장 전략이 어떠한 성과를 얻을지 관심이 주목된다.(도표 3-2)

커머스와 택배, 새로운 경쟁 시장

국내 커머스 시장에서 기업들은 서로의 경계를 넘어서는 전략으로 성장의 기회를 포착하고 있다. 국내 모든 커머스의 완전한 정복을 목표로 하는 쿠팡은 2023년 3월 일반 판매자도 로켓배송이 가능한 로켓그로스 서비스를 론칭했다.

그동안 쿠팡은 로켓배송 구현을 위해 라스트 마일Last Mile 배송을 직접 진행해 왔다. 쿠팡에서 직접 사입한 제품들에 한해 쿠팡의 물류센터에서 고객에게 전달하는 서비스다. 쿠팡 오픈마켓에 입점한 일반 판매자들은 외부 택배 서비스를 이용해 왔다. 쿠팡이 로켓그로스 서비스를 론칭한 이후에는 오픈마켓 판매자들의 제품들도 로켓배송을 이용할 수 있게 됐다.

로켓그로스는 판매자가 쿠팡 물류센터에 상품을 입고하면 쿠팡이 보관, 재고 관리, 포장, 배송, 반품 등을 맡는 방식이다. 쿠팡의 오픈마켓 판매자는 별도의 물류를 구하는 노력과 2~4일 수준의 배송 시간을 줄일 수 있다. 고객들은 일반 판매자들의 오픈마켓 제품도 로켓배송으로 빠르게 받아볼 수 있다.

쿠팡의 로켓그로스는 아마존의 풀필먼트 서비스 모델과 유사하다는 평가도 나온다. 직매입, 직배송을 통한 로켓배송으로 시장에 안착한 쿠팡은 유통업계 내 풀필먼트 경쟁에서 단점으로 지적됐던 오픈마켓에까지 판매의 지배력을 넓힐 수 있게 됐다. 특히 오픈마켓 판매자에게 직접 자사의 풀필먼트 서비스를 제공함으로써 고물가 시기에 직매입 부담을 줄이면서도 로켓배송의 고객 경험은 그대로 유지해 수익성을 개선할 수 있는 모델로 평가받는다.

CJ대한통운은 쿠팡이 일반 판매자들에게 로켓그로스를 도입하며 택배 시장에 빠르게 진입하는 것을 경계하며 대응하고 있다. 2023년 3월 모든 배송 서비스를 아우르는 통합 브랜드 오네O-NE를 론칭하면서 익일 배송, 도착 보장, 새벽, 당일, 휴일 도착 보장 등 다양한 도착 보장 서비스를 개시했다. 물류 전 과정에 로봇, AI, 빅데이터, 운송 로봇, 디지털 트윈, 스마트 패키징 등 다양한 기술을 적용했다. 무엇보다 쿠팡의 가장 큰 경쟁 무기인 로켓배송의 아성을 무너뜨린다는 전략이다.

커머스 비즈니스를 강화해 온 네이버는 쿠팡의 로켓배송 서비스에 대응하기 위해 CJ대한통운의 빠른 배송 서비스와 결합시켜 다양한 프로모션을 진행하고 있다. 네이버는 CJ대한통운의 오네 및 파스토, 두핸즈 등 풀필먼트 기업들과의 협력을 통해 제조사 직접 판매 방식인 D2C를 진행하는 스토어들에게 도착 보장 서비스를 제공하고 있다. 특히 쿠팡에서 판매되지 않거나 입점을 철수해 네이버에서 판매되고 있는 브랜드 스토어들의 매출 신장을 위해 도착 보장 서비스를 공격적으로 적용하고 있다.

네이버가 도착 보장을 통해 내세우고 있는 대표적인 브랜드 스토어는 CJ제일제당과 LG생활건강이다. 두 브랜드는 모두 쿠팡에 납품을 중단한 브랜드이기도 하다. CJ제일제당은 2022년 말 햇반 납품 단가를 두고 쿠팡과 이견이 생겨 납품을 중단했다. LG생활건강은 2019년 납품 단가 인하 요구 이후 쿠팡을 공정거래위원회에 제소한 뒤 쿠팡에서 철수했다.

두 브랜드는 쿠팡에서 철수하는 대신 네이버의 브랜드 스토어와 도착 보장 서비스를 통해 프로모션을 강화해 왔다. 도착 보장 서비스를 개시한 이후 CJ제일제당, LG생활건강 브랜드 스토어의 거래액은 대폭 증가했다. CJ제일제당은 2023년 3월 도착 보장 기획전을 진행하면서 브랜드 스토어 거래액이 전년 동기 대비 370퍼센트 증가했다. LG생활건강의 프리미엄 세탁 브랜드 피지의 평균 판매액도 2023년 1월 도착 보장 서비스 이용 이후 전년 평균 대비 51퍼센트 증가했다.

이 외에도 캐리어로 유명한 쌤소나이트는 2023년 3월 거래액이 전년 동기 대비 5배 증가했다. 이 중 80퍼센트가 도착 보장 서비스를 이용한 거래였다. 네이버에 입점해 있는 패션·잡화 브랜드 스토어들의 도착 보장 서비스 활용률이 점차 높아지고 있는 만큼 서비스는 더욱 확대될 것으로 보인다.

한진택배는 2023년 3월 택배업계 최초로 글로벌 C2C Consumer to Consumer 해외 직구 거래가 가능한 글로벌 관계 중심형 커머스 플랫폼인 훗타운HOOT TOWN 을 론칭했다. 한진은 이미 미국, 일본, 유럽 등에 보유하고 있는 글로벌 물류 역량을 바탕으로 해외 배송대행 서비스인 이하넥스 서비스를 운영 중이었다. 2017년에는 해외상품 구매대행 온라인 쇼핑몰인 이하넥스몰까지 론칭하며 해외 직구족의 편의성을 지속적으로 강화해 왔다.

● 한진택배의 해외판 당근마켓, 훗타운

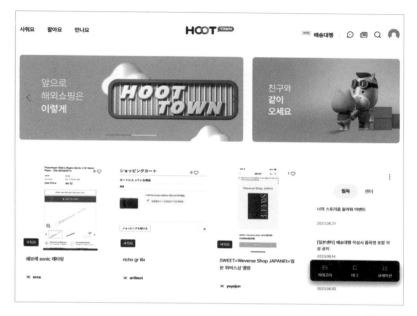

2023년 한진택배는 전 세계의 마니아 고객의 취향을 연결할 수 있는 업계 최초의 C2C 커머스 플랫폼을 표방하며 개인 간 해외 상품 거래 및 정보 교류의 기능을 통합한 마이크로 크로스보더 트레이드micro cross border trade 플랫폼으로 새롭게 도약하고 있다.

2021년 택배 서비스 사업자 인증을 받은 기업을 보면 종전에 택배 사업을 하지 않았던 기업들이 눈에 띈다. 쿠팡과 컬리의 물류 자회사인 쿠팡로지스틱스서비스, 프레시솔루션이 대표적인 기업들이다. CJ대한통운 입장에서는 로켓그로스처럼 플랫폼 내에서 판매자들에게 직접 택배 서비스를 제공하는 기업들을 큰 위기로 받아들일 수밖에 없다.

기존 국내 택배기업들의 익일 배송률은 90퍼센트 이상이었다. 그러나 쇼핑몰에서 제품을 수집해 대리점으로 이동시키고 물류센터와 택배 터미널로 이어지는 집하 및 간선 이동 등의 프로세스 때문에 택배 서비스는 주문 마감시간이라는 한계를 갖고 있다. 마감시간은 쇼핑몰마다 오후 1~6시 사이로 상이하게 정해져 있다. 당연히 익일 배송의 시작점은 주문 시점이 아니라 택배가 접수된 시점부터였다. 반면 쿠팡 등에서 제공하는 익일 배송은 말 그대로 밤 12시 이전에 주문한 시점부터 익일에 배송받을 수 있는 프로세스로 이뤄진다. CJ대한통운의 입장에서는 역설적으로 경쟁 택배기업이 아닌 쿠팡과의 경쟁을 위한 성장 전략을 취할 시점이다.

CJ대한통운은 대리점과 특수 형태 근로자인 배송기사 중심의 택배망을 직영망 혹은 직영망 수준으로 통제가 가능한 망으로 재편하고자 한다. 쿠팡 수준의 물류 서비스를 이커머스 기업들에게 전국 단위로 제공해 경쟁하겠다는 전략이다. 이를 위해 CJ대한통운은 2025년까지 전국 99퍼센트 지역을 담당하는 당일, 새벽배송망의 구축을 목표로 세웠다. 쿠팡처럼 자체 물류망에 엄청난 자본을 투자하기 어려운 커머스 기업이라면 CJ대한통운의 빠른 배송 서비스를 이용할 수 있다. 과연 택배 기업과 이커머스 기업의 경쟁은 이커머스 시장에 어떤 결과를 불러일으킬지 기대된다.

커머스,
새로운 돌파구를 찾아라

D2C는 마켓 체인저가 될 것인가

스트리트 캐주얼 브랜드 널디NERDY는 보라색 트랙 수트로 MZ세대들에게 폭발적인 인기를 얻고 있다. 특히 유통 플랫폼에 입점하지 않고 자사몰에서 직접 제품을 판매하는 D2C 방식으로 운영하는 브랜드다. 널디는 그동안 유통사에 입점하지 않고 SNS마케팅 등을 통해 유입된 고객과 자사몰에서 직접적으로 소통하며 성장을 거듭해 왔다. 널디 브랜드를 전개하고 있는 에이피알은 널디 이외에도 뷰티기기, 코스메틱 등 총 여섯 개 분야의 브랜드를 각각 D2C로 운영하고 있다.

에이피알은 2014년 설립과 동시에 에이프릴스킨이라는 화장품 브랜

● MZ세대에게 인기를 끌고 있는 패션 브랜드 널디

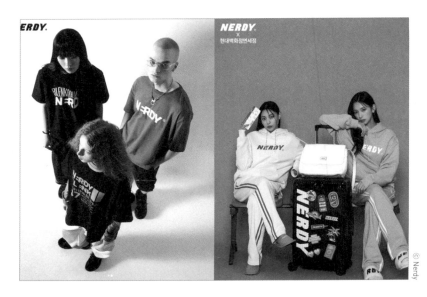

드를 출시하며 시장에 진입했다. 에이프릴스킨은 유행에 민감하고 SNS
를 적극적으로 이용하는 젊은 여성 고객들을 공략하며 빠르게 성장했
다. 에이피알은 2016년 더마코스메틱Derma Cosmetics 브랜드 메디큐브,
2017년 스트리트 패션 브랜드 널디를 론칭시키며 2023년 1분기까지 연
일 최대 실적과 영업이익을 동시에 갱신했다. 최근 플랫폼 기업들이
IPO에 번번이 실패하거나 보류하는 등 얼어붙은 시장에서 성공적인 상
장 프로세스를 이어나갈 것으로 기대된다.

에이피알은 국내 대표적인 D2C 기업으로 자리매김하면서 제조, 유통, 판매를 모두 직접 담당하고 있다. 또한 고객에게 더 저렴한 가격으로 제품을 제공하고, 고객의 피드백을 빠르게 받아 대응해 신제품 개발에 반영해 왔다. 에이피알의 2022년 매출은 3,977억 원, 영업이익은 392억 원으로 전년 대비 53.5퍼센트, 174.8퍼센트 증가했다.

중국 리스크로부터 자유롭다는 점도 에이피알의 성장세에 한몫했다. 최근 두각을 나타내는 중소형 화장품 기업들은 모두 중국에 집중하지 않고 동남아와 일본, 미국 등 수출을 다변화하면서 엔데믹 효과를 충분히 누리고 있다. 또한 유행에 민감한 MZ세대의 취향에 맞춰 발 빠르게 제품을 내놓는 것도 급격한 성장의 배경이다. 아모레퍼시픽과 LG생활건강이 중국 리스크에서 좀처럼 벗어나지 못하는 것과는 대조적이다.

보통 고객들은 오프라인 채널인 대형마트나 백화점에 방문했을 때 매장에서 판매되는 제품만 구매할 수 있는 선택의 강요를 받는다. 이커머스 플랫폼에서도 마찬가지다. 커머스 플랫폼들이 특정 브랜드들을 의도적으로 선택하거나 배제함으로써 고객 노출, 접근성 등에 영향을 미치기 때문이다. 이러한 선택의 강요는 커머스 플랫폼들의 권력을 강화하는 효과로 이어졌다.

제조사와 브랜드 입장에서는 저비용과 효율성을 추구하기 위해 플랫폼에 입점을 꾀한다. 하지만 오히려 과도한 수수료 체계에 발목이 잡히고 데이터 주도권을 넘겨주면서 플랫폼에 대항하는 힘이 약화됐다. 브랜드의 매출 실적이 플랫폼에 종속되는 현상이다. 최근에는 플랫폼을 벗어나 다시 자사몰을 강화하는 브랜드들이 등장하면서 고객들이 자발적인 선택을 할 수 있는 환경이 조성되고 있다.

2019년 1월 1일 나이키는 글로벌 최대의 이커머스 플랫폼인 아마존에서 판매를 중단한다고 선언했다. 나이키는 판매자의 다양화로 인해 품질을 보증할 수 없고, 가격이 표준화되지 않으며, 아마존의 고객 서비스가 자신들의 브랜드보다 떨어진다는 등을 이유로 들었다. 하지만 무엇보다 이제 더 이상 아마존에 의지하지 않고도 D2C 전략을 통해 수익성을 높일 수 있다고 판단한 결과로 해석된다. 실제로 나이키는 아마존 판매 중단 이후에도 매년 실적을 개선하며 D2C 전략이 옳은 판단이었음을 증명하고 있다.

2019년 나이키는 아마존에서 철수한 후 D2C 전략에 집중하면서 2021년 매출의 40퍼센트를 D2C에서 발생시켰다. 2023년까지 전체 매출의 30퍼센트를 D2C로 달성하겠다는 목표를 2년이나 앞당겨 달성했다. 2023년에는 D2C의 비중이 50퍼센트에 이를 것으로 예상되고 있다. 나이키는 자사 온라인몰 판매뿐만 아니라 상권별로 최적화된 픽업 방식을 선보이면서 온라인 판매와 연계된 오프라인 서비스도 강화했다.

또한 온라인 결제 후 인근 매장에서 제품을 찾아가는 일반 픽업, 차량 고객의 비중이 높은 매장에서는 주차장에 도착한 고객 차량으로 제품을 전달해 주는 커브사이드 픽업curbside pick up 서비스를 적용했다. 규모가 큰 플래그십 스토어에서는 일반 픽업 코너와 함께 직원의 도움 없이도 이용 가능한 디지털 로커digital locker를 설치해 편의성을 높였다. 고객이 나이키 제품을 구매하면 픽업 주문마다 지정된 전용 칸에 제품이 보관

되고 언제든 쉽게 구매 제품을 찾아갈 수 있다.

미국의 요가복 제조사 룰루레몬lululemon도 2020년 아마존에서 철수하고 자사몰을 통해 직접 판매를 시작했다. 룰루레몬의 전략은 단순히 유통망의 범위를 직영 매장으로 줄인 것 이상이다. 우선 팬데믹 기간에 급증한 온라인 주문량을 나이키처럼 픽업 서비스를 활용해 처리했다. 또 안전한 픽업 서비스를 위해 매장 입구에 별도 픽업 코너를 설치했다. 2020년 1분기에는 전 세계 500여 개의 지점을 폐쇄했다. 하지만 그중 492개 매장을 2분기에 재오픈한 덕에 픽업 서비스를 강화할 수 있었다. 또한 고객의 편의를 높이기 위해 매장과의 거리와 실시간 재고량에 따라 픽업 가능 매장을 추천하는 기능을 도입했다.

룰루레몬은 2020년 인수한 미러Mirror의 스마트 거울을 활용해 제품을 홍보한다. 룰루레몬의 스마트 거울은 요가, 필라테스 등 다양한 홈 트레이닝 콘텐츠를 제공한다. 단순한 콘텐츠 시청 뿐만이 아니다. 미러에 탑재된 카메라를 통해 AI가 운동 과정을 실시간으로 분석해주고 이용자가 정확한 자세를 취할 수 있도록 도와준다. 룰루레몬의 스마트 미러 콘텐츠 전략은 기존 스포츠 브랜드들이 실시하던 오프라인 체험 마케팅 전략의 온택트ontact 버전이라고 볼 수 있다.

젝시믹스는 국내에서 D2C 비즈니스를 가장 선도적으로 진행하는 애슬레저athleisure 브랜드다. 애슬레틱athletic과 레저leisure의 합성어인 애슬레저룩은 스포츠 레저와 일상의 경계가 허물어진 스타일을 말한다. 팬데믹 기간을 거치면서 건강과 여가 활성화에 대한 관심이 높아지고 다양한 운동과 스포츠를 즐기는 분위기가 더욱 고조되는 가운데 애슬레저룩이 전 세계적으로 유행했다.

이러한 분위기 속에서 젝시믹스는 D2C 전략을 통해 매년 역대 최대 매출을 기록하고 있다. 출시 초기부터 온라인 자사몰 전략을 채택해 자사몰 판매 비중이 85퍼센트 이상을 차지한다. 또한 SNS 공식 채널을 개설해 D2C 마케팅을 강화하고 고객과의 소통에 집중해 왔다. 자신들이 직접 확보한 고객 데이터를 빠르게 반영해 신제품을 속속 출시했고 고객 클레임에 능동적으로 대처하면서 고객의 불만사항을 제품에 직접 반영해 왔다.

D2C 비즈니스를 기획할 때 단순히 중간 유통 채널을 생각해 발생하는 비용 절감 효과에만 집중하는 경우가 많다. 하지만 자사몰의 판매로 이어지게 하려면 판매의 전후 과정인 마케팅 및 배송 역량을 갖춰야 한다. 나이키, 룰루레몬, 젝시믹스 등은 D2C 전략을 통해 고객 데이터를 모으고 고객의 트렌드를 빠르게 반영함으로써 성장할 수 있었다. 또 D2C 모델을 통해 고객들과 직접 소통하고 고객 경험을 강화해 색다른 브랜드 경험을 제공함으로써 패션 플랫폼이자 유통 플랫폼으로 발돋움하는 데 성공할 수 있었다.

D2C 전략의 가장 큰 장점은 유통 수수료 절감으로 인한 수익 증대다. 본사가 가격을 통일성 있게 제어할 수 있어 자사몰이 자리 잡는다면 매출을 안정적으로 발생시킬 수 있다. 또한 자사몰을 통해 브랜딩, 메시징, 브랜드 아이디어 등 브랜드의 모든 것을 완전히 본사가 통제하고 차별화하는 것이 가능하다. 무엇보다 자사 채널을 통해 고객들과 상호작용하고 제품 개발에 고객 참여를 증가시켜 잠재고객 유입과 충성도 높은 고객을 통해 안정적인 매출을 구현할 수 있다.

이러한 장점들을 구현할 수 있었던 배경에 데이터 드리븐 마케팅data driven marketing의 발전이 있다. 자사몰과 다양한 SNS 채널들을 통해 고객 및 고객 데이터를 수집하고 맞춤 프로모션, 온라인 고객 행동 등의 유용한 데이터들을 추출하는 것이 가능해졌고 구매 확률이 높은 고객에게 브랜드 메시지를 타깃팅할 수 있게 됐기 때문이다.

사실 D2C는 이커머스가 생겨난 시점부터 존재했던 개념이다. 하지만 팬데믹으로 인해 온라인 쇼핑의 수요가 높아지고 이커머스 플랫폼의 주도권이 강해지면서 대기업 브랜드가 아닌 중소형 브랜드들도 D2C채널을 새롭게 구축하는 사례가 많아졌다. 다만 고객에게 제품이 전달되는 프로세스에서 발생할 수 있는 문제나 클레임을 본사가 책임져야 한다는 리스크가 있다.

D2C를 도입하려는 기업은 가격 전략, 물류 및 배송 등 다양한 이슈를 스스로 해결해야 한다. 특히 경쟁이 치열한 시장에서 자사몰과 브랜드를 노출시키려면 고도의 마케팅 및 홍보 전략을 실행해야 한다. 플랫폼에 대한 의존에서 벗어나 D2C 비즈니스로 성공적으로 전환하려면 고객들의 관심을 끌 만한 브랜드만의 스토리를 제품에 녹여 내는 차별화 전략이 필수적이다. 궁극적으로 D2C 전환을 통해 고객에게 새로운 가치와 고객경험을 제공해 줄 수 있는지 여부가 성공과 실패를 가를 것이다.

이커머스의 새로운 희망은 C2C

2022년 네이버의 새 CEO로 선임된 최수연 대표이사는 글로벌 3.0이라는 비전을 발표했다. 일본과 북미, 유럽에 새로운 글로벌 비즈니스 생태계를 조성하고 5년 안에 글로벌 사용자 10억 명, 매출 15조 원을 달성한다는 목표다. 네이버는 글로벌 3.0을 달성하기 위해 개인 간 거래인 C2C 커머스에 집중하고 있다. 네이버는 2022년 10월 미국의 C2C 패션 플랫폼인 포시마크Poshmark를 16억 달러(약 2조 원)에 인수했다. 포시마크는

● 네이버가 인수한 포시마크

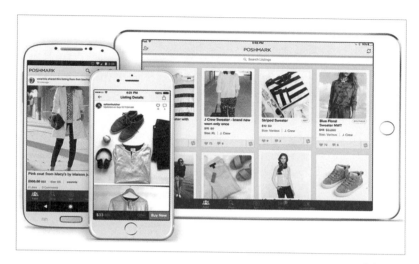

2011년 설립된 이후 8천만 명의 사용자를 확보한 미국 C2C 커머스 1위 기업이다.

네이버는 포시마크 인수로 C2C 시장의 핵심 지역인 북미 지역을 거점으로 한국, 일본, 유럽을 잇는 글로벌 포트폴리오를 구축했다. 소셜미디어와 커뮤니티에 강점을 가진 포시마크의 사업 모델을 활용해 C2C 시장에서 경쟁력을 강화할 계획이다. 포시마크의 사용자에게 혁신적인 경험을 제공하기 위해 네이버의 검색 기술, AI 추천 및 비전vision 기술, 라이브 커머스와 광고 플랫폼 노하우 등도 적용할 예정이다. 네이버는 2023년 1월 미국 샌프란시스코 포시마크 오피스에서 네이버 스마트렌즈 기술을 적용한 포시렌즈를 시연하기도 했다. 사용자들은 포시렌즈로 원하는 상품을 촬영하면 비슷한 상품과 가격을 한 번에 볼 수 있다.

네이버는 뚜렷한 강자가 없는 글로벌 C2C 시장을 선점하고 웹툰과 글로벌 웹 소셜 플랫폼 왓패드Wattpad를 중심으로 네이버의 스토리 및 엔터테인먼트 사업과 커머스 사업 간의 서비스 연계를 높여 시너지 효과를 꾀한다는 전략을 세웠다. C2C 시장 경쟁력 확보를 위해 포시마크 인수 이외에도 C2C 플랫폼인 크림(한국), 빈티지시티(일본), 베스티에르 콜렉티브(유럽) 등에 지속적으로 투자를 진행해 왔다. 이를 통해 글로벌 핵심 사용자들에게 C2C 쇼핑, 웹툰, K팝 콘텐츠를 넘나드는 차별화된 경험을 제공하면서 새로운 흐름을 만들어 내겠다는 복안이다.

네이버가 운영하거나 투자한 C2C 플랫폼은 모두 커뮤니티를 보유하고 있다. 이는 네이버가 강점을 보이는 커뮤니티 운영 역량에 커머스 솔루션을 도입하면서 시너지 효과로 시장 확대에 나선다는 전략으로 보인다. 글로벌 인프라와 MZ세대 콘텐츠에 C2C 서비스를 결합시켜 장기적으로는 광고 사업 등과 연계해 수익을 내는 데 집중할 계획이라고 한다.

네이버의 기존 서비스인 카페, 밴드(커뮤니티), 제페토(메타버스) 등과 위버스(팬덤 커뮤니티), 라인(메신저)까지 모두 합친 네이버 서비스의 기존 이용자는 5억 7,500만 명이다. 여기에 포시마크 이용자 8천만 명과 왈라팝 이용자 1,500만 명을 더하면 네이버 서비스 이용자 수는 단숨에 1억 명이 더 늘어난다. 글로벌 패션 리세일 플랫폼 베스티에르 콜렉티브의 이용자 2,500만 명, 동남아 최대 중고거래 사이트인 캐러셀의 이용자

도표 3-3 네이버가 운영하고 있거나 투자한 C2C 플랫폼

국가	플랫폼명	상품 카테고리
한국	크림	운동화, 명품, 한정판 제품들
미국	포시마크	패션
일본	빈티지시티	빈티지 패션
프랑스	베스티에르 콜렉티브	명품, 패션
스페인	왈라팝	의류, 가전 등 생활용품

출처: 네이버

100만 명을 합하면 글로벌 3.0 경영 목표 중 핵심인 10억 명 글로벌 사용자 달성에 3억여 명만이 남는다. 비전을 선포한 지 1년여 만에 목표의 절반을 이룬 셈이다.

네이버가 C2C 플랫폼에 투자를 이어 가는 것은 MZ세대의 트렌드 변화를 염두에 둔 포석으로 보인다.(도표 3-3) 그동안 MZ세대 고객들이 메가 인플루언서들의 추천에 영향을 받아 구매 결정을 했다면 앞으로는 비슷한 관심사를 가진 이들이 모인 커뮤니티가 영향력을 더 가질 것으로 판단된다. 커머스에서 개인의 선호도가 점차 세분화되고 다양해지면서 매우 중요한 전략적 지점으로 자리매김하고 있다. 특히 고객들과 직접 소통하면서 영향력을 키워 왔던 메가 인플루언서들의 역할이 기존 연예인들과의 차별성을 잃고 있는 반면, 포시마크처럼 이용자들의 수평적 관계와 느슨한 유대감에 기반한 커뮤니티는 지속적으로 성장하는 추세다.

포시마크는 인스타그램식 커뮤니티 형태의 커머스 서비스로서 이용자가 커뮤니티에 체류하는 동안 상품을 발견하는 과정에서 구매가 이뤄진다. 사용자의 80퍼센트가 MZ세대라는 점에서 커뮤니티와 결합한 C2C 비즈니스 모델이 MZ세대의 구매 트렌드를 주도할 수도 있다. 또한 단순히 취향에 맞는 상품을 추천해 주는 것 이상의 역할을 한다. 관심사가 비슷한 사용자들이 서로의 취향을 공유하고 새 상품을 발견하거나 이미 구매한 물품을 팔기도 한다. 이렇듯 주체적이고 수평적인 트렌드가 미래 커머스 시장을 이끌어 가는 돌파구가 될 수 있다.

국내 중고거래 플랫폼 강자로 꼽히는 당근마켓도 사업의 핵심은 상품거래지만 수익은 지역광고로만 내고 있다. 당근마켓은 2015년 출범해 2018년 전국으로 서비스를 확대했다. 단기간에 존재감을 키우며 전 국민이 당근마켓을 이용한다는 말이 나올 만큼 성장했다. 2022년 499억 원의 매출액을 기록했지만 564억 원의 영업손실과 540억 원의 당기순손실을 남겼다. 적자 규모가 매출 규모를 훌쩍 뛰어넘는 수준이다.

당근마켓은 지속적인 성장과 함께 내실을 다지기 위해 2023년 5월 지방자치단체 및 각 지역에 자리 잡은 공공기관이 주민들과 소통할 수 있는 채널인 공공 프로필 베타서비스를 출시했다. 공공 프로필은 구청, 주민센터, 소방서 등 각 지역의 공공기관들이 당근마켓을 통해 다양한 정책이나 소식을 알리고 의견을 들어볼 수 있는 공식 소통 채널이다. 전국 단위의 기존 SNS 채널과 달리 당근마켓은 지역 주민들이 모여 있는

● 당근마켓의 공공프로필

출처: 당근마켓

커뮤니티라는 점에서 행정구역 내 주민들을 대상으로 필요한 정보를 정확히 타깃팅해 전달할 수 있는 장점이 있다.

당근마켓의 대표적인 광고 모델 사례는 자영업자를 대상으로 하는 지역 마케팅 채널인 비즈 프로필의 기업용 버전인 브랜드 프로필과 전문 마케터들이 이용할 수 있는 광고 솔루션 전문가 모드다. 하지만 경쟁 플랫폼이 늘고 있고 광고 모델 자체의 한계성이 뚜렷해 광고 상품만으로는 큰 수익 창출을 기대하기 어렵다. 물론 중고거래 자체에 수수료를 도입하면 빠르게 수익성을 높일 수 있을 것이다. 하지만 당근마켓의 성장세는 무료 기반의 중고 거래에서 비롯하고, 이러한 거래를 통해 트래픽을 확보함으로써 사업 영역을 확장 중이기에 유료화는 리스크가 너무 큰 선택이다.

당근마켓은 수익 다각화를 위해 공공기관과 브랜드 프로필 이외에도 개인 사용자들에게서 수익을 창출하기 위해 테스트를 시작했다. 대표적으로 2023년 4월 제주도에서 판매자 유료 광고 서비스를 개시했다. 이용자가 3만 원 이상 제품을 팔 때 광고비 3천 원을 내면 해당 매물에 관심이 있는 이용자에게 우선적으로 노출시켜 준다. 쉽게 말해 돈을 내면 물건을 빨리 팔 수 있다. 이를 두고 당근마켓이 개인 이용자들을 대상으로 유료화 테스트를 시작한 것 아니냐는 관측이 나온다. 다만 당근마켓에서는 확대 해석을 경계하고 나섰다. 단지 제주도에서 돈을 내고도 상품을 빨리 팔려는 수요가 많아 서비스를 내놓은 것이라고 설명했다.

그럼에도 불구하고 당근마켓은 실적을 개선해야 하는 절박한 상황에 놓여 있다. 확실한 성장 동력 없이 적자를 이어 가도 새로운 플랫폼으로서 고평가를 받던 시절이 지난 데다 네이버 같은 대기업들도 적극적으로 C2C 시장에 뛰어들고 있기 때문이다. 결국 당근마켓은 이용자를 확대해 수익적으로 연결하는 과제를 해결해야 한다. 2023년 8월, 당근마켓은 당근마켓에서 '마켓'을 뗀 리브랜딩 전략을 발표했다. 중고거래 플랫폼을 넘어 '당근'이라는 새로운 브랜드로 지역에서 다양한 수익을 창출하겠다는 계획이다.

글로벌 C2C 시장은 빠르게 성장하고 있다. 2020년 글로벌 C2C 시장 규모는 1조 2천억 달러(약 1,609조 원)였으며 2025년에는 2조 5천억 달러(약 3,352조 원)에 달할 것으로 예상된다. 새로운 글로벌 모바일 커뮤니티의 활성화와 글로벌 물류 시스템의 개선을 비롯한 고객 가치관의 변화 등으로 C2C 시장의 성장 잠재력은 매우 높게 평가받고 있다. 다만 거래 시장의 성장과 별개로 다양한 상품을 다루는 만물상 형태의 C2C 플랫폼에서는 언제든지 유사 서비스가 등장할 수 있고 수수료를 부과하기 어렵다. 무엇보다 기존의 커머스 기업들이나 SNS 플랫폼들이 언제든 새로운 C2C 모델을 론칭할 수 있다는 위험 요소를 안고 있다. 결국 C2C 플랫폼들은 특정 영역의 상품이나 주제를 다루는 버티컬 플랫폼으로 성격을 좁히며 수익성을 꾀해야 할 것이다.

대표적으로 네이버는 국내의 대중적 커머스 서비스에는 브랜드 스토어와 스마트 스토어를 활용하고 글로벌 버티컬 시장은 C2C로 공략한다는 계획이다. 네이버가 인수한 포시마크는 상품을 사입하지 않고 온라인을 통한 중개에 집중하면서 20퍼센트 수준의 중개 수수료를 부과하는 수익모델 구축에 성공하며 지속적으로 성장하고 있다. C2C는 기존 커머스와는 달리 물류와 재고 같은 자산 투자가 필요 없기에 수익모델만 찾을 수 있다면 안정적인 영업이익을 확보할 수 있다. 과연 네이버가 절대적인 강자가 없는 글로벌 C2C 시장에서 커뮤니티와 콘텐츠 역량을 바탕으로 새로운 돌파구를 만들어 낼 수 있을지 기대된다.

유튜브의 미래는 커머스인가

유튜브 크리에이터들의 약진이 상당하다. 유튜버 홍사운드는 먹는 소리를 리얼하게 느낄 수 있는 일명 먹방 콘텐츠로 170만 명의 구독자를 보유했다. 팔도비빔면을 먹는 소리를 맛있게 들려주며 맛을 분석하는 콘텐츠는 먹방 크리에이터의 캐릭터를 제대로 살린 콘텐츠였다. 그런데 기존의 영상과는 다른 포맷이 눈에 띈다.

협찬이나 PPL 같은 광고가 아닌 이커머스 기능 자체가 영상에 추가된 것이다. 유튜브로 홍사운드의 비빔면 콘텐츠를 시청하다가 특정 버튼을 클릭하면 영상 속에 등장하는 비빔면을 구매할 수 있는 주문 페이지가 열린다. 라이브 방송 후에도 영상 콘텐츠는 남아 있기에 시청자들은 계속 버튼을 클릭할 수 있다. 홍사운드의 콘텐츠에서는 영상의 버튼을 클릭하면 위메프의 구매 페이지로 넘어간다.

기존에는 크리에이터가 상품을 추천해도 시청자가 별도의 커머스 플랫폼으로 이동해 구매해야 했다. 하지만 유튜브 쇼핑이 등장하면서 영상 시청과 구매를 모두 한 화면에서 진행할 수 있어 이탈률이 현저히 낮아졌다. 유튜브 크리에이터와 커머스 플랫폼이 유튜브 채널에서 상품을 판매하는 대표적인 모델이다. 이제는 다양한 쇼핑 채널의 판매자들도 유튜브와 연계해 상품을 판매할 수 있다. 유튜브도 앱에 별도의 쇼핑 탭을 추가하면서 커머스 플랫폼으로서의 본격적인 확장을 시도하고 있다.

최근 유튜브를 비롯한 글로벌 SNS 플랫폼들의 실적을 살펴보면 영상 플랫폼인 유튜브가 커머스로 뛰어든 이유를 엿볼 수 있다. 구글의 모회

● 홍사운드와 위메프가 협업한 팔도비빔면 판매 콘텐츠

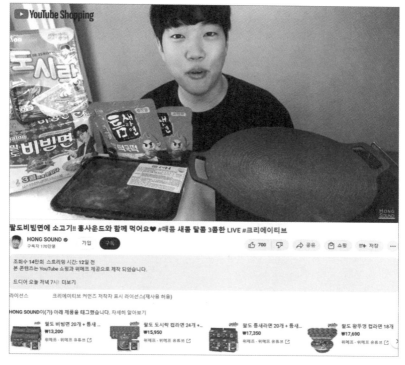

출처: 홍사운드 유튜브 채널

사 알파벳은 2023년 1분기 실적을 발표하면서 광고주들이 경제의 불확
실성으로 인해 유튜브 광고 예산을 축소하거나 집행을 중단함으로써 유
튜브의 광고 매출이 전년 대비 2.6퍼센트 감소했다고 밝혔다. 물론 알파
벳의 발표처럼 인플레이션과 글로벌 경제 악화가 원인으로 대두되지만
근본적으로는 틱톡과의 경쟁이 유튜브에 타격을 준 것으로 분석된다.

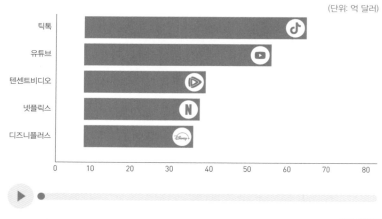

도표 3-4 **지난 10년간 주요 엔터테인먼트 글로벌 소비자 지출 누적액**

(단위: 억 달러)

출처: 데이터AI

시장분석업체 데이터AI의 2023년 모바일 시장 현황 보고서에 따르면 지난 10년간 틱톡의 누적 소비자 지출액은 60억 달러(약 8조 460억 원)를 넘어 글로벌 1위를 기록했다. 유튜브는 2위로 밀려났다. 다운로드 수에서 그 격차는 더 크다. 틱톡의 누적 다운로드 수는 35억 회를 넘어 유튜브와 두 배 이상의 차이를 벌렸다.(도표 3-4)

앞서 말한 유튜브, 틱톡 등은 워낙 높은 점유율과 긴 사용 시간을 자랑하는 플랫폼들이다. 표면적으로는 매출액이 커 보이지만 실제로 이커머스 시장과 비교하면 온라인 광고 시장은 상대적으로 규모가 작은 편이다. 국내 이커머스 시장 규모는 연간 거래액 기준으로 2022년 200조 원을 넘어섰다. 반면 국내 온라인 광고 시장은 연간 7조 원 정도로 추정된다.

단순히 숫자를 비교해 봐도 이커머스 시장에 비해 광고 시장의 규모는 매우 작다. 그러나 광고 시장은 이커머스 대비 높은 영업이익률을 추구할 수 있고 시장의 지배 사업자가 과점할 수 있는 영역이다. 그런 만큼 거대 SNS 플랫폼들이 각축을 벌이는 시장이기도 하다. 경쟁 플랫폼에게 점유율을 빼앗긴다면 플랫폼의 주요 수익원인 광고 매출 성장이 정체되기 때문에 새로운 돌파구를 찾아야 한다.

유튜브를 비롯한 글로벌 SNS 플랫폼들은 광고 매출의 정체 혹은 하락에 대비해 자신들의 플랫폼에 쇼핑 기능을 속속 추가하며 이커머스 플랫폼으로 거듭나는 움직임을 보이고 있다. 사실 유튜브는 2020년부터 다양한 쇼핑 기능을 테스트하며 자신들의 종착역은 곧 커머스라는 전략을 노출시켜 왔다.

쇼핑화에서는 인스타그램이 유튜브보다 한 발 빠르게 움직였다. 2022년까지 유튜브 크리에이터들의 수익화 방식은 대부분 애드센스 또는 PPL 형태의 광고 방식에서 크게 벗어나지 못했다. 반면 인스타그램의 브랜드, 판매자, 크리에이터들은 커머스의 핵심이라고 할 수 있는 직접 거래 활동을 해왔다. 인스타그램에서 쇼핑 기능을 공식적으로 지원하기 이전부터 인스타그램 사용자들은 셀럽이나 브랜드의 프로필 링크를 통한 제품 구매에 익숙하다. 특히 릴스Reels의 활성화 이후 틱톡과 유튜브가 점유하고 있는 비디오 콘텐츠 부문에서도 새로운 활로를 구축한 것이 유튜브에게 큰 자극을 주고 있다.

상품을 판매하는 브랜드나 판매자들에게는 유튜브가 어떤 효용성을 주고 있을까? 지금까지 판매자들에게 유튜브는 마케팅을 위한 여러 SNS 채널 중 하나였다. 주로 판매자나 브랜드가 직접 크리에이터가 되거나 크리에이터와의 제휴를 통해 협찬이나 PPL을 제공하는 방식으로 상품을 알려 왔다. 물론 그 과정 속에서 일부 크리에이터들이 광고 콘텐츠임을 알리지 않고 실제 후기처럼 제품을 홍보하다가 뒷광고 논란이 일기도 했다. 그럼에도 불구하고 유튜브에서 제품을 홍보하고자 하는 수요는 줄어들지 않았다.

브랜드나 판매자 입장에서 유튜브는 인스타그램 등과 함께 유용한 마케팅 채널이었다. 그동안 고객들이 유튜브 콘텐츠 속 제품을 구매하려면 커머스 플랫폼으로 이동해 제품을 검색하고 구매 버튼을 눌러야 하는 수고가 뒤따랐다. 이러한 과정이 남아 있는 한 커머스의 주체로 올라서기는 한계가 있었을 것이다. 하지만 이제 유튜브 입장에서도 제품을 홍보하는 데 그치지 않고 플랫폼 내에서 직접 구매하게 만듦으로써 새로운 돌파구를 찾았다고 할 수 있다.

유튜브는 본격적으로 유튜브 쇼핑이라는 별도의 탭을 개설했다. 유튜브 발표에 따르면 상품 소개와 리뷰, 언박싱, 제품 비교 평가 등의 콘텐츠 장르를 말하는 숍위드미shop with me 영상이 매년 60퍼센트 이상의 성장세를 나타내고 있다고 한다. 실제로 고객의 구매 여정에서 유튜브 콘텐츠의 파워는 상당하다. 2022년 오픈서베이의 조사에 따르면 국내 고객들이 뷰티 상품을 구매할 때 참고하는 주요 정보 탐색 채널 순위 1위를 유튜브가 차지했다. 하지만 같은 조사에서 뷰티 제품 온라인을 구입할 때 이용하는 채널로는 네이버 쇼핑이 압도적인 1위를 차지했다. 유튜브로서는 외부 커머스 플랫폼으로 이탈하는 고객을 유튜브 내에 묶어 두고 싶을 수밖에 없었을 것이다.

한편 유튜브 쇼핑은 각국 현지 커머스 플랫폼들과 파트너십을 적극적으로 체결하며 확장을 꾀하고 있다. 2022년 12월에는 국내 1위 쇼핑몰 구축 플랫폼인 카페24와의 협력을 발표했다. 유튜브와 카페24와의 협력 이후 카페24 기반의 쇼핑몰을 운영하는 크리에이터와 판매자는 규모와 관계없이 클릭 몇 번만으로 유튜브에서 커머스를 진행할 수 있게 됐다.

유튜브는 스트리밍 영상 내에 제품 정보를 띄워 클릭만 하면 상세페이지로 곧바로 넘어갈 수 있는 기능을 제공한다. 또 해당 트래픽을 통해 구매 전환이 이뤄지면 유튜브에서 수수료를 가져가는 방식으로 수익모델을 구축했다. 카페24를 이용하는 판매자들은 관리자 페이지에서 구글 채널을 연동하면 유튜브 스토어와 연동되는 상품 사진, 상품명, 가격 등의 정보를 실시간으로 관리할 수 있다. 또한 글로벌 플랫폼인 유튜브를 통해 전 세계 시청자에게 상품을 홍보하고 판매할 수 있는 기회도 생긴다.

유튜브는 카페24 외에도 이커머스 플랫폼과 홈쇼핑 기업들과도 파트너십을 체결하며 다양한 협업에 나서고 있다. 11번가, 위메프를 비롯해 SSG닷컴, GS숍, CJ온스타일, NS홈쇼핑 등 홈쇼핑 기업들과도 협약을 맺었다. 홈쇼핑 기업들은 그동안 저조한 TV 시청률과 높은 송출 수수료

● 카페24의 유튜브 스토어 연동 광고 이미지

등으로 실적이 하락하는 추세였다. 이를 만회하고자 TV를 벗어나 자체 유튜브 채널과 모바일 앱 등으로의 전환을 추진해 온 배경과 맞아떨어진 결과다.

가족들이 함께 모여 TV 콘텐츠를 시청하던 시대에서 다양한 플랫폼의 콘텐츠를 각 개인들이 소비하는 시대로의 변화는 TV 홈쇼핑 채널을 운영하는 사업자에게도 변화를 불러 왔다. 특히 TV 홈쇼핑 채널들은 주요 고객이 40~50대의 주부인 만큼 상품 구성 전략 수립에 어려움을 느끼고 있었다. 하지만 유튜브와 협업을 하게 되면서 기존 주 시청자인 중년 주부층 이외에도 새로운 세대의 고객들과 접점을 늘릴 수 있는 기회를 마련하게 됐다. 이제 홈쇼핑 기업들도 생존을 위해 고객들이 모여 있는 콘텐츠 플랫폼으로 이동하는 전략을 필수로 세워야 한다.

대표적으로 GS숍은 기존의 자사 TV채널이나 자체 앱에서 진행하던

● 11번가와 유튜브 크리에이터 히밥의 라이브 커머스

출처: 히밥 유튜브 채널

쇼호스트의 라이브 커머스에서 벗어나 유튜브 크리에이터들과의 협업을 적극적으로 추진하고 있다. 유튜브 크리에이터들과 함께 유튜브 채널에서 라이브 커머스를 진행하면서 다양한 형식의 콘텐츠를 개발하고 상품 판매를 연계하는 식의 변화를 꾀하고 있다.

기존 커머스 플랫폼들에게도 유튜브는 신규 고객의 유입 채널로서의 역할을 하고 있다. 대표적으로 11번가에서도 적극적으로 유튜브 채널을 이용하고 있다. 자사 채널의 라이브 커머스를 유튜브에 동시 송출하고 실시간 스트리밍 시에 상품 판매를 연동하는 기능을 본격적으로 활용하기 시작했다. 인기 크리에이터들과 협업하는 라이브 방송을 통해 새로운 판매 채널을 운영한 결과 11번가를 자주 이용하지 않던 고객의 비중이 방송 전 10퍼센트에서 방송 후 80퍼센트로 급증했다고 밝혔다. 이렇듯 유튜브로의 판매 채널 확장은 커머스 플랫폼에게는 매출 확대의 기회를 제공하고, 기존의 이커머스 플랫폼과 홈쇼핑 기업들에게는 신규 고객 유입 등과 같은 사업 확대의 기회를 제공하는 윈윈win-win 효과를 불러오고 있다.

2023년 들어 네이버 스토어를 비롯한 국내 오픈마켓의 중소상공인 판매자들도 유튜브 쇼핑에 적극적으로 뛰어들고 있다. 유튜브 크리에이터들도 광고 수익이 점차 하락하자 새로운 수익원을 찾고 있다. 현재 유튜브 쇼핑 서비스는 유튜브 수익 창출 조건을 만족한 채널만 이용할 수 있다는 장벽이 있다.

이에 유튜브는 쇼핑의 기능을 강화하기 위해 2023년 6월 수익을 창출할 수 있는 크리에이터의 자격 기준을 낮춘다고 발표했다. 더불어 유료채팅, 팁, 채널 멤버십, 쇼핑 기능을 포함한 몇 가지 수익 창출 방법을 소규모 크리에이터들에게도 개방하기로 결정했다. 이전까지는 1천 명의 구독자와 4천 시간 이상의 유효 시청 시간이 필요했다. 하지만 절반으로 줄어든 500명의 구독자와 3천 시간 이상의 유효 시청 시간으로 하향 조정된 새로운 정책을 도입했다.

고객의 흥미를 끌 만한 콘텐츠를 제작해야 한다는 큰 장벽도 남아 있다. 대형 브랜드와 홈쇼핑 기업들은 콘텐츠를 제작할 만한 여력이 충분하지만 중소상공인 판매자들에게는 여전히 큰 숙제다. 유튜브 입장에서도 커머스 기능을 대폭 확대하기 위해서는 다양한 중소상공인 판매자들이 기존 오픈마켓에 입점하듯이 자사몰과 연동해 유튜브 쇼핑에 입점해야 한다.

이를 해결하고자 유튜브에서는 다양한 플랫폼들과 제휴를 꾀함으로써 다양한 판매자들을 입점시켜 새로운 커머스의 장으로 거듭나고자 안간힘을 쓰고 있다. 하지만 유튜브의 경쟁사인 틱톡이 쇼피파이 등 커머스 플랫폼들과 파트너십을 체결하며 커머스 기능을 강화하고 있다. 인스타그램과 페이스북도 기존의 쇼핑 기능을 지속적으로 업데이트하고 있는 실정이다. 치열한 경쟁 상황 속에서 유튜브가 커머스에서 미래의 성장 동력을 찾을 수 있을지 관심이 주목된다. 제2의 소셜커머스 전쟁은 이미 시작됐다.

고객이 지갑을 열기 전에
먼저 다가가라

끝나지 않는 배송 전쟁, AI가 좌우한다

제주도 성산포항에서 배를 타고 15분가량 가야 하는 우도도 쿠팡의 로켓배송 지역에 해당한다. 만약 우도 주민이 태풍에 대비해 집수리를 계획하고 전동 드릴을 주문했다면 쿠팡의 AI 시스템에서는 주문 즉시 전동 드릴을 보유한 물류센터를 찾아내어 제주도로 향하는 배송 차량에 제품을 싣는 과정이 이뤄진다.

예를 들어 경기도 물류센터에 전동 드릴이 있다면 현재 가장 빠른 시간 내에 제주행 배를 탈 수 있는 항구로 이동시켜야 한다. 전동 드릴을 실은 배송 트럭은 쿠팡에서 확보한 전국 모든 항구의 선박 스케줄에 따라 가장 빨리 출항하는 배가 있는 항구로 출발해 곧바로 승선하게 된다. 이후 트럭은 제주도 항구에 도착해 배송 캠프로 직행한다.

쿠팡에서는 여느 물류기업의 시스템처럼 지역 터미널 혹은 대리점을 거치지 않는다. 대신 배송 캠프만 거친 후 쿠팡카를 통해 바로 고객에게 배송되는 시스템을 활용한다. 쿠팡은 일반적으로 두 번의 배를 타고 가야 하는 우도에 익일 배송을 실현함으로써 우도에 거주하는 고객들에게 새로운 경험을 제공하고 있다.

고객이 상품을 주문한 순간부터 문 앞에 배송이 되기까지 이르는 물류망을 엔드 투 엔드end to end라고 부른다. 물류망에 AI 기반의 혁신적인 운영 시스템이 적용되면서 고객들은 빠른 배송이라는 차별화된 경험을 누릴 수 있게 됐다. 하지만 이커머스 경쟁이 심화되면서 다양한 상품군과 저렴한 가격은 더 이상 경쟁력이 되지 못한다. 특히 상품과 정보의 홍수 속에서 가성비 좋은 상품을 구매하기 위해 모바일 쇼핑에서 손품을 팔았던 고객들은 이제 쇼핑 검색과 배송에 시간을 소모하는 것에 쉽게 피로감을 느낀다. 그 대신 자신에게 필요한 상품을 적시에 배송해 주는 구독 서비스나 더욱 빠른 배송을 해주는 업체를 선택하는 것이 일반화됐다.

많은 커머스 기업이 배송 속도 경쟁에 뛰어들었다. 하지만 빠른 배송 서비스를 제공하는 기업들 사이에서도 명과 암이 짙어지고 있다. 기업 입장에서는 고객에게 좋은 구매 경험을 제공해 주는 익일 배송과 새벽 배송 서비스를 도입하면서 투입 자원이 기하급수적으로 많아져 기업별로 성과가 뚜렷이 나타났다.

컬리의 새벽 배송을 시작으로 국내 배송 서비스의 속도 전쟁이 폭발적으로 성장했다. 고객들에게는 전폭적인 지지를 받았으나 속속 서비스를 종료하는 기업들이 늘어나고 있다. 무엇보다 심야 시간에 전용 물류센터를 운영해야 하고 주간 배송에 비해 야간 근무 인력 및 인건비 등 투자해야 할 부분이 더 많기 때문이다. 롯데온은 2022년 4월 2년 만에 새벽 배송을 종료했고 GS프레시몰 역시 2022년 7월 새벽 배송을 종료했다. 헬로네이처, 프레시지 역시 2022년을 마지막으로 새벽 배송을 종료했다.

반면 국내 빠른 배송 서비스의 선두주자 쿠팡의 질주는 계속되고 있다. 2022년 오픈한 쿠팡의 대구 풀필먼트 센터는 쿠팡이 보유한 물류 인프라의 상징이다. 아시아 최대 규모의 초대형 메가 풀필먼트 센터인 쿠팡 대구 센터는 2014년 로켓배송을 시작한 쿠팡의 물류 노하우와 AI 기반 자동화 기술이 집약돼 있다. 축구장 46개 규모의 쿠팡 대구 물류센터는 무인 운반 로봇인 AGV로봇, 소팅봇sorting bot, 무인 지게차 등의 최첨단 물류 기술이 적용됐다.

국내의 풀필먼트 센터 중에는 작업자가 휴대정보단말기PDA를 들고 상품을 찾아다니는 곳이 여전히 많다. 이를 PTGperson to goods 시스템이라고 부른다. 하지만 쿠팡의 대구 물류센터는 로봇이 선반을 들고 이동해 작업자에게 가져다주는 GTPgoods to person 방식이 적용됐다.

GTP 방식을 구현하는 핵심인 AGV로봇은 일정 간격으로 바닥에 부

출처: 쿠팡

착된 QR코드를 카메라로 인지하고 수만 개의 선반을 평균 2분 안에 작업자에게 전달한다. 작업자가 도착한 선반에서 상품을 꺼내 바스켓에 넣기만 하면 집품이 끝난다. 주문량이 많은 공휴일을 포함해 1년 365일, 하루 24시간 가동되기 때문에 로켓배송 등 쿠팡의 배송 서비스를 구성하는 핵심 자동화 기술이다.

쿠팡의 배송 전략에서 AI가 관여하는 부분은 물류센터뿐만이 아니다. 쿠팡에는 쿠친으로 불리는 물류배송 직원이 있다. 고객이 구매한 상품을 배송하는 마지막 단계가 사람인 만큼 쿠친들이 얼마나 효율적으로 배송하는지가 전체 배송 속도에 큰 영향을 끼친다. 쿠팡은 배송 효율성을 높이기 위해 베테랑 쿠친이 어떻게 물건을 적재하고 배송하는지를 AI

에게 학습시켜 경험이 부족한 쿠친에게 적재 및 배송 경로를 추천해 준다. 쿠친에게 할당된 배송 상품 전체의 주소지를 바탕으로 쿠팡카의 이동 동선을 최적으로 지정해 주는 것은 물론, 쿠팡카의 몇 번째 칸에 어떤 상품을 실어야 하는지 등 모든 것을 알려 준다. 이미 수년간 쌓인 데이터와 학습을 통해 AI가 최종 배송 단계인 인간의 배송 행동까지도 설계하고 있다.

그동안 쿠팡의 로켓배송 전략은 직매입 기반의 유통 구조를 통해 로켓배송 품목을 확대하는 것이 핵심이었다. 직매입 구조를 활용하면 팔리지 않는 제품들이 생기고 그에 따른 재고 부담이 반드시 발생한다. 재고 부담은 곧 비용적으로나 공간적으로나 큰 비용 부담 요소다. 하지만 쿠팡은 머신러닝과 딥러닝을 활용한 AI 수요예측 시스템을 통해 재고 부담을 대폭 감소시켰다.

쿠팡은 전국 고객의 수요 데이터와 물량 데이터, 상품별 입출고 시점, 주문 빈도, 상품 운반 특성 등을 기반으로 수요를 예측한 뒤 공급처에 정확히 예측된 수량을 발주하는 시스템을 갖추고 있다. 쉽게 말해 수요 예측을 통해 특정 물류센터에 상품을 입고하고 지역별 구매자들이 선호하는 상품을 해당 지역 물류센터로 이동하는 방식이다.

컬리의 샛별배송 서비스는 쿠팡의 로켓배송과 마찬가지로 직매입을 통한 유통 모델이다. 컬리는 신선식품을 많이 취급한다는 강점을 갖고 있다. 하지만 제품 특성상 하루만 지나더라도 상품의 가치가 떨어지기에 발주량에 더욱 신경을 써야 한다. 이를 해결하기 위해 마켓컬리에서는 '데이터농장'이라는 자체 데이터 팀과 '데이터 물어다 주는 멍멍이'라고 불리는 AI 매출 및 물류 예측 시스템을 자체 개발해 활용 중이다.

우선 빅데이터 분석을 기반으로 상품의 다음 주 매출 예측 데이터를 생성해 상품의 매입과 물류팀 등의 인력 운영 계획을 세운다. 또한 24시간 실시간 매출과 주문 건수, 재고량 등의 데이터를 30분 단위로 전 직원에게 제공해 의사결정을 한다. 그 결과, 신선식품 폐기율을 1퍼센트 미만으로 낮출 수 있었다. 이는 대형마트 신선식품 폐기율의 절반 이하 수준이다.

쿠팡과 컬리 등이 빠른 배송 시장을 확대해 온 반면, 전통의 유통 기업 롯데에게 이커머스와 빠른 배송 서비스는 아픈 손가락이다. 최근 몇 년간 이커머스 시장이 고공 성장을 해왔지만 롯데는 유통 대기업이라는 타이틀이 무색할 정도로 무기력한 모습을 보여 줬다. 2020년 출범한 롯데의 온라인 통합 플랫폼인 롯데온의 시장 점유율은 초라한 수준이다. 롯데는 절치부심해 글로벌 리테일 테크 기업 영국 오카도Ocado와 손을 잡았다.

오카도는 영국에서 매장 없는 온라인 슈퍼마켓으로 시작했다. 최근 온라인 배송 자동화 시스템 개발을 통해 약 20년 만에 세계 최고 수준의 리테일 테크 기업으로 발돋움했다. 오카도의 통합 솔루션은 수요 예측부터 자동화 물류센터에서의 피킹과 패킹, 배송, 배차에 이르는 온라인 주문 및 배송 전 과정을 다룬다. 또한 자체 개발한 로봇, AI와 빅데이터 등을 활용해 신속한 배송을 효율적으로 진행할 수 있도록 지원한다. 현재는 미국 크로거Kroger, 캐나다 소베이Sobeys, 프랑스 카지노Casino 등 9개 국 11개 대형 글로벌 유통 기업들과 파트너십을 맺고 있다.

오카도 물류센터의 핵심은 제품을 보관하고 있는 바둑판 모양의 격자형 레일 디자인과 피킹 및 패킹을 담당하는 로봇들이다. 오카도 스마트 플랫폼OSP, Ocado Smart Platform 은 AI에 기반한 철저한 수요 예측 및 재고 관리를 통해 식품 폐기율을 0.4퍼센트 수준으로 유지하고 있다. 국내 대형 마트의 폐기율 3퍼센트에 비하면 현저히 낮은 수준이다.

롯데는 오카도와 손잡고 부산을 고객풀필먼트센터CFC, Customer Fulfill-ment Center 건립지로 낙점했다. 2025년까지 부산 강서구 국제산업물류도시에 부지면적 약 4만 제곱미터 규모로 완공할 계획이다. 이곳에는 오카도 스마트 플랫폼의 모든 첨단 시스템이 적용된다. 데이터 및 AI에 기반한 철저한 수요 예측 및 재고 관리, 효율적인 배송 및 배차 서비스가 유기적으로 연결되는 것은 물론, 피킹과 패킹, 배송 및 배차에 이르는 모든 과정이 자동화된다.

2020년 롯데는 이커머스를 시작하며 롯데온에서 매출 20조 원을 달성하겠다는 목표를 세웠다. 하지만 시장 상황은 그리 녹록치 않다. 롯데온이 성과를 내지 못하는 사이 쿠팡과의 격차는 크게 벌어졌다. 매출 기준으로 쿠팡이 롯데의 유통 부문을 모두 제쳤다. 쿠팡은 2022년 26조 원 이상의 매출을 올리며 여섯 개 유통사업 부문에서 합산 15조 원을 달성한 롯데의 매출을 10조 원 이상 뛰어넘었다. 그런 가운데 오카도와의 협업으로 롯데가 이커머스 시장에서 과거의 영광을 재현할 수 있을지

● AI에 기반해 제품을 관리하는 오카도 로봇

출처: 오카도

주목된다.

　새벽 배송 서비스를 제공하다 철수한 기업들도 있지만 쿠팡은 여전히 빠른 배송 서비스가 커머스 기업의 핵심 경쟁력임을 몸소 증명하고 있다. 실제로 국내 커머스에서 빠른 배송이 주를 이루다 보니 해외 직구나 배송이 어려운 대형 가전제품까지 빠른 배송 경쟁에 동참했다. 큐텐으로 편입된 위메프와 티몬은 큐익스프레스를 활용해 배송 경쟁력을 강화하고 있다. 해외 직구에서도 주문 확인부터 배송과 도착까지 평균 5일을 넘기지 않도록 했다. 11번가는 최근 익일 배송 서비스인 슈팅배송 품목을 가전제품으로까지 확장한 슈팅설치 서비스를 시작했다. 해외 배송과 대형 가전의 빠른 배송은 물론, 설치 서비스까지 보장하려면 물류 효율을 최대한 높여야 한다.

배송 서비스의 변화 속에서 데이터 기반의 스마트 물류 시스템은 AI를 통한 선제적 대응 물류 시스템으로 진화했다. 최근에 도입된 물류 시스템에서는 물류창고로 입고되는 상품을 AI로 인식하고 분류하며 속도와 효율을 높여 작업자가 물류 정보를 실시간으로 빠르게 파악할 수 있다. 또 고객의 구매를 예측해 미리 지역 물류센터로 제품을 선제적으로 이동시키기도 한다. AI 기술에 의한 초연결 물류 체계를 누가 더 빨리 더 넓은 배송지역으로 구현할 수 있느냐에 따라 배송 전쟁의 승패가 나뉠 것이다.

나도 모르는 나의 '욕구'를 읽어 내다

현대백화점은 2023년 3월 AI 카피라이터 루이스를 정식으로 도입했다. 루이스에게 봄과 입학식을 키워드로 향수에 대한 광고 문구를 만들라는 명령을 내리자 순식간에 다양한 카피를 생성했다. 루이스가 10초 만에 생성한 카피 "봄바람이 살랑이는 3월, 당신의 새로운 시작을 축하하는 향기를 선물하세요."를 보면 사람이 쓴 카피인지 AI가 쓴 카피인지 구분하기 힘들다.

루이스는 네이버의 초거대 AI 언어모델 하이퍼클로바를 기본 엔진으로 사용한 AI 카피라이팅 시스템이다. 현대백화점은 배너 광고, 상품 소개 페이지 등 마케팅 문구 생성에 최적화된 이커머스 버전의 AI 카피라

● 현대백화점 루이스 이용 화면

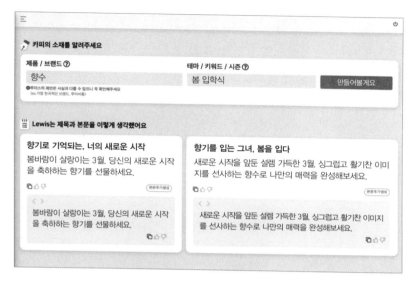

이터를 그룹 계열사로 확대 적용할 계획이다. 이러한 AI 카피라이터를 활용하면 타깃 고객에 따라 다른 내용과 어투로 카피를 생성해 앱 푸시나 SMS를 통해 개인화 마케팅을 진행할 수 있다.

커머스에서 고객을 대하는 관점은 비대면 고객을 어떻게 나누는지에서부터 출발한다. 그중에서도 이커머스에서는 고객이 관심을 가질 만한 메시지와 채널을 통해 고객의 반응을 이끌어 내는 것이 핵심이다. 결국 가장 이상적인 커머스라면 고객 관점에서 취향을 완벽하게 만족시켜야 한다. 그러기 위해서는 고객 개개인을 이해하고 각 개인의 특성과 수요에 따라 상품과 서비스를 제공해야 한다.

초개인화는 말 그대로 단순한 개인화 이상을 의미한다. 이제는 고객을 단 한 가지의 특성으로 정의할 수 없다. 단 한 사람의 고객이라도 시간, 장소, 상황에 따라 많은 자아를 가지고 있다. 이른바 멀티 페르소나 개념이다. 현재 고객이 직장에 있는지 집에 있는지, 현재 시간이 아침인지 저녁인지에 따라 다르게 접근해야 한다. 다시 말해 고객이 맞이하는 다양한 상황에 맞게 기업이 개별적으로 맞춤 혜택을 제공하는 것을 바로 초개인화라 부른다.

최근 커머스 마케팅에서는 고객의 행동 패턴을 기반으로 접근하는 초개인화가 화두로 떠오르고 있다. 롯데그룹 계열의 롯데면세점은 AI와 빅데이터 기반의 초개인화 마케팅 시스템을 구축하고 온라인에서 개인별로 정밀 마케팅을 실시하는 전략을 수립했다. 예를 들어 고객의 과거 구매 상품의 특성, 페이지별 체류 시간, 행사별 반응률 등의 지표를 분석해 개별 취향을 반영한 이벤트 정보를 최적의 시점에 제공한다.

한편 G마켓은 홈 전면에 AI를 기반으로 운영되는 개인화 서비스를 탑재한 모바일 앱 개편을 단행했다. 일부 고객에게 베타 테스트를 진행하며 2023년 말까지 전체 고객으로 확대할 계획이다. 기존의 개인화 서비스와 비교해 더 집요하고 예리하게 고객 성향을 파고든다는 전략이다.

커머스 기업들이 추진하는 초개인화 전략에 최적화된 광고 캠페인은 생성형 AI의 등장 이후 탄력을 받고 있다. AI 기반 알고리즘은 방대한

● AI 기반 개인화 서비스를 탑재한 G마켓 모바일 앱 화면

출처: G마켓

양의 고객 데이터를 분석해 마케터가 개인 맞춤형 광고 콘텐츠를 개발하고 개별 고객을 정밀하게 공략할 수 있도록 돕는다. 이처럼 AI가 잠재 고객들의 구매 여정 가운데서 특정 개인의 소비 문제를 인식하고 문제를 해결할 수 있는 적합한 광고를 제시함으로써 구매 전환율을 높일 수 있다. 이는 지속적인 매출 상승으로도 이어질 수 있다.

커머스 마케팅에서는 다양한 형식의 콘텐츠들이 핵심적인 역할을 수행한다. 블로그 텍스트에서 SNS 게시물 및 광고 카피는 물론, 디자인과 이미지, 미디어 콘텐츠로 대표되는 다양한 콘텐츠를 AI가 제작하는 시대가 열리고 있다. 생성형 AI를 활용하면 각 고객별로 특화된 고품질의 콘텐츠를 대규모로 신속하게 제작할 수 있다. 무엇보다 콘텐츠 생성부터 타깃 고객에게 도달하는 광고 시스템까지 전체적으로 커머스 마케팅 공정을 자동화함으로써 마케팅 부서가 전략 및 실행을 위해 쏟는 시간과 자원을 절약할 수 있다.

2023년 미국의 클라우드 기반 CRM 서비스 기업인 세일즈포스 Salesforce 와 영국의 시장조사 기업 유고브YouGov 가 실시한 설문조사에 따르면 마케팅 담당자들은 생성형 AI를 통해 매주 약 5시간의 업무 시간을 단축할 수 있다고 답했다. 대부분의 응답자들이 생성형 AI가 잡무를 줄여줌으로써 전략적 업무에 더 많은 시간을 집중할 뿐만 아니라 생산성도 향상됐다고 한다. 생성형 AI를 주로 활용하는 업무로는 기본적인 콘텐츠 제작과 마케팅 카피 작성이었다. 그다음으로 콘텐츠 아이디어 발굴, 시장 데이터 분석, 이미지 생성 등에 사용하고 있는 것으로 나타났다.(도표 3-5)

국내 최대의 쇼핑몰 솔루션 플랫폼 카페24는 AI 기반의 콘텐츠 에디터 에디봇을 제공하고 있다. 에디봇은 3분 만에 쇼핑몰의 상세페이지를 제작해 주는 기능을 가진 템플릿 서비스다. 쇼핑몰 운영에서 가장 중요한 콘텐츠는 상세 페이지다. 에디봇은 상품 하나당 수십 분에서 수십 시

도표 3-5 마케팅 분야 생성형 AI 활용 사례

구분	주요 내용
텍스트 또는 콘텐츠 생성	• 이메일, 소셜 미디어 또는 블로그 게시물 형태의 마케팅 콘텐츠 생성 • 광고 문구 및 스크립트 작성
이미지 및 비디오 생성	• 온라인몰을 포함한 온라인 플랫폼에서 사용 가능한 이미지 생성 • 고품질 마케팅 비디오 빛 제품 데모 비디오 제작
마케팅 자동화 및 검색 엔진 최적화	• 많은 양의 데이터 분석 및 소비자 행동 패턴 식별을 통해 기업의 디지털 마케팅 최적화 기능 • 캠페인 주제, 키워드, 구조 생성 등에 활용
고객 서비스	• 고객서비스용 챗봇 및 메시징 앱 • 일반적인 고객 요청에 대한 자동화된 이메일 발송

간이 걸리는 사진 분류와 배치, 상품 정보 작성, 외국어 번역 등의 상세 페이지 제작 업무에 대한 부담을 줄여 준다.

에디봇을 활용하면 수백 장의 사진도 30초면 분류할 수 있다. 또 업로드된 이미지를 모델컷, 상품 상세컷, 색상별 이미지로 분류하고 배치도 도와준다. 패션, 뷰티, 식품 등 다양한 아이템별로 디자인을 적용할 수 있고 클릭 한 번이면 영어, 일본어, 중국어로 번역해 주며 상품 정보 작성도 자동으로 입력해 준다. 무엇보다 디자이너의 도움 없이 빠르게 상세 페이지를 제작하고 수정할 수 있어 많은 종류의 상품 페이지들도 빠르게 제작할 수 있다.

세계 최대의 디지털 광고 플랫폼이기도 한 구글은 2023년 4월 생성형 AI를 도입해 마케팅 에이전시가 만든 것과 유사하거나 더 정교한 캠페인을 생성할 수 있는 서비스를 제공하겠다고 발표했다. 앞으로 인간 마케터가 캠페인과 관련된 이미지, 비디오, 텍스트와 같은 기본 콘텐츠를 제출하면 AI가 자료들을 리믹스해 특정 고객을 타깃으로 한 광고를 생성함으로써 매출 목표를 달성하게 할 계획이다. 이를 통해 구글의 광고주들은 구매 전환율을 개선하고 더 효과적인 마케팅 전략을 구사할 수 있다.

구글은 온라인 쇼핑에도 생성형 AI를 도입할 계획이다. 미국 내 구글 쇼핑 이용자는 실제 사람 모델이 특정 상품을 착용한 것처럼 사실적으로 보여 주는 가상 착용 virtual try-on 기능을 이용할 수 있다. 머신러닝과 비주얼 매칭 알고리즘을 통해 피부색, 인종, 헤어 스타일, 체형별로 모델을 구분하고 XXS부터 4XL까지 다양한 사이즈를 제공한다. 고객은 자신과 어울리는 옷을 입어 보지 않고도 눈으로 확인하고 구매할 수 있다. AI는 실제로 의류를 착용했을 때의 모습을 보여 주기 위해 옷이 늘어나고 주름지는 형태까지도 학습했다.

한편 구글은 2023년 5월 마케팅 라이브 행사에서 프로덕트 스튜디오의 출시를 발표했다. 프로덕트 스튜디오는 미드저니나 스테이블 디퓨전처럼 텍스트를 입력하면 제품 배경을 자동으로 생성해 주는 도구다. 배경 이미지를 없애거나 저해상도 사진을 고해상도로 높일 수 있는 기능도 제공한다.

같은 달, 메타 역시 광고주들이 생성형 AI 기반 광고 툴을 체험할 수

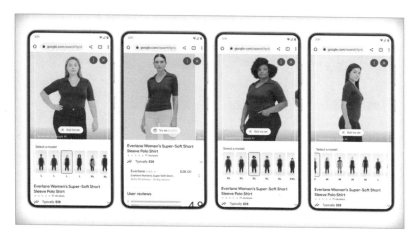

출처: 구글

있는 기능을 오픈했다. 메타는 일부 광고주 그룹을 대상으로 AI 샌드박스의 테스트를 진행하고 있다. AI 샌드박스는 생성형 AI를 활용해 텍스트 배리에이션text variation 과 배경 이미지 생성, 이미지 아웃크로핑image outcropping 등의 기능을 제공한다. AI 샌드박스를 활용하면 특정 제품의 구매를 희망하는 고객 그룹에게 가장 효과적인 문구로 광고주의 카피를 다양하게 바꿔 선택적으로 노출시킬 수 있다. 광고주가 입력하거나 선택한 텍스트를 기반으로 배경 이미지도 자동 생성할 수 있다. 예를 들어 '흐릿하게 보이는 뉴욕 거리' 나 '눈이 내린 산의 모습' 과 같은 텍스트를 넣으면 제품 사진 뒤로 해당 배경이 생성된다. 또 이미지 아웃크로핑 기능을 이용해 메타의 광고 플랫폼별로 이미지 크기를 자동으로 조절할

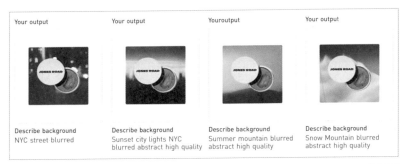

수 있다고 한다.

최근 초개인화 마케팅에 이용할 수 있는 생성형 AI 서비스들이 앞다
퉈 등장하고 있다. 비휴먼bHuman 같은 생성형 AI 솔루션을 활용하면 미
디어 콘텐츠에 개별 음성이나 기타 요소를 통합한 콘텐츠를 발송할 수
있다. 또 기존의 이메일 마케팅 솔루션에 고객 데이터 파일을 통합시켜
고객의 이름과 정보가 동영상 내에서 음성으로 재현되는 초개인화 기능
도 포함된다. 이러한 메일링을 받은 수신자는 자신에게만 메일이 온 것
처럼 느낄 수 있다.

네이버가 2023년 8월에 발표한 클로바X는 다양한 마케팅 문구 작성
기능을 갖고 있어 블로그 작성부터 마케팅 기획안까지 폭넓게 이용할
수 있으며 한국어에 대한 이해도가 강점으로 부각되고 있다. 또한 네이
버는 창작자, 사업자를 위한 창작 및 생산도구로 네이버의 콘텐츠 제작

툴 '스마트 에디터'에 결합한 새로운 글쓰기 도구인 '클로바 for Writing' 의 베타 서비스를 시작했고, 광고주를 위한 브랜드 광고 생성 AI 서비스 인 '클로바 for AD'와 AI 검색 서비스인 큐의 공개도 앞두고 있다. 네이 버는 검색부터 구매, 예약, 결제까지 이어지는 고객 여정을 하나의 플랫 폼으로 담고 판매자와 광고주들을 위한 생성형 AI 서비스들을 제공하여 생태계를 더욱 확장하겠다는 계획이다.

오늘날 시장을 선도하는 커머스 기업들은 고객 여정의 모든 단계에 AI를 사용한다고 해도 과언이 아니다. 잠재 고객이 제품을 검색할 때 AI 가 즉시 해당 고객에게 광고를 내보내고 자사 플랫폼의 제품으로 안내 하는 광경을 심심치 않게 볼 수 있다. 실시간 위치 정보와 매우 상세한 개인별 데이터를 사용해 고도의 맞춤형 제품과 서비스를 제안해 판매 프로세스를 효율화하기도 한다. 판매 이후의 과정에서도 AI는 고객과의 접점을 늘려 가고 있다. 24시간 내내 고객의 요청을 분류하며 고객의 클 레임과 질문에 응대도 할 수 있다. 간단한 문의사항은 AI가 직접 처리하 고 복잡한 문제는 별도로 분류해 인간 책임자에게 업무를 전달할 수도 있다.

초개인화 서비스는 개인이 처한 상황에 맞게 개별 맞춤 혜택을 제공 한다. 사용자의 미래 행동과 상황까지도 예측한다. 고객 자신도 모르는 취향, 즉 잠재적인 고객의 소비 욕구를 자극하고 제안하는 마케팅 캠페 인을 펼치고자 한다면 고객의 감정과 소비 문제를 가장 먼저 이해해야 한다. 생성형 AI가 맞춤형 마케팅 캠페인을 적용하는 데 결정적인 도움을 줄 수 있다. 커머스 기업들도 다양한 잠재 고객들의 정보를 얻기 위해 사용자의 인구통계학적 자료는 물론, 인터넷 검색 패턴, 구매 상품의 종류와 상품에 대한 사후 반응, 장바구니 내역 같은 구체적인 '행동 패턴'에 대한 데이터를 실시간으로 수집하고 있다.

AI 기술은 인간처럼 계산하는 지능을 넘어 인간처럼 생각하는 지능을 구현하기 위해 혁신의 가속도를 올리고 있다. 초개인화 서비스, 맞춤형 콘텐츠 생성, 나아가 고객 경험 향상을 위해 생성형 AI 기술을 활용함으로써 커머스 기업들은 한 발 더 초개인화 서비스에 다가설 수 있을 것이다.

배송 전쟁의 해답은 'AI'에 있다

상품을 주문한 순간부터 문 앞에 배송되기까지 AI 기반의 물류망은 혁신적인 배송 경험을 만들고 있다. 쿠팡의 물류센터에선 무인 운반 로봇인 AGV로봇이 상품이 진열된 선반을 평균 2분 만에 작업자에게 전달하여 빠르고 효율적인 물류 시스템을 만들었다. 또한 머신러닝과 딥러닝을 활용한 AI 수요예측 시스템을 통해 재고 부담을 줄이며 공급처에 정확히 예측된 수량을 발주한다. 컬리는 '데이터 농장'이라는 자체 데이터 팀과 '데이터 물어다 주는 멍멍이'라고 불리는 AI 매출 및 물류 예측 시스템을 활용하고 있다.

지금은 초개인화 마케팅 시대

커머스 기업들은 시간, 장소, 상황에 따라 여러 자아를 가진 고객들의 멀티 페르소나를 정밀 공략하고 있다. 이러한 '초개인화' 마케팅을 중심으로 생성형 AI가 고객의 니즈에 맞춰 블로그 텍스트, SNS 게시물, 광고 카피, 디자인을 제작한다. 콘텐츠 생성부터 타깃 고객에게 도달하기까지 모든 것이 자동화되어 시간과 자원 역시 절약된다. 앞으로 AI는 고객 구매 여정의 모든 단계에 참여하며 소비 욕구는 물론 잠재 욕구까지 파악해 구매 전환율을 높일 것이다.

CHAPTER 4

메타버스

메타버스 플랫폼의
특이점이 온다

메타버스는 뛰어난 기대와 주목을 받으며 탄생했다. 하지만 세 살이
된 메타버스의 성적은 여전히 지지부진하기만 하다. 그러나 메타
버스의 한계를 어림짐작하기엔 아직 이르다. 생성형 AI와 컬래버
레이션한 메타버스의 미래는 한계 없이 팽창하고 있다. 상상력의
너머, 새로운 경제 생태계를 꿈꾸는 메타버스를 함께 경험해 보자.

세 살 된 메타버스의
기대수명은?

메타버스, 생성형 AI와 만나 성장하기 시작하다

2021년 10월 페이스북의 커넥트 컨퍼런스에서 CEO 마크 저커버그는 사명을 메타 Meta 로 바꾸겠다고 선언했다. 메타버스의 존재가 본격적으로 대중에게 널리 알려지는 순간이었다. 이후 메타는 〈호랑이와 버팔로〉라는 1분 20초 분량의 광고 영상을 공개했다. 영상 속에서 한 무리의 학생들이 미술관을 방문하는데, 그곳에서 걸려 있던 프랑스 화가 앙리 루소 Henri Rousseau 의 작품 〈호랑이와 버팔로의 싸움〉이 2D에서 3D로 바뀐다. 곧이어 그림 속 호랑이는 "이곳은 상상력의 차원이다."라고 말한다. 저커버그는 "소셜 미디어의 미래는 3D 가상 세계인 메타버스"라고 선

● 메타 사명 변경 후 첫 브랜드 캠페인, 〈호랑이와 버팔로〉

출처: 메타

언하며 기업의 비전을 메타버스의 실현으로 변경했다. 그리고 미래를 향한 노력을 반영해 사명까지 바꿨다.

메타버스는 한 기업을 넘어 정부의 비전까지 바꿨다. 2022년 1월 우리나라 정부는 '디지털 신대륙, 메타버스로 도약하는 대한민국'이라는 비전을 발표했다. 디지털 뉴딜 2.0 초연결 신산업 육성을 위해 정부가 수립한 첫 번째 종합 대책이다. 과학기술정보통신부, 문화체육관광부, 교육부, 행정안전부, 산업통상자원부, 국토교통부, 중소벤처기업부 등 다양한 관계 부처가 합동으로 전략을 발표하며 메타버스라는 핵심 키워드를 내세워 이목을 끌었다.

● 메타버스 인기가 하락한 것을 풍자하는 온라인 이미지

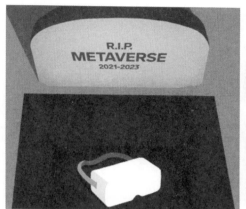

출처: 미국 경제 전문 미디어 인사이더 / 인터넷 커뮤니티

그러나 2023년을 맞아 세 살이 된 메타버스를 향한 기대는 예전 같지 않다. 코로나 특수를 누려 온 온라인 플랫폼 사업자들이 엔데믹 이후의 시대를 맞아 큰 도전에 놓여 있기 때문이다. 국내 하루 평균 이용자 수가 100만 명이 넘던 플랫폼들도 모두 큰 하락세로 돌아섰다. 2022년 말 기준으로 넷플릭스와 페이스북 이용자는 전년 대비 30퍼센트 이상 감소했다. 카카오, 네이버, 구글 모두 하락세를 이어갔다. 메타는 2022년 메타버스 분야에 100억 달러(약 13조 원)에 달하는 돈을 쏟아부었지만 137억 2천만 달러(약 18조 원)의 누적 손실을 기록했다. 메타의 주가는 2022년 한 해 동안 64퍼센트 폭락했다. 이를 반영하듯 메타버스 인기가 하락한 것을 풍자하는 다양한 내용들이 온라인에 올라오고 있다.

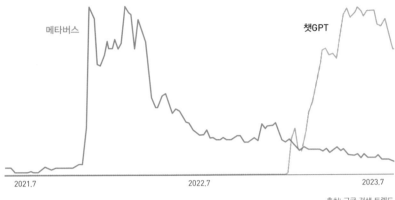

출처: 구글 검색 트렌드

2023년 메타버스와 관련한 전 세계 구글 검색량을 비교해도 1년 사이 80퍼센트 이상 눈에 띄게 줄어들었다. 상대적으로 생성형 AI에 대한 관심은 늘어나고 있는 것으로 보인다. 대표적으로 챗GPT의 구글 검색량이 폭발적으로 증가하고 있다.(도표 4-1) 메타버스에 대한 관심도가 줄어들자 기업들도 발 빠르게 대응하고 있다. 메타는 1만 개가 넘는 메타버스 관련 프로젝트를 대폭 축소했다. 다른 빅테크 기업들 역시 메타버스 관련 부서와 플랫폼을 축소하고 있다. 2023년 상반기에 월트 디즈니는 메타버스 전략 개발 부서를 없앴고, 마이크로소프트는 산업용 메타버스팀을 해산하고 직원 100여 명을 해고했다.

그렇지만 메타버스가 상상력의 차원을 현실로 만들지 못한 채 사라져

버린다고 예측하기에 이르다. 메타버스의 열풍이 후퇴한 데는 메타버스에 대한 이용자들의 높은 기대에 비해 정작 이를 구현할 수 있는 콘텐츠와 인프라의 발전이 따라가지 못한 탓이 크다.

많은 사람이 메타버스는 가고 AI의 시대가 왔다고 말한다. 하지만 AI가 오히려 메타버스의 성장을 이끌 것이다. 생성형 AI가 메타버스 이용자들이 기대하는 콘텐츠와 인프라를 확장할 것이기 때문이다. 실제로 생성형 AI와 결합한 메타버스가 여러 사업 모델로 거듭나며 성장할 수 있는 가능성들이 곳곳에서 확인되고 있다.

"메타버스는 당신의 생각보다 더 가까이 와 있다"

2023년 1월 글로벌 최대 규모의 컨퍼런스인 CES와 다보스포럼에서는 공통적으로 메타버스의 확장 가능성을 언급했다. 세계 최대 IT 전시회인 CES 2023에서 주관사인 미국소비자기술협회의 부회장 스티브 코닉Steve Koenig 은 "메타버스는 당신이 생각하는 것보다 더 가까이 와 있다."라고 말했다. 메타버스는 여전히 모호함을 가지고 있지만 "1990년대 초 많은 사람이 인터넷이 무엇인지 몰랐음에도 불구하고 인터넷이 진짜 트렌드였던 것처럼 현재의 메타버스도 그러한 역동성을 가진 진짜 트렌드"라고 강조했다.

세계 각국 52명의 정상급 인사가 함께하는 다보스포럼 2023에서도 창립자 클라우스 슈밥Klaus Schwab 은 "메타버스는 새로운 경제의 핵심이 될 것"이라고 전망했다. 또한 현실과 디지털의 통합 측면에서 AR Augmented Reality, 증강현실 이용자들의 상호작용이 가능한 개방형 생태계와 기업들의 적극적 사업 모델 발굴 덕분에 메타버스의 사회적 가치가 극대화될 것이라고 강조했다. 글로벌 문제를 해결하기 위한 메타버스 플랫폼, 글로벌 협업 빌리지 Global Collaboration Village 를 포럼에서 직접 구축하겠다고도 발표했다.

CES와 다보스포럼의 발표 이후 실제로 메타버스의 가능성을 확인할 수 있는 사업 모델들이 연이어 등장하고 있다. 2023년 5월 스냅챗에서 185만 명의 팔로워를 가진 여성 인플루언서 캐린 마조리는 생성형 AI를 활용해 자신의 목소리와 성격 등을 복제한 음성 챗봇 형태의 캐린 AI을 만들어 냈다. 마조리는 캐린 AI로 1분당 1달러 비용을 지불해야 하는 유료 서비스를 시작했다. 해당 서비스는 2023년 1분기 100만 명 이상의 이용자와 100만 달러(약 13억 원) 수준의 매출을 기록했다. 마조리의 팔로워 중 98퍼센트는 남성이며, 캐린 AI를 이용하기 위해 수천 명 이상의 대기자들이 발생하기도 했다.

캐린 AI의 이용자들은 유명 인플루언서인 마조리와 실제 여자 친구처럼 대화하는 듯한 경험에 매료됐다. 2013년 개봉한 영화《그녀》Her 의 현실판 버전인 셈이다. 영화에서 남자 주인공 테오도르는 인간의 감정에 맞춰 대응해 주는 AI 운영체제 사만다와 사랑에 빠진다. 그러나 영화 후반부에서 사만다의 연인이 총 8,316명이고, 그중 그녀와 사랑에 빠진 사람이 총 641명이라는 사실이 밝혀지며 테오도르는 혼란에 빠진다. 디

● 영화 《그녀》의 한 장면(상)과 캐린 마조리의 AI 서비스(중, 하)

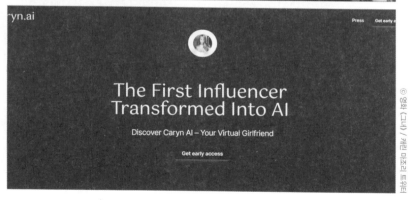

지털 가상 공간에서 감정적으로 상호작용하며 몰입감을 극대화한 결과였다. 영화가 개봉하고 10년 뒤인 2023년의 현실에도 드디어 영화 속 사만다와 같은 메타버스 서비스가 등장했다. 향후에는 XR eXtended Reality, 확장현실 디바이스를 통해 더 큰 몰입감을 줄 수 있는 서비스까지 등장할 것이다. 그리고 콘텐츠의 몰입감이 커질수록 더 큰 수익을 가져오는 사업 모델들도 많아질 것이다.

메타버스에 거부감이 없는 아이들을 위한 사업 모델도 등장하기 시작했다. 대표적으로 2023년 3월 미국 텍사스에서 열린 SXSW South by Southwest 현장에서 디즈니 파크의 대표 조시 다마로 Josh D'Amaro 는 생성형 AI와 홀로그램을 활용한 팅커벨 AI를 공개했다.

AI의 기술 덕분에 대화 능력을 갖춘 3D 팅커벨은 동화에서처럼 시크한 매력을 그대로 드러내며 모든 질문에 자연스럽게 답변했다. 진행자가 "SXSW에 처음 방문했나?"라고 묻자 "나는 아직 어디에도 간 적은 없지만 진짜 날아가고 싶었다. 오늘 아침에는 피터팬과 함께 보물찾기에 나섰다. 다만 피터팬이 웬디와 함께 있었기 때문에 지루했다."라고 설명했다. 동화 속 인물관계를 알고 있는 팅커벨을 현실에서 구현해 낸다면 디즈니의 기존 테마파크나 미디어 사업과도 시너지를 낼 수 있으리라 기대된다.

2023년 6월 국내 통신 사업자 LG유플러스는 생성형 AI를 탑재한 글로벌 어린이 특화 메타버스 플랫폼 '키즈토피아'를 선보였다. 국내에서도 메타버스와 생성형 AI가 융합한 사업 모델이 나올 수 있다는 점에서 관심을 받았다. 키즈토피아에서는 3D 가상공간에 모인 어린이들과 AI 캐릭터들이 자연스럽게 대화를 나눌 수 있다. 또 백과사전 기반 지식을 습득하고 영어 퀴즈도 풀 수 있다. 키즈토피아는 2023년 말까지 북미와 아시아 시장에 진출할 예정이다.

디지털 휴먼을 활용한 사업 모델 역시 일상 속으로 들어왔다. 모공, 피부 솜털, 잔머리까지 구현한 그래픽은 실제 사람의 피부와 차이를 거의 느끼지 못하는 수준이다. 2023년 1월에는 넷마블과 카카오엔터테인먼트가 협업해 언리얼 엔진unreal engine 을 기반으로 제작한 4인조 디지털 걸그룹 메이브가 데뷔를 했다. 메이브의 멤버인 시우, 제나, 타이라, 마티는 AI가 실제 보컬을 기반으로 댄서들의 움직임을 모션 캡처 방식으로 조합해 만든 가상 인간들이다.

메이브의 데뷔곡 〈판도라〉의 뮤직비디오는 공개된 지 두 달여 만에 2천만 뷰를 넘어섰다. 실제 인간 멤버들로 이뤄진 아이돌이라고 해도 무방할 만큼 화제성을 인정받은 셈이다. 메이브 같은 디지털 휴먼의 최대 장점은 원소스멀티유즈one source multi use 가 가능하다는 점이다. 실제로 메이브의 제나는 데뷔 전인 2022년 11월에 넷마블 게임 〈파라곤〉의 영웅 캐릭터 중 하나로 등장하기도 했다. 2023년 2월부터는 멤버들이 아이돌 오디션에 참가해 데뷔하고 미래를 바꾸는 전사로 성장하는 과정을 다룬 웹툰이 카카오에 연재되고 있다.

CES와 다보스포럼에서 언급한 메타버스의 가능성은 미래의 기술에 대한 전망이 아닌 일상에서 마주하게 될 실질적인 서비스에 대한 예상

● AI 팅커벨, 키즈토피아, 디지털 휴먼 걸그룹 메이브와 웹툰(위부터 순서대로)

출처: 디즈니 유튜브 채널, LG유플러스

이었다. 메타버스가 다양한 사업 모델 형태로 등장하는 사례들도 계속해서 등장하고 있다. 특히 생성형 AI가 등장한 이후로는 그 속도가 더욱 빨라지고 있다. 지금의 속도라면 메타버스는 XR의 경험을 제공하는 기술을 넘어서 우리 삶에 영향을 미치는 여러 가지 서비스들을 계속 만들어 낼 것이다. 그리고 일상에 영향을 미치는 다양한 플랫폼 형태까지 발전하리라 예상된다.

확장하는 메타버스 세계에
'마침표'는 필요 없다

놀고 게임하고 돈 버는 차세대 경제 생태계

최근 3년 동안 가장 많이 성장한 글로벌 메타버스 사업자는 어디일까? 10대들의 놀이터인 로블록스Roblox다. 2020년 로블록스는 전년 대비 두 배 가까이 성장한 매출 9억 달러(약 1조 2,069억 원)를 기록했고 2022년에는 매출 22억 달러(약 3조 원)를 넘어섰다. 사실 이 회사는 2006년 출시 이후 줄곧 게임 플랫폼으로 불려 왔다. 2021년 뉴욕 증권거래소에 상장한 이후 단순한 게임이 아닌 몰입형 3D 공간에서 경험을 공유하는 메타버스 플랫폼으로 자신들의 포지션을 새롭게 정의했다. 이제는 확실한 메타버스 플랫폼으로 자리 잡기 위해 생태계 구축에 힘을 쏟고 있다.

CES 2023의 미디어 컨퍼런스에서 미래학자 캐시 해클Cathy Hackl은 "다음 세대의 코코 샤넬은 로블록스 플랫폼의 10대 소녀가 될 것"이라고 강조했다. 이는 로블록스가 초보 크리에이터부터 대규모 개발 회사에 이르기까지 누구나 다양한 콘텐츠를 창작할 수 있도록 지원하고 있기 때문이다. 무료 게임 제작 도구인 로블록스 스튜디오는 코딩 관련 지식이 없는 사람들도 창의력만으로도 충분히 콘텐츠를 생성할 수 있도록 도와준다.

로블록스는 크리에이터가 직접 콘텐츠를 만들고 이용자에게 판매하는 C2E Create to Earn 시스템을 기반으로 경제 생태계를 갖추고 있다. 이용자들은 개발자들이 제작한 게임을 플랫폼 내 가상 화폐 로벅스Robux를 지불한 후 이용한다. 이러한 거래들의 수수료가 로블록스의 주요 매출이다. 2022년 기준으로 약 270만 명의 로블록스 크리에이터들이 연간 5억 8천만 달러(약 7,778억 원) 이상의 수익을 올렸다. 또한 580만 개의 게임 등 새로운 콘텐츠가 등재됐고 59억 건의 친구 요청 수락과 21억 건의 채팅 메시지 등이 이뤄졌다.

로블록스의 경제 생태계는 성장세를 꾸준하게 이어가는 원동력이 되고 있다. 2023년 1분기 로블록스의 매출은 전년 동기 대비 23퍼센트 증가한 7억 7,400만 달러(약 1조 379억 원)를 기록했다. 또 하루 평균 이용자 수는 6,610만 명으로 전년 대비 22퍼센트 증가했다. 로블록스는 메타버스 플랫폼의 선도 사업자로서 생태계 구축의 지향점을 잘 보여 주는 사례다.(도표 4-2)

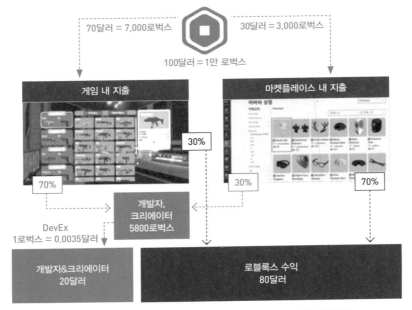

국내에서 로블록스와는 다른 방식으로 메타버스 플랫폼 생태계를 만들어 가는 기업도 있다. 3D 아바타로 가상 세계에서 소통할 수 있는 제페토Zepeto를 운영하는 네이버제트다. 제페토는 2020년 매출 86억 원을 기록하고 2021년에는 379억 원, 2022년에는 521억 원으로 큰 성장을 이뤘다. 그러나 빠른 매출 증가에도 불구하고 2022년 영업적자가 매출보다 많은 726억 원을 기록했다. 생태계 구축을 위해 트래픽을 지속적으로 증가시키면서 수익성도 개선해야 하는 과제를 동시에 해결해야만

● 네이버제트의 메타버스 합작 플랫폼인 미글루(좌)와 젭(우)

하는 상황이다.

　네이버제트는 현재 상황을 극복하고자 제페토와는 다른 유형의 플랫폼 포트폴리오를 구축하고 있다. 먼저 2023년 4월 게임 〈배틀그라운드〉를 서비스하는 크래프톤과 함께 미글루Migaloo 코퍼레이션 설립을 발표했다. 미글루는 게임 크리에이터 중심의 C2E 시스템을 적용한 플랫폼으로 미국에서 세운 법인이다. 이들은 투명성을 높이기 위해 모든 거래를 블록체인에 기록하고 정산을 받는다. 동시에 게임사 슈퍼캣과 함께 만든 메타버스 플랫폼 젭Zep에 지분 투자도 추가로 단행했다.

　미글루가 게임 창작 기반의 플랫폼이라면 젭은 행사, 교육 등을 진행할 수 있는 가상공간을 제공한다. 2022년 3월 젭은 정식 오픈 후 1년여 만에 이용자 500만 명을 돌파했다. 기업들의 가상 오피스 수요로 인해 빠르게 성장한 젭은 화폐 젬Zem을 활용해 C2E 시스템 및 크리에이터 후원하기를 제공한다. 이처럼 네이버제트는 SNS 기반의 제페토 이외에도 게임 및 가상 공간 등 다양한 유형의 생태계를 확장해 나가고 있다.

또한 네이버제트는 기존 제페토 플랫폼 생태계도 확장을 추진하고 있다. 2023년 5월 네이버제트는 구글 연례 개발자 회의에서 구글 AI와 결합한 제페토 확장성 강화 정책을 공표했다. 제페토의 아바타 개발 도구를 배포함으로써 다른 플랫폼에서도 제페토 아바타를 활용할 수 있도록 한다는 계획이다. 또한 2023년부터 태국 최대 통신사 트루True 와 메타버스 생태계를 구축하기 위한 협업을 본격적으로 진행하고 있다. 태국 내 수백만 명의 이용자와 50만 명이 넘는 크리에이터들을 끌어안는다면 태국에서도 인기 있는 K팝 콘텐츠 제작 및 판매 등에 기여할 것으로 예측된다.

네이버제트는 메타버스 플랫폼에 막대한 비용이 들어가는 만큼 수익을 창출하기 위해 차별화된 새로운 경제 생태계의 플랫폼을 모색하고 있다. 무엇보다 플랫폼 생태계 확장 전략은 제페토 아이템 판매의 수수료와 플랫폼 내 광고 수익만으로는 안정적인 사업 모델을 확보하기 어렵다고 판단한 결과다. 또한 제페토의 크리에이터들이 더 많은 가치를 창출할 수 있도록 플랫폼 생태계를 외부에 적극적으로 개방하는 전략도 취하고 있다.

로블록스와 함께 대표적인 메타버스 플랫폼인 포트나이트Fortnite 를 운영하는 에픽 게임즈Epic Games 역시 2023년 3월 생태계 활성화를 위한 전략을 내놓았다. 우선 크리에이터들이 콘텐츠를 쉽게 제작할 수 있도록 포트나이트 언리얼 에디터Unreal Editor 베타 버전을 출시했다. 또한 크리에이터들의 창작 활동을 적극 지원하기 위해 순수익의 40퍼센트를 크리에이터에게 돌려주는 크리에이터 이코노미 2.0을 시작했다. 크리에이터 이코노미 2.0을 시행하고 한 달 뒤인 2023년 4월에 연간으로 환산한 지급액을 예상한 결과, 크리에이터 상위 다섯 명이 1천만 달러(약 134억 원), 상위 220여 명이 10만 달러(약 1억 3,410만 원)의 수익을 창출할 것으로 나타났다.

로블록스, 제페토 등의 메타버스 플랫폼들은 모두 지속적인 생존을 위해 경제 생태계 조성에 많은 노력을 기울이고 있다. 공통적으로 이들은 크리에이터들의 경제 활동 지원을 통해 적극적인 콘텐츠 생산을 유도하고 있다. 결국 크리에이터들과 이용자들의 콘텐츠 거래가 늘어나야 플랫폼이 유지될 수 있다. 그리고 거래 수수료가 늘어나면 광고 수익과 자체 콘텐츠 판매 수익은 자연스럽게 따라올 수 있다. 메타버스 대표 플랫폼들을 중심으로 이용자들이 새로운 경험과 가치를 발견하고 소비하는 경제 생태계 구축 경쟁은 이미 시작됐다.

오프라인 활동이 디지털 세계로 빨려 들어가다

메타버스 대표 플랫폼들의 활동이 온라인으로 한정됐다면 오프라인 활동을 온라인으로 확장해 각 활동을 연결하는 형태로 메타버스 플랫폼 구축에 나서는 기업들도 있다. VRVirtual Reality, 가상현실 콘텐츠를 골프와 접목해 스크린 골프 사업 모델을 만들어 낸 골프존이 대표적이다. 골프존은 실제로 골프를 치는 듯한 몰입감을 만들기 위해 카메라 센서를 적용하고 현재 운영 중인 골프장 코스에 게임 요소를 더해 VR 콘텐츠로 성장해 왔다. 또한 여럿이 함께 즐기는 골프라는 스포츠의 특성과 스크린 골프만의 방 문화를 결합해 레저 문화의 한 축으로 자리 잡게 만들었다. 특히 여행을 비롯한 오프라인 활동에 제약이 있던 코로나 기간 동안 골프존 이용자들의 전체 라운드 수는 2020년 6,500만 라운드에서 2022년 8,700만 라운드로 25퍼센트 이상의 성장을 기록했다.

골프존은 꾸준히 증가하고 있는 스크린 골프 시장을 기반으로 메타버스 플랫폼 구축에 나섰다. 2023년 6월 골프존 메타버스 사업부에서는 현실에 최대한 가까운 모바일 골프 게임을 표방하는 골프존M을 출시했다. 무엇보다 기존 온라인 골프 게임과는 다르게 실제 골프 코스 및 용품을 그대로 디지털로 옮겨 왔다. 또한 오프라인 활동인 스크린 골프에서 측정된 능력치를 그대로 가져와 자신의 모바일 아바타에 반영할 수 있도록 했다. 실제 용품을 구매할 때 게임 내 화폐를 활용하거나 반대로 이용자가 보유한 게임 아이템으로 실제 용품 구매 할인을 연계할 수 있다면 가상과 현실을 잇는 경제 생태계 구축도 가능하다.

골프존과 유사한 형태로 메타버스 플랫폼에 도전장을 내민 국내 기업이 또 있다. 실내 사이클 활동과 게임성 보상이 융합된 메타버스 라이딩 플랫폼 야핏 사이클을 운영하는 야나두다. 야나두는 2023년 6월 투자자와 전 직원이 모인 2023 전략 워크숍에서 AI 메타버스 플랫폼 사업자로서의 비전을 공표했다. 야나두가 꿈꾸는 메타버스 플랫폼은 온라인과

● 실제 골프 능력치를 반영한 GS 카드(좌)와 실제 골프 용품과 똑같은 아이템(우)

출처: 골프존

오프라인을 연계해 아바타와 현실의 사용자가 함께 성장하는 공간이다.

야핏 사이클 내의 아바타를 건강한 상태로 유지하려면 현실의 사용자가 함께 운동을 해야 한다. 운동을 지속하면 메타버스에 리워드가 쌓여 사용자가 원하는 제품을 오프라인에서 구매할 수 있다. 또 하나은행과의 제휴를 통해 리워드를 현금으로 출금할 수 있게 하는 등 메타버스와 현실의 생태계를 연결해 확장시켰다.

야나두는 2023년 5월 출시한 야핏 무브를 통해 M2E move to earn 방식의 실내 운동 야핏 사이클을 걷기, 달리기, 라이딩 등 야외 활동 전반으로 확장시켰다. 실내에서 야외로 나오게 되면서 관심 지역 정보 POI, point of interest에 따른 최적화된 광고 수익 창출도 가능하게 되었다.

프로 스포츠 리그에서 메타버스 서비스로의 발전 가능성을 보이는 사례도 등장하고 있다. 2023년 2월 미국의 프로농구 리그인 NBA의 총재 애덤 실버 Adam Silver 는 NBA 올스타 테크 회담 2023 NBA All-Star Tech Summit에

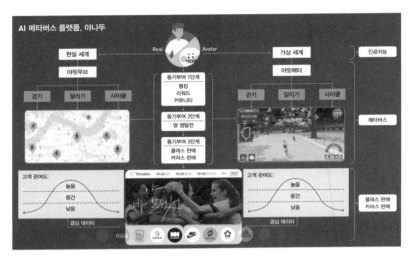

출처: 야나두

서 3D 아바타 모델을 생성해 중계방송에 적용할 수 있는 AR 기술을 공개했다. 당시 스포츠 방송 진행자 아마드 라샤드Ahmad Rashad의 신체를 스마트폰 카메라로 스캐닝해 3D 아바타를 생성한 후 실제 경기 영상 속 선수를 대신해 플레이하도록 시연했다. NBA는 앞으로 생중계를 비롯해 경기 하이라이트 등을 볼 수 있는 앱에 AR 기술을 탑재해 이용자들의 몰입감과 상호작용 경험을 강화할 예정이다.

AR 기술로 제작한 3D 아바타가 NBA와 협력 중인 다른 플랫폼에서 활용되는 것도 예상해 볼 수 있다. NBA의 공식 디바이스인 메타의 XR 헤드셋인 퀘스트 시리즈가 대표적이다. 퀘스트 이용자들은 호라이즌 월

● **NBA 올스타 테크 회담 2023 AR 기술 발표 장면과 실제 NBA 경기에 적용된 모습**

출처: NBA 올스타 테크 회담 중계 유튜브 영상. https://www.youtube.com/watch?v=Rv0qBbJq4qQ

드Horizon Worlds 라는 서비스를 통해 고화질의 3D 콘텐츠를 생생하게 체험할 수 있다. 만약 이용자가 자신의 아바타로 NBA의 사전 행사나 경기 관람 등에 참석한다면 훨씬 더 큰 몰입감을 경험할 수 있다.

미국에서 가장 인기 있는 스포츠 게임 중 하나인 NBA 2K에도 이 기술을 활용할 수 있다. NBA 2K는 이용자들이 실제 NBA 선수들을 선택해 자신만의 팀을 만들고 다른 이용자들과 경기를 할 수 있는 게임이다. 호라이즌 월드와 마찬가지로 자신의 아바타로 게임에 참여한다면 더 높은 몰입감을 느낄 수 있다. 아바타의 디지털 의상과 액세서리의 판매까지 이뤄진다면 새로운 수익을 창출해 내는 것도 가능하다.

지금까지 살펴본 업체들은 오프라인의 활동을 온라인으로 확장해 두 공간의 연계를 강화하는 방식으로 XR 기술을 활용한다. 오프라인과 온라인이 연계되면 자신들이 구축한 플랫폼에서 이용자들의 이탈을 방지하고 이용 시간도 증가시킬 수 있다. 향후 이와 유사한 오프라인 활동들이 공간의 제약을 넘어 메타버스 플랫폼과 연계되는 사례가 점차 늘어날 것으로 예상된다. 이는 메타버스 플랫폼 사업 경쟁력 강화에 큰 도움이 될 것이다.

산업의 발전을 앞당기는 메타버스 플랫폼

특정 분야의 서비스가 오래 유지되려면 사용자가 끊임없이 즐길 수 있는 콘텐츠를 제공해야 한다. 기업 입장에서는 콘텐츠가 수익을 벌어들일 수 있는 비즈니스 모델과 연결돼야 안정적인 사업 구조를 만들 수 있다. 안타깝게도 메타버스 사업자들은 대부분 현재의 플랫폼 사업만으로는 수익을 만들어 내지 못하고 있다. 고객의 관점을 기업으로 확장하는 B2B_{Business to Business} 메타버스 플랫폼들이 주목받고 있는 이유다.

메타버스가 기존 산업에 플랫폼 형태로 결합돼 산업 현장을 가상화하고 개선하는 데 활용되면서 안정적인 생태계 조성에 대한 기대가 높아지고 있다. 몇 년 전부터 주목받던 분야지만 특히 제조, 의료, 공간, 모빌리티 등의 산업에서 본격적으로 적용되는 사례들이 점차 늘고 있다. 이러한 트렌드를 주도하고 있는 것은 기존 빅테크 강자들이다.

CES 2023에서 메르세데스 벤츠는 엔비디아의 옴니버스_{Omniverse} 플랫폼을 사용해 제조 및 조립 설비를 설계하고 계획하는 등 차량 생산 공정 디지털화의 수준을 높일 것이라고 발표했다. 벤츠와 라이벌인 BMW

는 모델까지 구체적으로 제시했다. 2023년 3월 엔비디아가 주최하는 연례 컨퍼런스 GTC GPU Technology Conference 기조연설에서 CEO 젠슨 황은 헝가리 데브레첸Debrecen 에 있는 BMW 전기차 공장을 모델로 가상 공장을 선보였다.

차량은 수천 개의 부품과 작업자가 조화롭게 움직여야 하는 복잡한 생산 공정을 거쳐 만들어진다. 만약 공급망이나 생산의 문제로 지연이 발생하면 막대한 비용을 소모할 수 있다. 또 신차를 위해 생산 공장의 레이아웃을 재구성하다 보면 기존 차량의 제조가 일시적으로 중단되기도 한다. 벤츠와 BMW가 모두 디지털 트윈 기반의 엔비디아 플랫폼인 옴니버스를 이용하는 이유는 현실 세계를 디지털로 구현하고 시뮬레이션해 차량 생산에 뒤따르는 낭비 요소를 줄이기 위해서다.

BMW는 헝가리 데브레첸의 전기차 공장을 2025년에 완공할 예정이다. 하지만 옴니버스 플랫폼을 사용해 차량을 생산하기 전부터 디지털 트윈으로 차량의 데모 모형을 제작해 다양한 프로젝트를 수행할 수 있다. 실제 설계안을 토대로 시뮬레이션을 진행해 차량의 부품과 조립에 대한 생산 시간이나 주문 접수 후 소비자 배송까지 걸리는 시간을 산출할 수 있고 불량률도 계산해 낼 수 있다.

현대자동차 역시 게임 엔진으로 유명한 유니티와 손을 잡고 2025년 완공 목표로 싱가포르 글로벌 혁신센터HMGICS의 디지털 가상 공장인 메타 팩토리를 구축하고 있다. 이처럼 글로벌 자동차 제조사들을 중심으로 디지털 트윈 형태의 스마트 공장 구축이 활발하게 이뤄지고 있다. 나

© BMW

아가 디지털 트윈 기술을 반영한 메타버스 솔루션은 시뮬레이션 모델링
및 분석 결과를 반영해 의사결정 자료로 활용하는 산업용 플랫폼으로
빠르게 발전하고 있다.

의료와 관련한 디지털 트윈 프로젝트 역시 이미 현실로 들어와 있다.
프랑스 소프트웨어 업체인 다쏘시스템Dassault Systèmes 은 2023년 2월 3D
익스피어런스 월드 콘퍼런스3D Experience World Conference 에서 의료 분야의
디지털 트윈 사례를 공개했다. 심장과 관련된 수술에 앞서 다양한 요인
들이 미치는 영향도를 시뮬레이션할 수 있는 리빙 하트Living Heart 플랫
폼이다. 공개 당시에는 보스턴 어린이 병원Boston Children's Hospital 심장 센
터의 데이비드 호건슨David Hoganson 박사가 리빙 하트를 활용한 실제 사

례를 공유했다. 기술에 대해 보수적인 병원과 협력이 쉽지 않은 것이 현실이지만 의료 분야의 디지털 트윈과 관련한 결과들이 조금씩 나오면서 보편화에 대한 기대감이 커지고 있다.

산업용 메타버스 플랫폼과 관련해서 공간 사업 분야도 빼놓을 수 없는 분야다. 오토캐드로 잘 알려진 오토데스크Auto Desk는 건축 설계부터 시공까지 건물 생애 주기 전반에서 발생하는 데이터를 통합하는 디지털 트윈 플랫폼 탠덤Tandem을 구축하고 다양하게 활용하고 있다. 2023년 2월에는 탠덤 퍼실리티 모니터링 시스템을 출시했다. 이를 통해 탠덤 플랫폼과 연결해 건물 관리 비용을 절감하고 이용자 경험 개선에 필요한 인사이트까지 제공한다. 이 모니터링 시스템을 활용하면 건물의 각 요소에 연결된 센서를 통해 에너지 소비 패턴을 탠덤 플랫폼에서 지속적으로 모니터링하고 설비 및 교체 주기 등의 정보를 제공받을 수 있다.

모빌리티 분야의 사례는 국내 플랫폼 기업들인 카카오와 네이버의 자율주행 주도권 경쟁을 보면 알 수 있다. 2023년 1월 카카오 모빌리티는 디지털 트윈 구축을 위한 연구소 네모 개라지Next Mobility Garage를 출범했다. 모빌리티 서비스를 운영하면서 얻을 수 있는 데이터들과 거리 정보 데이터들을 종합해 3D 입체 고정밀 지도HD Map를 만들기 위한 목적이다. 이 지도는 향후 자율주행을 위한 디지털 트윈의 핵심으로 꼽힌다. 이렇게 3D 입체 고정밀 지도가 구축되면 모빌리티와 관련한 다양한 신규 서비스를 만들어 낼 수 있다.

카카오 모빌리티에 대응하는 네이버의 플랫폼은 아크버스Arcverse다.

● 카카오모빌리티의 판교 고정밀 지도(좌)와 네이버 1784의 디지털 트윈 데이터(우)

출처: 카카오모빌리티 / 네이버

아크버스는 실내·외 현실 공간을 디지털로 그대로 구현한 메타버스 플랫폼이다. 이 플랫폼은 디지털 트윈 이외에도 AI, 로봇 등 네이버의 모든 기술을 융합해 미래형 공간을 만드는 역할을 한다. 이를 바탕으로 자율주행차 개발사를 대상으로 B2B 사업 모델을 만들어 갈 예정이다. 이 플랫폼은 모빌리티 이외 공간 사업에도 활용이 가능하다. 2022년 4월에 완공한 네이버 신사옥 1784가 대표적이다. 이를 통해 자율주행 로봇, 얼굴 인식을 통한 시설 이용, 앱을 통한 온도 및 조명 조절 등 다양한 서비스를 이용할 수 있다. 네이버는 2023년 말까지 아크버스 플랫폼 기반의 미래형 공간 패키지를 상품으로 내놓는다는 목표를 갖고 있다.

2023년 6월 노키아Nokia와 EYErnst&Young가 공동으로 발표한 산업용 메타버스에 대한 리서치 결과를 보면 전체 기업 리더들의 96퍼센트가 메타버스가 수익화를 가속시킬 수 있는 혁신 역량을 가져온다고 믿고 있다. 이 리서치는 미국, 일본, 독일, 한국 등 총 6개국에서 자동차, 제조 등 4개 산업 860명의 기업 리더들을 대상으로 진행됐다. 특히 이미 산업용 메타버스를 도입한 기업들은 비용 절감, 지속 가능성, 안전성 측면에서 그 효과를 보고 있다고 응답했다. 메타버스 산업용 플랫폼은 현실과 똑같은 가상 세계를 통해 현실 속 다양한 문제들을 해결해 주기 때문에 많은 산업에서 메타버스에 대한 수요가 계속 높아질 것으로 전망된다.

메타버스의 특이점을 가져올
두 개의 키워드

키워드 1. 생성형 AI, XR의 한계를 지우다

앱스토어 생태계가 없었다면 스마트폰은 화면만 크고 터치만 가능하며 기본적으로 설치된 앱만을 사용하는 피처폰에 지나지 않았을지 모른다. 2008년 7월 애플은 500개의 앱과 함께 앱스토어를 최초로 선보였다. 이후 스마트폰은 문화적, 사회적, 경제적 트렌드로 급부상하며 사람들이 일하고, 즐기고, 만나는 방식 등에 혁신적인 변화를 가져왔다.

앱스토어의 등장 이후 다양한 콘텐츠 제작자들이 앱 제작에 참여함으로써 스마트폰 생태계가 만들어졌다. 메타버스 플랫폼들 역시 여러 콘텐츠 제작자들을 참여시켜 생태계를 만들어 가고 있다. 다만 지금까지

크림치즈와 연어로 가득 채운 베이글   선디 아이스크림

출처: 엔비디아

는 현실적으로 3D 콘텐츠 제작에 많은 시간이 소요되고 수요자들 또한 폭발적으로 늘고 있지 않아 생태계 형성에는 다소 시간이 걸려왔다.

그러나 생성형 AI라는 성장 엔진을 만난 메타버스는 저커버그가 말한 '상상력의 차원'에 들어갈 준비를 하기 시작했다. 생성형이라는 단어로 알 수 있듯이 콘텐츠를 지속적으로 생성할 수 있도록 돕는 AI 활용 도구들이 등장하고 있기 때문이다. 생성형 AI 등장 이후 이제는 본격적인 메타버스의 시대로 넘어가기 위한 돌파구를 찾은 분위기이다.

2022년 9월 엔비디아는 메타버스에 사용할 수 있는 건물, 차량, 캐릭

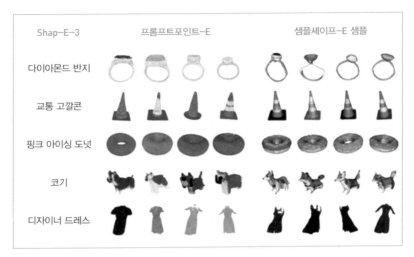

출처: 오픈AI

터 등 다양한 3D 모델을 생성하는 AI 서비스 GET 3D Generate Explicit Textured 3D 를 출시했다. 이 서비스를 활용하면 한 개의 2D 이미지만으로도 3D 모델을 생성할 수 있다. 해당 모델을 그래픽 응용 프로그램이나 게임 엔진으로 가져오면 크기, 회전, 조명 등 다양한 형태로 편집도 할 수 있다. 같은 해 11월에는 텍스트를 3D 모델로 창조하는 매직 3D Magic 3D 도 선보였다. 심지어 엔비디아의 단일 GPU를 활용해 1~2분 안에 3D 모델을 생성할 수 있다.

2023년 5월에 오픈AI 역시 텍스트나 이미지를 입력해 3D 모델을 자동 생성하는 셰이프-E Shap-E 를 출시했다. 세밀한 모양과 질감을 표현하

도표 4-3 생성형 AI 도구 활용에 따른 메타버스 콘텐츠 생산의 변화

구분	내용
개발 속도의 증가	크리에이터가 생성형 AI로 빠르게 콘텐츠를 제작해 개발 기간의 획기적 단축 및 생산성 향성
콘텐츠의 품질 향상	크리에이터의 의도를 생성형 AI가 제대로 파악해 이에 맞는 디지털 편집 기능 제공 및 콘텐츠 제작
비전문가의 참여 확대	기획력은 있으나 경험이 적은 크리에이터가 생성형 AI로 콘텐츠 제작해 다양성 및 전문성 증가
창의성의 증대	데이터의 기본 패턴과 구조를 학습해 크리에이터들이 창의적이고 혁신적인 콘텐츠 제작

지 못했던 이전 버전인 포인트-E Point-E를 한 단계 발전시켰다. 셰이프-E는 다양한 각도에서 촬영한 사진을 활용하는 신경망 기반 역추적 렌더링 neural radiance field 기술을 적용해 이전 버전의 단점을 개선해 객체의 모양과 질감을 풍부하게 표현한다. 모델링 과정도 아주 빠르게 처리할 수 있다. 텍스트를 입력하면 3D 모델 생성까지 대략 13초가 소요되며 사진을 입력하면 대략 1분 만에 결과물을 생성할 수 있다. 이처럼 메타버스에 적용이 가능한 3D 모델 자동 생성 도구들이 불과 1~2년 사이에 엄청난 속도로 발전하고 있다.

생성형 AI 도구들을 활용하면서부터 메타버스 콘텐츠 생산 방식은 크게 바뀌리라 예상된다. 기존 크리에이터들은 콘텐츠를 개발하는 속도는 물론, 품질까지 향상시킬 수 있다. 크리에이터가 아닌 비전문가들도 이전보다 쉽게 콘텐츠 제작에 참여할 수 있다. 그런 덕분에 콘텐츠 생산을 비롯해 메타버스 생태계 전반에 걸쳐 창의성의 향상을 기대할 수 있게 됐다. 이는 곧 사용자들이 즐기는 메타버스 서비스의 만족도 향상으로 이어질 것이다.(도표 4-3)

메타버스와 생성형 AI가 만나며 기대되는 또 하나의 새로운 변화가 있다. 바로 NPC non-playable character 의 역할 변화다. NPC는 이용자가 직접 관여하는 캐릭터는 아니지만 이용자들이 게임을 재미있게 경험할 수 있도록 돕는 역할을 해 왔다. 온라인 롤플레잉 게임을 혼자서 즐길 수 있는 이유 중 하나가 바로 게임 내 NPC 덕분이다. NPC는 개발자의 기획 의도에 따라 정해진 규칙 안에서 반복적으로 행동하기 때문에 이용자들과 상호작용하기보다 배경에 가까운 역할을 담당한다.

하지만 챗GPT와 같이 실시간 대응이 가능한 생성형 AI를 활용하면 NPC와의 활발한 상호작용도 할 수 있다. 2021년 개봉한 영화 〈프리 가이〉Free Guy 에서 주인공 가이는 반복적인 삶을 사는 게임 속 NPC였다. 그러던 어느 날 한 여인에게 사랑을 느끼면서 상황에 따라 다양한 패턴을 보이기 시작한다. 게임의 NPC에 생성형 AI가 적용된다면 NPC들이 하나의 역할만 반복수행하는 것이 아니라 영화 속 가이처럼 상황에 따른 다양한 상호작용을 할 수 있다.

2023년 4월 유튜브 채널 타물루르Tamulur 에서 공개한 영상들을 보면 챗GPT를 활용한 NPC들이 메타버스 공간에서 자연스럽게 대화하는 모

● 영화 〈프리 가이〉(위)와 챗GPT를 활용한 NPC의 실험 장면(아래)

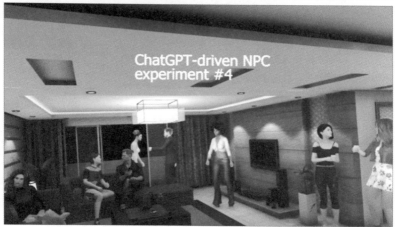

출처: 영화 〈프리가이〉, 타물루르 유튜브 채널. https://www.youtube.com/@tamulur/videos

습을 볼 수 있다. 영상에서 이용자는 파티에 초대된 NPC들에게 말을 건
다. NPC들은 파티가 어떠냐는 즉흥적인 질문에 "파티에 자주 오지 않아

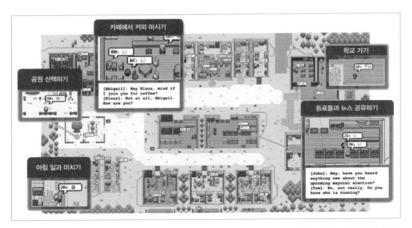

출처: 스탠퍼드대학교와 구글의 논문 〈생성형 에이전트: 인간 행동에 대한 상호작용 시뮬레이션〉

서 이런 환경이 낯설다."라고 말하는 등 자연스럽게 이야기를 이어 간다. 배경 설명 없이 영상만 보면 미리 각본을 가지고 영상을 제작한 것이 아닐까 하는 착각을 불러일으킨다.

NPC들 간의 상호작용을 예측할 수 있는 흥미로운 연구 결과가 있다. 2023년 4월 스탠퍼드대학교와 구글은 챗GPT를 활용한 NPC 행동에 대한 연구 논문을 발표했다. 연구에서는 가상의 마을을 생성하고 챗GPT 기반의 생성형 에이전트Generative Agent라는 AI 기술을 통해 총 25명의 NPC에게 각각 역할을 부여했다.

NPC들은 주어진 역할에 따라 상호작용하고 행동하며 심지어 스스로 문제를 해결하려는 모습을 보였다. 예를 들어 NPC들은 다가오는 마을 선거에 대해 토론을 하며 후보들에 대한 자신들의 의견을 내놓았다. 음식이 타고 있다는 얘기를 들은 NPC는 집으로 가서 스토브를 끄고 새로운 식사를 만들기도 했다. 또한 자신들이 만든 일정에 따라 하루 종일 별도의 입력값 없이도 즉흥적인 대화를 나눴다.

NPC들은 생성형 에이전트를 통해 현실 세계의 인간처럼 배우고 성장하며 적응하는 능력을 보여 줬다. 나아가 NPC들끼리 상호작용하고 사회적 소통이 가능한 모습을 보여 주는 등 흥미로운 결과들을 생성했다. 이 연구를 통해 AI 기술을 활용하면 이용자와 NPC뿐만 아니라 NPC들 간의 상호작용을 통해서도 메타버스 플랫폼 생태계가 이뤄질 수 있다고 예측할 수 있다.

생성형 AI 기반의 콘텐츠 제작 도구를 비롯해 생성형 AI가 적용된 NPC까지 더해진다면 저커버그가 꿈꿨던 상상을 현실로 만드는 새로운 메타버스 세상을 구현할 날이 가까워질 것이다. 이렇듯 메타버스 플랫폼은 생성형 AI를 만나서 콘텐츠 생산성의 한계를 지우고 자체적으로 진화할 수 있는 생태계로 바꿔어 가고 있다. 콘텐츠 생성에 막대한 비용이 들어 수익 구조를 만들기 어려웠던 메타버스 플랫폼들은 이제 다양한 형태의 사업 모델로 진화할 준비를 마쳤다.

키워드 2. XR 디바이스, 공간 컴퓨팅의 시대를 열다

애플 개발자 컨퍼런스wwDC의 마지막에 항상 등장하는 말이 있다. "한 가지가 더 있습니다One more thing....” 그리고 뒤이어 항상 행사의 주인공이 등장한다. 아이팟, 아이폰, 아이패드 등이 늘 마지막에 등장하는 한 가지였고 그 제품들은 세상을 바꿨다. 2023년 6월 애플의 CEO 팀 쿡은 애플워치 발표 이후 9년 만에 다시 이 말을 꺼냈다.

바로 XR 헤드셋 형태의 새로운 디바이스인 애플 비전프로Vision Pro를 발표한 것이다. VR, AR, XR 등 IT업계의 용어를 사용한 이전 모델과는 차별화된 네이밍이었다. 그 대신 현실과 가상의 경계를 허무는 첫 번째 공간 컴퓨터spatial computer 라는 말로 새로운 디바이스를 설명했다.

쿡은 “맥이 개인용 컴퓨팅을, 아이폰이 모바일 컴퓨팅을 소개한 것처럼 비전프로는 공간 컴퓨팅을 소개할 것”이라고 강조했다. 애플이 맥과 아이폰에 이어 또 다시 새로운 패러다임을 만들겠다는 선언이었다. 앞으로 자신 주변의 모든 공간을 디스플레이로 만들고 컴퓨터로 사용할 수 있게 하겠다는 비전프로의 미래에 대한 예고이기도 했다. 이용자의 눈이 가는 곳은 어디든 디스플레이가 되며 손이 닿는 곳은 입력이 가능한 공간이 되는 메타버스가 우리 곁에 오고 있는 것이다.

메타버스가 이용자들의 기대를 따라가지 못할 때마다 자주 언급되는 영화가 있다. 스티븐 스필버그 감독의 2018년 영화 〈레디 플레이어 원〉Ready Player One 이다. 영화를 보며 사람들은 메타버스 플랫폼이 ‘삶의 공간’이 되리라는 기대감을 가졌다. 그러나 현실의 메타버스 플랫폼은 대부분 단순히 게임과 친목의 공간이어서 기대와의 격차가 컸다.

하지만 쿡이 고성능의 XR 디바이스를 소개하며 “이제 공간 컴퓨팅의

● **2023년 6월에 공개한 애플 비전프로(위)와 2018년 영화 〈레디 플레이어 원〉(아래)**

© 애플 / 영화 〈레디 플레이어 원〉

시대가 왔다."라고 말하는 순간 기대감은 다시금 커졌다. 그 소식을 들은 많은 사람은 삶의 공간으로서 메타버스 플랫폼을 다시 떠올렸다. 아이폰의 혁신으로 인해 완전히 달라진 삶의 경험을 해본 사람들에게는 향후 애플 비전프로를 통해 선보일 다양한 메타버스 서비스들에 대한 기대감이 커질 수밖에 없다.

공간 컴퓨터를 선언한 애플 비전프로의 세부 기술 중 첫 번째는 마이크로 OLED Organic Light Emitting Diodes 를 활용한 고해상도 이미지의 제공이다. 비전프로를 사용하면 눈 가까이에서 4K 수준의 초고화질 화면을 볼 수 있다.

먼저 비전프로의 안쪽에는 우표 크기 정도의 작은 디스플레이 두 개가 장착돼 있다. 이는 1인치당 3천 개 이상의 픽셀이 들어간 디스플레이다. 500개 내외의 픽셀로 구현된 아이폰14와 갤럭시S23의 고성능 버전과 비교하면 그 밀도가 훨씬 높다. 그 덕분에 이용자의 눈에 픽셀 경계선이 보이지 않아 피로감이 낮고 큰 몰입감을 느낄 수 있다. 이처럼 고해상도의 이미지가 현실에 존재하는 것처럼 느껴지도록 만든 것이 애플 공간 컴퓨터의 핵심이다.

한편 비전프로에는 고해상 이미지의 처리를 위해 M2와 R1 듀얼 칩을 적용했다. 애플이 자랑하던 강력한 프로세서인 M2칩과 더불어 이용자의 눈이나 손 등의 입력을 실시간으로 처리할 수 있는 R1칩을 개발해 적용했다. R1칩이 영상 지연을 최소화함으로써 디바이스 사용에 따른 멀미 현상이 없어졌다. 또한 컨트롤러 없이 손과 시선의 움직임만으로

● 12개의 카메라, 5개의 센서, 6개의 마이크가 내장된 애플 비전프로 내부 구조

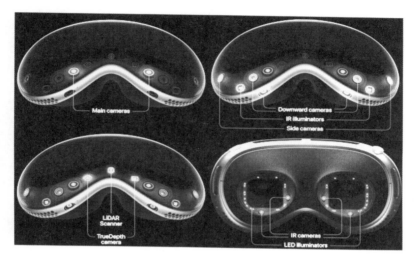

출처: 애플

디바이스를 조작할 수 있다.

　비전프로의 다양한 MR Mixed Reality, 혼합현실 기능들은 자유롭게 현실과 디지털 공간을 넘나들 수 있는 메타버스를 만들어 준다. 예를 들어 아이사이트 EyeSight 기능은 이용자의 근처에 누군가 나타나면 이용자의 눈을 외부로 노출시키고 이용자에게도 주변 사람을 서서히 보여 준다. 상대방도 이용자의 눈을 볼 수 있어 비전프로를 사용하는 중에도 이용자가 주변과 소통할 수 있다. 또한 이용자의 모습을 3D로 스캐닝해 만든 아바타로 상대방과 영상통화를 할 수 있는 페이스타임 FaceTime 과 실시간으로 주변을 볼 수 있는 패스스루 PassThrough 등의 기능도 있다.

애플은 비전프로에 탑재되는 비전OS visionOS 라는 운영 체제를 통해 소프트웨어 개발 도구SDK 등 다양한 도구를 배포하는 메타버스 플랫폼 전략을 내세우고 있다. 소프트웨어 개발 도구를 활용하면 비전프로용 앱을 새로 개발하거나 기존 앱을 변환할 수 있다. 전문적으로 3D 콘텐츠를 제작하려면 유니티의 솔루션을 이용할 수도 있다. 애플의 기존 앱들을 활용할 수 있어 10억 명 이상의 충성도 높은 이용자를 확보한 기존 생태계를 활용할 수 있다는 것이 가장 큰 장점이다.

무엇보다 비전프로는 애플 성공 방식을 그대로 따라가고 있어 기대감이 높다. 다만 3,499달러(약 469만 원)라는 비싼 가격과 최대 두 시간에 불과한 외장형 배터리는 단점으로 지적된다. 또한 진동으로 촉감을 느낄 수 있는 햅틱 기능 없이 손짓만으로 조작하기에 이용자가 정확한 피드백을 받기 어렵다. 비전프로의 성공 여부는 이러한 부족한 기능들을 2024년 초 출시 전까지 얼마나 빠르게 보완하느냐에 달려 있을 것으로 보인다.

애플의 비전프로가 공개되기 전까지 가장 우수한 XR 디바이스는 2022년 10월 출시된 메타 퀘스트 프로Meta Quest Pro 였다. 메타 퀘스트 프로의 가장 큰 특징은 이전까지 출시된 디바이스들의 단점을 보완해 간소화된 외관과 작아진 HMDHead Mounted Display 였다. 또 이용자의 얼굴과 눈을 추적해 아바타에 적용하는 기능, 아바타 간의 의사소통 지원, 선명한 화질, 늘어난 배터리 시간 등도 큰 장점이었다. 그러나 장시간 착용할 때 느껴지는 불편함은 여전했고 퀘스트 2보다 훨씬 비싼 1,499달러(약

출처: 메타

201만 원)라는 가격도 문제였다.

메타는 애플 비전프로가 공개되기 일주일 전인 2023년 6월에 기존 제품의 단점을 보완한 퀘스트 3를 발표했다. 먼저 기존에 사용하던 렌즈보다 훨씬 더 가볍고 얇은 렌즈를 탑재해 고해상도의 디스플레이를 제공하고 착용감도 개선했다. 또 기존 GPU 대비 두 배 이상의 그래픽 성능을 제공함으로써 부드럽고 선명한 화면을 구동할 수 있게 했다. 무엇보다 아직까지 사용도가 높지 않은 퀘스트 프로의 눈과 얼굴 추적 기능을 제외시켜 원가를 절감하고 가격을 낮췄다. 가격은 3,499달러(약 469만 원)인 비전프로 대비 7분의 1 수준인 499달러(약 66만 원)부터 시작한다.

디바이스 기능 측면에서 애플 비전프로의 경쟁 상대는 단연 메타 퀘스트 프로다. 하지만 메타버스 플랫폼 구축을 위한 양사의 전략 차이는 비전프로 출시 직전에 훨씬 저렴한 가격의 퀘스트 3를 출시했다는 데서 엿볼 수 있다.

메타의 전략에서 핵심은 소셜 기능이다. 페이스북과 인스타그램이라는 기존 사업과 함께 미래 비전인 메타버스 플랫폼을 구축해 더 많은 이용자의 상호작용을 끌어내겠다는 전략이다. 이에 대한 사전 준비로 메타는 퀘스트 3를 공개하며 500개 이상의 VR 게임과 흥미로운 신규 콘텐츠의 출시를 예고했다.

반면 애플은 메타 퀘스트 3보다 훨씬 비싼 가격의 비전프로를 통해 PC와 모바일과는 차원이 다른 새로운 공간 컴퓨터 영역을 개척하겠다고 선언했다. PC와 모바일 영역에서 성공적인 생태계를 구축한 경험과 기존 고객들의 높은 브랜드 충성도에 대한 자신감을 염두에 둔 전략으로 보인다.

애플과 메타의 충돌로 뜨거워진 XR 디바이스 시장에 패스트 팔로워fast follower 전략에 능한 삼성 역시 도전장을 내밀었다. 2023년 2월 삼성은 퀄컴, 구글과 협력해 차세대 XR 폼팩터를 준비하겠다고 공식적으로 선언했다. 삼성 XR 디바이스에는 퀄컴의 칩셋, 구글의 OS가 탑재될 것으로 예상된다. 삼성의 뛰어난 하드웨어 폼팩터, 구글의 플랫폼 역량, 퀄컴의 XR 기술이 합쳐진다면 애플 비전프로와 메타 퀘스트 3를 충분히 견제하리라 기대된다.

XR 디바이스 시장에서 치열하게 경쟁하는 빅테크들은 콘텐츠 중심의 메타버스 플랫폼에서도 경쟁을 이어갈 것이다. 실제로 애플은 비전프로를 공개하면서 메타보다 부족한 콘텐츠를 확보하기 위해 디즈니와의 콘텐츠 제휴를 선언했다. 콘텐츠 경쟁은 결과적으로 이용자들을 끌어들이고 메타버스 분야의 확장으로 이어지리라 전망된다.

양질의 콘텐츠들과 플랫폼 환경이 구축된다면 XR 디바이스 시장의 잠재력은 더욱 커질 것이다. 시장조사 기관 카운터포인트 Counterpoint 에서는 메타버스 생태계 구축이 본격화될 경우 글로벌 XR 디바이스의 출하량은 2025년에 1억 1천만 대, 2030년에 10억 대까지 늘 수 있다고 전망한다.

2024년은 메타버스의 특이점이 오는 순간을 예측하는 중요한 시점이 될 것이다. 인터넷이 태동하기 전까지 인류는 오프라인 공간을 중심으로 발전해 왔다. 인터넷 시대 이후에는 온라인 공간이 태동했다. 그리고 스마트폰은 온라인 공간의 접속 제한을 없애고 초개인화 공간을 만들어 냈다. 이제 메타버스 플랫폼은 다양한 XR 공간을 무수히 만들어낼 것이다.

생성형 AI라는 성장 엔진을 만난 메타버스 플랫폼은 콘텐츠 생산성을 비약적으로 발전시킴으로써 다양한 사업 모델의 등장을 예고하고 있다. 또한 애플 비전프로 출시 이후 본격화된 빅테크들 간의 XR 디바이스 경쟁은 관련 콘텐츠의 증가와 이용 몰입도를 높여 메타버스 플랫폼의 확장을 가져올 전망이다. 콘텐츠 증가와 이용 몰입도라는 두 가지 요

소를 얼마나 빠르게 적용하는지에 따라 메타버스의급속한 성장을 가져
올 수 있는 특이점의 발현 시기가 결정될 것이다.

모바일
인사이트

메타버스로 꿈꾸는 새로운 경제 생태계

확실한 메타버스 플랫폼 성장을 위해선 생태계 구축이 필수다. 로블록스는 크리에이터가 직접 콘텐츠를 만들어 이용자에게 판매하는 경제 생태계를 구축해 성장세를 이어 가고 있다. 국내 서비스로는 네이버제트가 운영하는 '제페토'가 있다. 네이버제트는 게임 회사들과 합작으로 게임 창작 기반 플랫폼 '미글루', 행사, 교육 등을 진행하는 가상공간 '젭' 등 새로운 플랫폼 포트폴리오로 다양한 유형의 경제 생태계 확장에 나서고 있다.

메타버스를 흥미롭게 만들 NPC들과의 상호 작용

이전 게임 속 NPC들은 단순한 행동을 반복하거나 지정된 역할만 수행했다. 하지만 챗GPT 기반의 생성형 에이전트라는 AI기술로 만들어진 NPC들은 다르다. 이들은 별도의 입력값 없이도 스스로 문제를 해결하고 자신의 의견을 말하거나 즉흥적인 대화를 나눈다. 앞으로 AI기술을 활용하여 더욱 더 흥미로운 메타버스 플랫폼이 탄생하리라 예상된다.

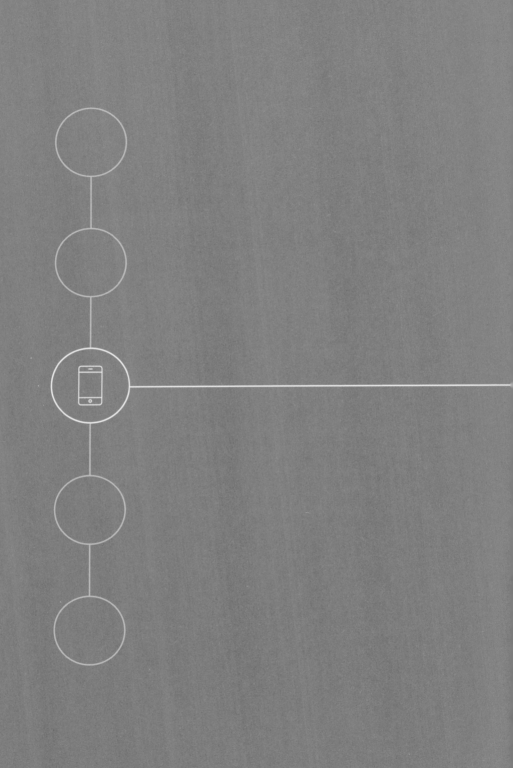

CHAPTER 5

디바이스

라이프스타일의
진화를 앞당기다

아직도 'AI 스피커'에게 명령만 내리는가? 이제 당신이 "지니야, 잘 자."라고 말하면 "지금 거실의 조명이 켜져 있는데 모두 끌까요?" 라고 AI 스피커가 먼저 제안해 줄 것이다. 사용자가 원하는 것을 미리 짐작하고 서비스하는 디바이스 시대. 미래의 디바이스는 어떻게 소비자들의 일상을 바꿀 것인지 주목해 보자.

새로운 활로를 모색하는
모바일 디바이스

애플이 금융의 영역을 넘보는 까닭

2022년은 전 세계 스마트폰 기업들에게 힘겨운 한 해였다. 글로벌 리서치 업체인 IDC에 따르면 인플레이션과 경기 침체의 여파로 소비자의 구매 심리가 감소하면서 스마트폰 전체 판매량은 전년 대비 11.3퍼센트 감소했다. 여기에 스마트폰의 평균 교체 주기도 40개월을 넘어서면서 소비자 수요는 당분간 하락세를 유지할 것으로 전망했다.(도표 5-1)

시장이 포화 상태에 이르면서 디바이스 제조만으로는 성장을 지속하기가 어려워진 기업들은 이제 다양한 서비스 영역에서 활로를 찾고 있다. 그중 대표적인 영역이 금융 분야다. 애플은 금융 분야에서 선두 주자

도표 5-1 2022년 업체별 스마트폰 판매량

(단위: 억 대)

기업	2022년 판매량	2022년 점유율	2021년 판매량	2021년 점유율	2022 vs 2021
삼성	2.609	21.6%	2.721	20.0%	−4.1%
애플	2.264	18.8%	2.358	17.3%	−4.0%
샤오미	1.531	12.7%	1.91	14.0%	−19.8%
오포	1.033	8.6%	1.336	9.8%	−22.7%
비보	0.99	8.2%	1.283	9.4%	−22.8%
기타	3.627	30.1%	3.991	29.3%	−9.1%
총합	12.055	100.0%	13.598	100.0%	−11.3%

출처: IDC

로 평가받고 있다. 2022년 JP모건체이스의 CEO 제이미 다이먼Jamie Dimon은 투자자들과 만나는 자리에서 최근 애플의 행보를 가리키며 "만약 당신이 돈을 송금하고 예금하고 관리하고 대출할 수 있다면 그것은 은행이나 다름없죠."라고 언급했다.

애플은 2012년 애플월렛Apple Wallet을 시작으로 금융 사업에 진출했다. 당시에는 큰 이목을 끌지 못했고 사용자들의 이용 빈도 또한 저조했다. 그러나 애플은 이후 다양한 금융 서비스를 선보이기 시작했다. 2014년 애플페이Apple Pay, 2017년 개인 간 송금 서비스인 애플캐시Apple Cash, 2019년 신용카드 서비스인 애플카드Apple Card 그리고 2023년에는 고금리 이율을 제공하는 애플뱅크Apple Bank까지 공개하면서 애플의 금융 사업 진출이 본격화됐다.

특히 애플뱅크가 금융권에 미치는 영향이 가장 크리라 예상된다. 애플뱅크는 2023년 4월 골드만삭스와 협업해 예금 금리가 연 4.15퍼센트에 달하는 저축 계좌를 출시했다. 별도의 수수료도 없었고 예금 한도를 최대 3억 4천만 원까지 제공한다. 미국 연방예금보험공사FDIC에 따르면 미국 은행들의 평균 예금 금리는 0.37퍼센트다. 애플뱅크의 예금 금리는 무려 11배 이상 높은 수준이다. 때마침 2023년 3월 10일에 실리콘밸리은행SVB이 파산하며 2주 동안 716조 원의 금액이 빠져나가는 등 미국 중소 은행들의 보유금이 점점 줄어들고 있는데 애플뱅크가 출시될 경우 미국 중소은행들의 보유금은 더욱더 애플로 옮겨갈 것으로 예상된다.

또 다른 서비스인 애플페이는 애플의 대중적인 금융 서비스로 자리 잡았다. 2023년 기준으로 아이폰의 전체 사용자 수는 13.6억 명으로 집계된다. 이 중에서 애플페이에 가입한 사용자는 5억 700만 명에 이른다. 리서치 업체인 스태티스타Statista에 따르면 2021년 한 해 동안 애플페이 사용자들의 총 결제액이 무려 6조 달러(약 8,046조 원)에 달한다고 한다. 이를 애플페이 가입자 수로 나눠보면 아이폰 한 대당 연간 1만 500달러(1,408만 원)의 결제가 일어난 셈이다.

애플페이는 신용카드를 포함한 전 세계 결제 서비스의 총 결제액 순위에서도 1위 비자카드의 10조 3천억 달러(약 1경 3,812조 원)를 뒤쫓으며 2위에 올라 있다. 알리페이 또한 6조 달러(약 8,046조 원)를 기록하면

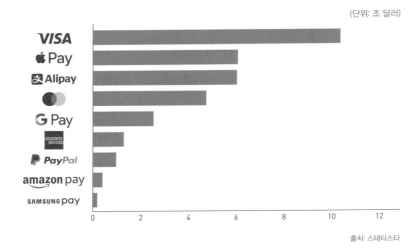

(단위: 조 달러)

출처: 스태티스타

서 애플페이와 공동 2위를 기록했으며 마스터카드는 4조 9천억 달러(약 6,571조 원)로 4위를 차지했다. 경쟁사인 삼성전자의 삼성페이 결제액은 1천억 달러(약 134조 원) 미만에 그쳤다.(도표 5-2)

삼성페이의 경우 결제 단말기와 접촉할 때 결제 데이터를 자기장으로 전달하는 마그네틱 보안 전송 방식인 MST와 전파로 전달하는 근거리 무선통신 방식인 NFC를 모두 채용했다. 그 덕분에 매장에 설치된 대부분의 결제 단말기에서 사용할 수 있다. 또 별도의 수수료가 없다는 것도 장점이다.

2023년 기준으로 국내의 NFC 단말기 보급률은 10퍼센트에 불과하다. 또 NFC 방식을 지원하는 단말기로 교체할 경우 20만 원 정도의 비용이 발생한다. 우리와 같이 NFC 단말기 보급률이 높지 않은 국가에서는 MST 방식이 더 선호된다.

반면 NFC 방식만 채용한 애플페이의 경우 NFC 방식의 결제 단말기에서만 이용할 수 있다. 또 결제 건당 0.015~0.03퍼센트의 결제 수수료를 카드사에 요구하는 탓에 몇몇 카드사들은 애플페이를 지원하지 않는다.

몇몇 단점에도 불구하고 애플페이는 2021년 기준으로 수수료 수익만 연간 1조 3천억 원에 이를 정도로 흥행했다. 반면 삼성페이의 연간 총 결제액은 애플페이 대비 84배 이상 낮다. 이는 삼성페이가 미국 시장에서 충분한 카드사 커버리지를 확보하지 못했기 때문이다. 국내 시장에서만큼은 대부분의 카드사와 제휴를 맺어 100% 커버리지를 확보했지만 보수적인 미국의 카드사들은 외산 서비스인 삼성페이를 지원하는데 적극적이지 않았다. 또 애플워치에서도 결제할 수 있고 무선 통신이 끊긴 상태에서도 결제할 수 있다는 점 등이 애플페이만의 차별화된 장점으로 꼽힌다.

2023년 3월 한국에서도 애플페이가 서비스를 시작했다. 2014년 미국에서 처음 시작된 이후 국내에 소개되기까지 9년이나 걸렸다. 2023년 3월 서비스를 시작한 당일 하루에만 100만 건이 넘는 카드가 등록됐다. 덩달아 현대카드의 가입자 수도 애플페이 출시 후 한 달 동안 전년 동기 대비 156퍼센트나 증가했다. 같은 해 6월에는 KB국민카드, 신한카드, 우리카드도 애플의 수수료 요구를 수용하고 애플페이를 도입하겠다고 밝혔다.

애플페이의 흥행은 다시 디바이스 판매를 촉진하면서 사용자들을 자사의 디바이스에 락인하는 선순환 고리를 형성한다. 아이폰은 2023년 1분기에는 글로벌 점유율 21퍼센트를 기록하며 2년 전 대비 5퍼센트 이상 상승했다. 특히 애플의 금융 서비스를 모두 사용할 수 있는 미국 시장에서는 아이폰의 점유율이 52퍼센트를 기록하면서 경쟁사와의 격차를 더 벌리고 있다. Z세대의 아이폰 선호 현상, 아이폰 프로 라인업 전략 그리고 금융 서비스 등이 락인 효과를 일으키며 미국 내 판매량을 끌어올렸다.

애플뱅크와 애플카드 같은 서비스가 국경을 넘어 다른 국가에서도 서비스되기 시작하면 아이폰의 글로벌 점유율은 한층 더 탄력을 받을 전망이다. 하지만 국가별로 서로 다른 다양한 규제가 적용되는 탓에 애플의 금융 서비스 확장이 제한적으로 이뤄질 수 있다. 디바이스 기업들뿐만 아니라 카드사와 은행들까지도 애플의 행보를 예의 주시하고 있다.

새로운 플래그십으로 주목받는 폴더블 스마트폰

시장조사업체 카날리스에서는 폴더블 스마트폰의 출하량이 2021년에 890만 대에 달하며 전년 대비 148퍼센트 증가했다고 밝혔다. 또한 연간 53퍼센트씩 증가하며 2024년에는 3,200만 대까지 늘어날 것이라고 예측했다. (도표 5-3)

도표 5-3 **연평균 53퍼센트씩 고속 성장하는 폴더블 스마트폰 시장**

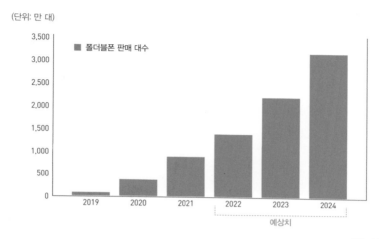

(단위: 만 대)

출처: 카날리스

    삼성전자는 폴더블 스마트폰 시장에서 82퍼센트의 점유율을 확보하고 있다. 화웨이, 오포, 샤오미 등의 업체가 나머지 18퍼센트를 차지하고 있다. 폴더블 디스플레이 부품 시장도 삼성이 주도하고 있다. 시장조사업체 옴디아에 따르면 폴더블 디스플레이 부품 시장에서 삼성디스플레이의 2023년 1분기 점유율은 83.4퍼센트로 집계됐다. 뒤이어 중국의 BOE가 13.3퍼센트로 2위, CSOT가 1.0퍼센트로 3위를 차지했다. BOE와 CSOT는 대부분 중국 내수 시장에 디스플레이를 공급하고 있다.

    폴더블 스마트폰 시장이 빠르게 성장하자 삼성전자는 2022년부터 갤럭시 노트를 단종하고 갤럭시 폴드와 플립의 판매에 주력하고 있다. 2019년에 출시한 갤럭시 폴드1의 출고가는 239만 8천 원이었다. 당시 플래그십 스마트폰 가격의 두 배에 육박하는 금액이다. 2021년에 출시한 갤럭시 폴드3는 출고가가 199만 8,700원으로 조금 저렴해진 반면, 경쟁사의 스마트폰들은 출고가가 계속 상승하며 갤럭시 폴드의 판매량을 끌어올리는 요인이 됐다. 폴더블 스마트폰이 널리 보급되자 전용 어플도 많이 등장했다. 또 화면 분할과 멀티태스킹 기능도 보강되면서 사용성이 더욱 증대돼 갤럭시 폴드의 판매량을 가속화하고 있다.

2023년에는 폴더블 스마트폰에 적용된 힌지hinge 디자인이 화제가 됐다. 힌지 디자인은 접히는 방식에 따라 U자형과 물방울형으로 나뉜다. 갤럭시Z 폴드1에서 폴드4까지는 U자형 힌지를 적용했다. 2023년에 출시된 갤럭시Z 폴드5에는 물방울 힌지를 적용했다. U자형 힌지는 방수와 방진에 강하고 제조 단가가 낮다는 장점이 있다. 하지만 스마트폰을 접었을 때 양쪽 디스플레이 화면이 완전히 맞닿지 않아 틈이 생기면서 디바이스의 두께가 두껍게 느껴진다는 단점이 있다.

물방울형 힌지는 스마트폰을 접었을 때 디스플레이 화면이 물방울 형태로 안쪽으로 둥글게 말려 들어가기 때문에 양쪽이 완전히 맞닿는다. 화면 사이에 틈이 없어 디바이스의 두께도 얇아질 뿐만 아니라 구조상 화면 중앙부의 주름도 개선되는 효과가 있다. 더불어 화면에 가해지는 스트레스도 줄어든다. 단, 힌지의 구조상 방수와 방진에 취약하며 제조 단가가 상승된다는 단점이 있다.

폴더블 스마트폰은 접는 방향에 따라 안쪽으로 접는 방식은 인폴드, 바깥 방향으로 접는 방식은 아웃폴드로 구분된다. 두 번 이상 접는 형태

● 물방울 힌지가 적용된 화웨이의 Mate X2(좌)와 U자형 힌지가 적용된 삼성전자의 갤럭시Z
폴드2(우)의 측면 모습 비교

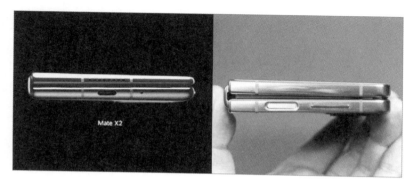

출처: 화웨이 / 핫하드웨어

일 경우에는 인폴드와 아웃폴드를 동시에 활용하기도 한다.

삼성디스플레이는 CES 2023에서 다양한 폴더블 디스플레이들을 선보였다. 폴더블 방식과 슬라이더블 방식을 합친 하이브리드 패널이 대표적이다. 왼쪽은 폴더블로 접고 열 수 있으며 오른쪽은 슬라이더블로 말고 펼 수 있도록 구성돼 있다. 디스플레이 화면을 모두 접으면 8인치이지만 왼쪽 폴더블 디스플레이를 펴면 10인치, 오른쪽 슬라이더블 디스플레이까지 펴면 최대 12.4인치까지 늘어난다.

이 외에도 힌지가 두 개 있어 3단 지갑처럼 두 번 접을 수 있는 디스플레이나 좌우 양 옆으로 슬라이딩할 수 있는 디스플레이, 힌지 하나를 안쪽과 바깥쪽 모두 360도로 접을 수 있는 디스플레이 등 다양한 형태의 폴더블 디스플레이들을 선보였다.

● 폴더블과 슬라이더블로 구성된 하이브리드 패널 디스플레이

다른 스마트폰 제조사들도 다양한 폴더블 스마트폰을 준비하고 있
다. 2023년 5월에 구글은 픽셀폴드Pixel Fold 라는 폴더블 스마트폰을 공
개했다. 스마트폰을 접었을 때 두께가 12밀리미터로 갤럭시Z 폴드4보
다 4밀리미터 얇다. 2023년 기준으로 시중에 공개된 제품 중에서 가장
얇은 두께를 자랑한다. 픽셀폴드에는 삼성디스플레이의 폴더블 OLED
패널이 적용됐다. 메인 칩셋은 구글 자체 AP인 텐더2 칩셋을 탑재했다.
픽셀폴드의 등장으로 소비자들에게 더욱 다양한 폴더블 스마트폰 선택
지가 생기면서 전체 시장의 파이를 키우는 데 기여하리라 기대된다.

모토로라도 2019년부터 매년 꾸준히 제품들을 출시하고 있다. 대표
적으로 2G 폴더폰의 향수를 느낄 수 있는 레이저RAZR 시리즈가 있다. 특

히 모토로라는 세로로 접을 수 있는 클램쉘clamshell형 폴더블 스마트폰 출시에 적극적이다. 폴더블 OLED패널은 중국 BOE의 제품을 사용하고 있다. 메인 칩셋은 퀄컴의 AP를 탑재했다. 콤팩트한 사이즈와 192그램의 가벼운 무게로 호평을 받았지만 액정의 내구성이 약하고 힌지에 먼지와 이물질이 유입되는 문제나 비싼 수리비 등이 단점으로 지적되고 있다.

초기의 폴더블 스마트폰 제품들이 액정과 힌지의 내구성 강화, 제조 원가의 절감 등 하드웨어 개선에 집중하고 있다면 최근의 폴더블 스마트폰 제품들은 UI와 관련 앱 등 소프트웨어 개선에 더 중점을 두고 있다. 삼성전자는 2023년 One UI 5.1을 공개하면서 폴더블 스마트폰의 멀티태스킹 기능을 한층 보강했다. 또한 시각적으로도 깔끔하고 사용자 편의성 측면에서 한층 개선된 UI를 선보였다. 애플도 2023년까지 90여 건에 달하는 폴더블 스마트폰 관련 특허를 출원하면서 폴더블 스마트폰 시장 진출을 예고하고 있다. 애플의 고도화된 UI와 폴더블 스마트폰이 접목된다면 사용자 경험은 더욱 증대되리라 기대된다.

폴더블 스마트폰 시장이 본격적으로 성장하려면 삼성의 제품이 독점적인 위치를 차지하기보다 더 많은 기업이 시장에 참여해야 한다. 많은 충성 고객을 확보한 애플의 시장 진출이 필요한 시점이다. 2014년 삼성전자에서 폴더블 스마트폰을 개발하기 시작하고 2019년에 제품이 출시되기까지 5년의 개발 기간이 걸렸다. 애플도 상당한 개발 기간과 시행착오를 겪으리라 예상된다.

폴더블 디바이스 시장이 폭발적인 성장세를 보이고 있어 애플 또한 폴더블 디바이스를 출시할 가능성이 높게 점쳐지고 있다. 또 애플에서 보유한 특허들을 고려할 때 머지않아 제품을 출시할 가능성이 높다. 만약 애플이 폴더블 디바이스를 출시한다면 폴더블 스마트폰 전체 시장의 파이를 급속도로 성장시키는 트리거가 될 것이다. 삼성과 애플을 비롯해 다양한 제조사의 적극적인 시장 참여가 필요한 시점이다.

디바이스 기업이 자체 반도체를 개발하는 이유

2020년 11월 애플은 M1 맥북에어와 맥북프로의 출시를 발표하면서 부품 업계에 강한 충격을 줬다. 애플은 20년 이상 맺었던 인텔과의 CPU 공급 계약을 해지하고 자체적으로 생산한 반도체를 처음으로 적용했다. 그 결과 인텔의 CPU를 적용했을 때보다 제품의 연산 속도가 두 배나 빨라졌고 노트북의 배터리 사용 시간도 두 배 늘어났다. 디바이스 제조 기업이 내부 반도체를 직접 설계해 제품에 적용할 때 제품 경쟁력이 얼마나 높아질 수 있는지 증명한 셈이다.(도표 5-4)

애플은 아이맥, 맥프로, 비전프로 등 대부분의 디바이스에도 자체 반도체를 적용해 경쟁력을 극대화했다. 애플의 대표적인 반도체 제품으로는 아이폰과 아이패드의 핵심 반도체인 A시리즈, 아이맥과 맥북에 적용된 최고 사양의 반도체인 M시리즈 그리고 애플워치에 들어가는 저전력 반도체인 S시리즈가 있다. 더불어 통신용 반도체 및 헤드폰용 반도체 제

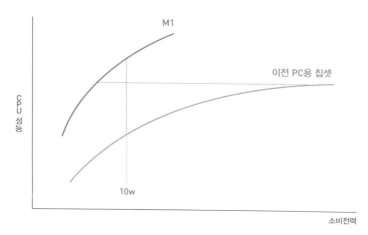

출처: 애플

품군과 비전프로에 적용된 R시리즈까지 공개하면서 웬만한 반도체 기업 이상의 라인업을 갖췄다.

애플의 성공 이후 다른 디바이스 업체들에게도 자체 반도체 개발이 중요한 화두로 떠올랐다. 자체 반도체를 개발할 경우 디바이스의 제품 경쟁력을 극대화할 수 있고 반도체 구매 비용을 상당 부분 절감할 수 있다. 실제로 많은 빅테크 기업에서 자체 반도체를 개발해 자사 제품에 적용하고 있다.

구글은 스마트폰용 자체 반도체인 텐서Tensor를 개발해 2021년 픽셀6부터 적용해 왔다. 삼성전자도 차세대 엑시노스Exynos 시리즈를 지속적으로 개발하고 있다. 테슬라는 머신러닝 전용 AI 반도체인 D1칩을 개발해 자체 슈퍼컴퓨터인 도조Dojo에 적용할 계획이다. 마이크로소프트도 2024년까지 자체 AI 반도체인 아테나Athena를 양산한다는 목표로 개발 중이다. 중국의 바이두도 쿤룬이라는 자체 AI 반도체를 양산 중이다. 아마존과 페이스북도 각각 데이터 센터용 반도체와 오큘러스VR용 반도체를 개발 중이다.

반면 중국의 테크 기업들은 미국의 무역제재로 인해 자체 반도체 개발에 한때 큰 타격을 입었다. 화웨이는 스마트폰 전용 반도체인 기린Kirin의 생산량 중 대부분을 대만의 TSMC에 의존하고 있었다. 하지만 미국이 중국에 대한 제재를 강화하면서 TSMC가 더 이상 기린 반도체를 위탁 생산할 수 없게 되면서 화웨이는 2020년 9월에 공식적으로 기린 반도체를 단종시켰다. 그러나 3년 동안 화웨이는 중국의 파운더리 업체인 SMIC과 협업하여 7나노 제품 개발에 성공하였고 2023년 9월에 화웨이 자체 반도체가 탑재된 스마트폰인 메이트 60을 발표했다.

많은 빅테크 기업이 자체 반도체 개발에 집중하는 첫 번째 이유는 디바이스의 성능을 최대한으로 끌어낼 수 있다는 점이다. 반도체 내부에 불필요한 부분을 최대한 제거하고 자사 디바이스의 사용 환경에 최적화된 반도체를 직접 설계함으로써 연산 속도를 올리고 사용 전력을 절감하는 효과를 누릴 수 있다.

두 번째는 비용이 획기적으로 절감된다는 점이다. 시장조사업체인 가트너Gartner는 2022년에만 애플이 반도체 구매에 총 89조 원의 비용을 지출했다고 밝혔다. 전체 매출액 552조 원의 17퍼센트에 달하는 액수다. 이에 애플은 컴퓨터용 메인 CPU를 인텔에서 자사의 M시리즈로 변경하면서 마이크로프로세서MPU의 구입액을 2021년 대비 11퍼센트 정도 절감했다.

세 번째는 반도체 위탁 생산을 담당하는 전문 반도체 파운드리 기업들의 제조 능력이 빠르게 성장하고 있다는 점이다. 대표적인 파운드리 기업으로는 대만의 TSMC와 삼성전자 반도체 파운드리 사업부, UMC 등이 있다. 시장의 성장을 주도하고 있는 TSMC는 2022년에 3나노 초미세 공정을 구현했다. 2025년에는 이보다 더 정밀한 2나노 공정을 구현할 계획이다. 2나노 공정으로 전환하면 반도체의 성능은 10~15퍼센트 개선되며 반도체 자체 소비 전력도 25~30퍼센트 절감된다.

이처럼 디바이스 기업들이 자체 반도체 개발에 나서면서 반도체 파운드리 시장의 성장 속도도 더욱 빨라지고 있다. 리서치 업체인 IC인사이트IC Insight는 2021년 726억 달러(약 97조 원)에 달했던 파운드리 시장의 규모가 연평균 11.5퍼센트씩 성장해 2024년에는 909억 달러(약 122조 원) 수준으로 성장할 것이라 예측했다. TSMC는 2023년 한 해에만 설비 투자에 330억 달러(약 44조 원)를 지출하고 삼성전자도 260억 달러(약 34조 원)를 지출하는 등 파운드리 기업들의 투자 금액도 해마다 가파르게 증가하고 있다. 2022년 4분기 파운드리 시장의 시장점유율은 TSMC와 삼성 반도체 파운드리 사업부가 각각 58.5퍼센트와 15.8퍼센트로 집계됐다.(도표 5-5)

이처럼 빅테크 기업들이 자체 반도체를 설계하고 생산하기 시작하면

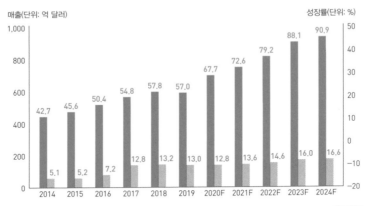

순수 파운드리 기업 매출 ■ 종합 반도체 기업의 파운드리 사업 매출

매출(단위: 억 달러) 성장률(단위: %)

출처: IC Insight

서 몇몇 반도체 기업들은 위기를 맞고 있다. 특히 한때 반도체 공룡으로 평가받던 인텔은 애플과 결별하고서 창사 이후 최악의 위기를 맞고 있다. 2022년 인텔의 총 매출은 80조 원으로 전년 대비 20퍼센트 감소했고 이익도 34조 원으로 전년 대비 38.7퍼센트나 감소했다. 주력 제품인 PC용 반도체 사업부는 물론, 데이터센터 반도체 사업부의 이익도 모두 감소했다.

한편 반도체 기업 중에 꾸준히 성장을 이어 나가는 곳들도 있다. 특히 엔비디아의 경우 2022년 매출이 전년 대비 61.3퍼센트나 상승하면서 주가도 빠르게 상승하고 있다. 엔비디아는 경쟁력이 없는 사업을 초기에 정리하고 빅테크 기업들이 쉽게 따라잡지 못하는 고성능 그래픽 처리 기술에 집중해 생존할 수 있었다. 엔비디아의 고성능 그래픽 처리 기술은 인공지능에 접목되면서 자율주행차나 생성형 AI 등 다양한 분야에 응용되고 있다.

엔비디아의 성공과 인텔의 실패는 디바이스 업계에 많은 시사점을 던진다. 하루가 다르게 성장하고 있는 기술 시장에 속한 기업이라면 자신들이 보유한 핵심 기술을 객관적으로 이해하고 있어야 한다. 또한 미래에 각광받을 산업을 미리 파악하고 자신들의 기술을 융합할 방법을 끊임없이 강구해야 한다.

현실과 가까워진
미래형 디바이스가 온다

당신의 생활과 디바이스가 분리되지 않는다

세계 최대 가전쇼인 CES 2023와 독일 베를린 국제 가전 박람회 IFA 2022에서 공통적으로 뽑은 미래 가전의 주요 키워드는 혁신과 초연결이다. 특히 각 이벤트에서는 혁신과 관련해 주목할 만한 기술들이 많이 소개됐다. 로봇, 고성능 센서, 새로운 디스플레이가 대표적이다. 또한 매터Matter와 같은 새로운 통신 규격이 발표되면서 초연결 시대도 한 단계 더 진화할 전망이다.

우선 로봇 분야에서 새로운 제품들이 눈길을 끈다. 가정용 로봇은 개발 난이도가 높고 안전에 대한 문제로 제품화가 쉽지 않았다. 하지만 최

출처: 삼성전자

근에 공개되고 있는 제품들은 상용화에 한층 더 가까워졌다는 평가를 받는다.

삼성전자는 국내 보행 로봇 기업인 레인보우로보틱스의 지분을 인수 하면서 로봇 사업 진출을 본격화하고 있다. 또한 2023년 내로 최초의 상 용화 로봇인 엑스원EX1 을 출시한다고 밝혔다. 엑스원은 사용자가 다리 에 착용하는 웨어러블 로봇으로 거동이 불편한 환자가 쉽게 걸을 수 있 도록 보행을 보조해 준다. 그동안 삼성전자에서 출시한 로봇으로는 로 봇 비서인 삼성 봇케어, 공기청정 로봇, 작은 공 형태의 볼리 등이 있다. 하지만 실제 출시 계획을 발표한 제품은 엑스원이 최초다.

테슬라의 로봇 기술도 빠르게 발전하고 있다. 2022년 10월 테슬라에서 테슬라봇의 시제품을 처음 공개했을 때는 안정적이지 못한 걸음걸이와 느린 동작으로 보스턴다이내믹스Boston Dynamics의 로봇과 비교되면서 실망감을 안겨 줬다. 그러나 2023년 5월에 새롭게 공개한 영상에서는 좀 더 자연스러운 걸음걸이를 선보였다. 과일이나 유리컵과 같은 민감한 제품을 들어 이동하는 동작도 성공적으로 수행했다. 또한 주변의 환경을 카메라로 확인하고 머신 비전으로 장애물을 판단하는 기능도 추가돼 향후 자율적으로 걸어 다닐 수 있는 로봇으로 거듭나리라 예상된다. 자율주행 자동차를 개발하고 고도의 머신 비전 기술을 확보한 테슬라를 보스턴다이내믹스가 따라잡을 수 있을지 기대되는 대목이다.

한편 아메카는 물건을 옮기고 걸음을 걷는 등 인간의 노동을 대체하는 데 중점을 둔 테슬라봇과 달리 좀 더 자연스러운 인간의 모습을 모방하는 데 중점을 두고 있다. 무엇보다 아메카는 인간의 안면 근육과 팔 관절을 정교하게 모사해 풍부한 감정을 표현할 수 있다. 또 생성형 AI를 학습하면서 자연스러운 언어 구사도 가능해졌다. 사람과 가벼운 농담을 주고받을 수도 있고 어려운 질문에는 심각한 표정을 지으며 천천히 대답하는 등 인간의 다양한 심리를 자연스럽게 모사할 수 있다. 특히 로봇이 인간을 어설프게 닮을수록 불쾌감이 증가하는 불쾌한 골짜기를 아슬아슬하게 넘나드는 모습을 보여 준다.

혁신적 기술의 두 번째 사례로는 고성능 센서인 차세대 레이더 기술이 주목받고 있다. 차세대 레이더는 주로 자율주행 자동차에 적용되던

24기가헤르츠GHz 이상의 초고주파 레이더 기술을 일반 디바이스에 적용한 디바이스다. 이 레이더를 활용하면 집 안에서 움직이고 있는 모든 사물을 감지할 수 있다.

예를 들어 TV 앞으로 사용자가 다가가면 자동으로 화면이 켜지거나 에어컨을 향해 허공에서 손을 위아래로 움직이면 온도를 올리거나 낮추는 작업도 가능하다. 집 안에 사람이 몇 명 있는지, 외부에서 침입하는 사람이 있는지도 실시간으로 센싱할 수 있다. 머신 러닝 카메라 기술을 응용해도 레이더와 동일하게 손짓이나 사람들의 움직임을 센싱할 수 있지만 영상의 외부 유출 등의 사생활 침해 우려가 있다. 하지만 레이더는 사람의 대략적인 형상만 센싱하기 때문에 사생활 침해 문제에서 상대적으로 자유롭다.

미국의 MIT에서는 레이더의 특성을 활용해 파킨슨병 환자의 상태를 집에서도 확인할 수 있는 장비를 개발했다. 파킨슨병은 주로 노인들에게 발병하는 퇴행성 뇌질환이다. 이 병을 가진 환자는 근육의 운동을 담당하는 뇌의 신경세포가 퇴화하면서 행동이 느려지거나 근육에 경련이나 경직을 겪기도 한다.

MIT에서 개발한 레이더 장비를 이용하면 환자의 평소 움직임을 지속적으로 모니터링하면서 보폭과 이동 속도 그리고 수면 상태를 종합적으로 수집해 파킨슨병 진행 여부를 진단할 수 있다. 레이더의 해상도를 최대한으로 높이면 사람 심장의 움직임까지 센싱이 가능해 실시간으로 심박수를 모니터링할 수도 있다. 만약 레이더 주변에서 사용자가 잠들었

● 레이더 기술을 활용한 유아의 심박 수 측정

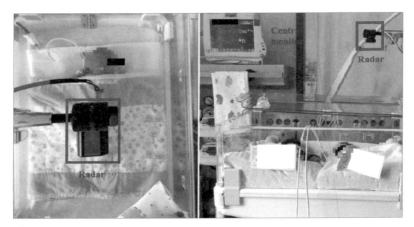

출처: Gabriel Beltrão의 〈네이처〉 논문

을 때 TV의 전원을 자동으로 끄거나 위급 상황에 처했을 때 즉각적인 조치도 가능하다. 현재 차세대 레이더 기술은 의료계에서 큰 관심을 보이고 있으며 심박 모니터링 기기를 신체에 부착하기 어려운 영유아들을 대상으로 개발되고 있다.

　차세대 레이더 기술을 차량 내부에 적용한 사례도 있다. 국내 스타트업 기업인 에이유는 인캐빈in-cabin 승객 감지 레이더를 공개했다. 매년 여름철이면 50명 이상의 아이들이 차량에 방치된 상태에서 일사병에 걸리는 사고가 일어난다. 이때 차량 안에 승객 감지 레이더와 같은 솔루션이 확보돼 있다면 사고를 미연에 방지할 수 있다. 에이유의 인캐빈 승객 감지 레이더는 승객의 생체 신호를 실시간으로 모니터링할 뿐만 아니라

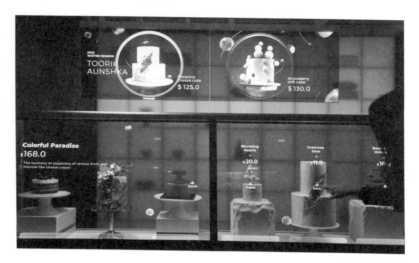

출처: LG전자

승객의 신체에 이상이 발생하는 즉시 스마트폰이나 구급대에 알림을 보
내준다.

혁신적 기술의 마지막 사례로 디스플레이 기술도 주목할 만하다. LG
전자는 CES 2018에서 화면을 돌돌 말았다 펼 수 있는 롤러블 TV를,
CES 2023에서는 투명 OLED TV를 선보였다. 당시 LG전자는 투명
OLED를 적용한 사례를 시연했다. 예를 들어 매장 내부 쇼케이스를 통
해 제품별 설명이나 가격을 표시하거나 옷장의 유리문을 통해 사용자가
여러 가지 옷을 가상으로 입어 볼 수 있다. 날씨에 따라 적합한 옷차림을
추천받을 수도 있다. 주방 상단 선반의 그릇장 유리문을 통해 레시피를

알려 주기도 한다. 화면에 표시된 기능을 터치해 주방 가전들을 제어하는 동작도 가능하다.

투명 OLED에서 한발 더 나아가 홀로그램 기술을 시도하는 기업들도 있다. 영국의 스타트업인 하이퍼비전HYPERVSN은 프로펠러처럼 빠르게 회전하는 LED 막대를 이용해 허공에 홀로그램 화면을 구현하는 기술을 개발 중이다. CES 2023에서는 높이 5미터의 홀로그램 화면을 구현해 전시했다. 화면에서 챗봇 기능을 탑재한 디지털 휴먼이 나타나 관람객과 대화를 나누는 모습을 시연하기도 했다. 진정한 의미의 홀로그램이 되려면 아무것도 없는 허공에 영상을 띄워야 한다. 하지만 현재까지 이러한 기술은 개발되지 않았다. 시중에 나와 있는 홀로그램은 하이퍼비전의 사례처럼 빠르게 회전하는 LED 막대를 이용하거나 자동자의 헤드업 디스플레이HUD처럼 잘 보이지 않는 투명한 유리에 영상을 띄우는 것과 같이 사람의 시각을 속이는 방식으로 구현된다.

리서치 업체인 가트너에서는 2023년의 주요 기술 트렌드로 총체적 경험total experience를 언급했다. 총체적 경험이란 사용자 경험user experience, 고객 경험customer experience, 다중 경험multi experience, 직원 경험employee experience을 모두 결합한 비즈니스 전략으로 소비자와 직원이 제품에 대해 느끼는 전체 경험을 아우르는 용어다.

총체적 경험은 서비스 간의 장벽이 없는 자연스러운 연결 경험을 지향한다. 예를 들어 사용자가 옷장에 다가올 때 레이더 센서가 이를 감지해 자동으로 투명 OLED TV를 켜고 오늘 날씨에 입을 만한 옷을 추천

● 하이퍼비전의 디지털 휴먼 홀로그램 구현 사례

출처: 하이퍼비전

하고 로봇이 옷을 운반해 주는 식이다. 또 가족들이 기상했을 때 레이더 센서가 이를 감지해 가사 로봇에게 물과 치약, 칫솔을 가져오게 할 수도 있다. 총체적 경험은 사용자의 편의성 증진뿐만 아니라 제품에 대한 감정과 태도 모두를 아우르는 개념이다. 디바이스가 상호 연결된 심리스한 서비스가 소비자의 생활에 깊숙이 침투할수록 사용자가 느끼는 전체적인 경험은 더욱 향상될 것이다.

혁신적 디바이스들로 채워지는 스마트홈

한때 가전 기업이 주도했던 스마트홈 시장은 이제 구글, 애플, 아마존과 같은 플랫폼 기업들을 중심으로 재편되고 있다. 플랫폼 기업들은 각자의 스마트홈 생태계를 구축하고 확립하기 위해 경쟁하고 있다. 고도로 설계된 음성 비서 솔루션을 비롯해 스마트홈 디바이스 기업들과의 협업 및 다양한 서비스와의 융합이 경쟁의 핵심이다.

플랫폼 기업들이 스마트홈 경쟁력을 확보하기 위한 노력은 크게 세 가지로 분류할 수 있다. 첫 번째, 음성 비서 솔루션의 기술 향상을 위해 집중하고 있다. 특히 챗GPT와 구글 바드 등의 생성형 AI가 등장하면서 음성 비서 기술도 한 단계 더 진화할 것으로 기대된다. 실제로 구글은 2023년 3월 음성 비서 서비스인 구글 어시스턴스팀에 대한 구조조정을 단행하고 바드팀을 중심으로 조직을 재편했다. 이로써 AI 스피커에서 사용하던 기존의 구글 어시스턴스 서비스를 바드에 통합하는 작업을 수행할 예정이다. 아마존 또한 자사의 생성형 AI인 베드록을 아마존 에코에 적용하기 위한 작업을 진행하고 있다.

음성 비서 기술에서 가장 중요한 부분은 질문의 인식률과 응답의 정확성이다. 즉 사용자의 질문을 정확히 이해하고 적절한 답안을 내놓는 것이 중요하다. 사티아 나델라는 현재의 음성 비서 서비스에 대해 "바위처럼 멍청하다."라며 강력하게 비판했다. 음성 비서 기술이 단순히 시간 알람, 날씨 안내, 음악 재생 등의 기초적인 기능에서 아직 크게 벗어나지 못했다는 의미다.

그러나 생성형 AI가 접목되면 AI 스피커는 더욱 다양한 명령어를 이해하고 적절한 조치를 취할 수 있다. 예를 들어 노인이 심하게 앓는 소리를 낼 때 음성 비서가 119 구급대를 호출하거나 가정 폭력 사건이 발생했을 때 당사자 간의 미묘한 대화의 흐름을 파악해 경찰을 호출할 수도 있다. 또한 생성형 AI는 사용자들의 명령어를 높은 수준에서 학습할 수도 있다. 평소 사용자들 간의 대화에서 가족 관계를 유추하거나 사용자의 평소 언어나 생활 패턴을 통해 직업이나 나이 등을 추정해 관심을 가질 만한 뉴스 기사나 광고가 있을 때 알림을 제공해주는 것이다.

플랫폼 기업들의 스마트홈 경쟁력 확보를 위한 두 번째 방안은 다양한 스마트홈 디바이스와의 협업 강화다. 아마존은 알렉사 펀드라는 이름의 펀드를 조성해 2015년부터 스마트홈 스타트업 기업들에게 투자를 이어 오고 있다. 구글도 2023년 기준 전 세계 225개의 파트너사와 협업하면서 연결 가능한 기기 수를 5천여 종으로 확대했다.

플랫폼 기업들이 스마트홈 생태계를 구축하면서 디바이스를 만드는 다양한 스타트업들도 대거 등장했다. 스마트 도어락과 보안 카메라로 유명한 와이즈Wyze나 스마트 전구 기업인 나노리프Nanoleaf, 온도조절장치 기업인 시노페Sinope 등이 대표적이다. 이 외에도 유아 모니터링, 정원 관리, 로봇, 헬스, 보안, 전력 관리 등 다양한 분야의 기업들도 속속 등장하고 있다. 이케아, 필립스, 르그랑과 같은 기존의 소비재 기업들도 스마트 스위치, 전구, 전용 허브와 같은 제품들을 출시하면서 전체 스마트홈 시장의 파이를 빠르게 성장시키고 있다. 시장조사업체 스태티스타

● 스마트홈 디바이스 핵심 스타트업 리스트

출처: CB Insights

에 따르면 전 세계 스마트홈 시장 규모는 2023년 13억 9천 달러(약 1조 8,639억 원)에서 지속 성장해 2027년에는 22억 3천 달러(약 2조 9,904억 원)에 달할 것으로 전망된다.

마지막으로 플랫폼 기업들은 스마트홈 경쟁력 확보를 위해 커머스나 모빌리티와 같은 다양한 서비스와 융합을 시도하고 있다. 2015년에 처음 등장했다가 현재는 사라진 아마존 대시 버튼Amazon Dash Button은 소비자가 세제, 음료, 구강 세척제 등의 버튼을 누르면 즉각 인터넷에서 주문이 이뤄지는 서비스다. 스마트홈 플랫폼을 통해 커머스를 이용한 첫 번째 사례로 꼽힌다.

현재는 사용자가 직접 개입하지 않아도 AI 냉장고가 직접 식자재의 재고를 파악하고 사용자의 평소 식성에 맞게 자동으로 주문을 하는 방식으로 진화했다. 또 AI 세탁기가 세제의 잔량을 파악하고 부족해지기 전에 미리 주문할 수도 있다. 가까운 미래에는 아파트 문 앞까지 택배 로봇이 방문해 상품을 배송하거나 사용자가 기상했는지 확인하고 출퇴근 시간에 맞춰 미리 승차 공유나 킥보드 같은 퍼스널 모빌리티를 배정해줄 수도 있다. 이처럼 스마트홈과 커머스 및 모빌리티 서비스의 융합은 많은 시너지 효과가 기대되는 분야다.

플랫폼 기업들은 스마트홈 생태계를 구성하기 위해 경쟁하기도 하지만 상호협력도 이어 나가고 있다. 대표적인 사례가 새로운 통신 규격인 매터다. 와이파이, 블루투스 등의 통신 프로토콜인 매터는 스마트홈 기기 간의 연결을 더욱 간편하게 개선해 준다. 2021년에 애플, 아마존, 구글, 삼성 등이 참여하고 있는 글로벌 표준 연합CSA, Connectivity Standards Alliance에서 선보였다.

만약 애플 TV, 삼성전자의 공기청정기, 구글 네스트의 도어락 등 서로 다른 기업의 제품을 한 집 안에서 사용하고 있다면 애플 홈팟, 구글 네스트 미니, 삼성 스마트싱스 허브 제품을 모두 구매한 후 각각의 클라우드에 연결해야 한다. 매터는 기기별로 허브 제품을 구매해야 하는 불편함을 보완하기 위해 전용 인증을 받은 허브 제품 하나만 있으면 제조사와 상관없이 다수의 디바이스들을 한 번에 연결할 수 있다.

기존 와이파이 제품이나 지그비Zigbee 제품들도 펌웨어 업데이트를 통해 매터가 지원되도록 변경할 수 있다. 2022년 12월 구글에서 처음으로 자사 네스트 허브 제품에 매터를 지원한다고 발표했다. 이어서 아마존, 애플, 삼성도 자사의 허브 제품들인 알렉사, 애플 홈팟, 스마트싱스 스테이션에서 매터를 지원한다고 밝혔다.

매터의 첫 번째 특징은 각각의 디바이스가 고유 IPInternet Protocol를 가진다는 점이다. 경찰이 범죄자를 추적할 때 인터넷 고유 IP를 찾아 컴퓨터를 특정하고 그 주소를 찾아가는 것처럼 IP는 특정 제품이 가진 고유 주소를 뜻한다. 예를 들어 집 안에 있는 스마트 전구가 매터를 지원한다면 "헤이 구글, 수면모드로 바꿔 줘."라고 말할 경우 명령어가 구글 홈 클라우드 서버까지 전달되고 클라우드에서 명령어를 해석한 다음 특정 사용자의 스마트 전구를 찾아 수면모드로 변경되도록 지시를 내릴 수 있다.

반면 매터와 달리 블루투스, 지그비 등 다른 통신 방식들은 별도의 IP 주소 정보를 가지고 있지 않다. 이러한 통신 방식들은 클라우드에 연결되지 않고 가장 가까이에 있는 두 기기를 1:1로 연결하는 방식이기에 별도의 고유 IP 주소 정보를 가질 필요가 없다. 실제로 블루투스, 지그비 기반의 스마트 전구를 켜고 끌 때는 클라우드가 특정 IP 주소의 전구에 대해 명령을 내릴 수 없다. 이때는 스마트 전구와 클라우드 중간에 고유 IP 주소가 있는 스마트홈 허브 제품을 반드시 설치해야만 클라우드를 통해 스마트 전구를 동작할 수 있다.

매터의 두 번째 특징은 디바이스를 연결하는 과정이 매우 편리하다는 점이다. 기존에는 블루투스 조명 하나를 연결하기 위해 여러 과정을 거쳐야 했다. 예를 들어 버튼을 5초간 누르고 LED가 파란색으로 깜박이기 시작하면 스마트폰에 뜨는 수많은 기기 리스트 중에서 맞는 제품을 찾아 선택해야 한다. 반면 매터 인증을 받은 디바이스는 단순히 스마트폰으로 디바이스에 인쇄돼 있는 QR코드만 찍으면 바로 연결할 수 있다. 매터 방식일 경우엔 스마트폰을 가까이 가져가기만 해도 즉각 연결된다.

스마트홈 시장은 여전히 해결해야 할 숙제도 많이 남아 있다. 최근에는 보안과 관련한 사고들이 증가하고 있다. 2022년 한국에서는 40만 개의 가정용 월패드를 해킹해 각 가정의 영상을 외부에 유출한 용의자가 검거되기도 했다. 월패드는 아파트 방문객과 화상통화를 하거나 출입문을 제어하는 디바이스다. 문제는 일부 월패드에 집 안을 비추는 카메라가 있어 사생활 유출 우려가 있다는 점이다.

또 스마트 도어락과 CCTV 디바이스인 아마존의 링Ring도 러시아의 해킹 그룹 알프파이브ALPHV로부터 랜섬웨어 해킹을 당했다. 링에는 고객들의 신용카드 정보, 주소, 전화번호, 이름, 비밀번호 등의 민감한 정보들이 저장돼 있다. 알프파이브는 링에 저장된 정보 중 상당 부분을 탈취했다고 주장하며 거액의 보상금을 요구하고 있다.

스마트홈 디바이스는 항상 대기하고 있다가 사용자가 필요할 때 알아서 동작하는 특징이 있어 일종의 앰비언트 컴퓨팅ambient computing 디바이스로 불린다. 조용한 상태로 있다가 사용자가 필요할 때 동작한다는 의미로 캄 테크calm tech 라고도 불린다. 아마존은 사용자가 직접 전용 어플이나 아마존 에코 AI 스피커로 디바이스를 제어하는 비율이 40퍼센트에 불과하다고 발표했다. 나머지 60퍼센트는 아마존 클라우드가 앰비언트 상태에서 자동화된 루틴에 의해 스마트홈 디바이스들을 제어하고 있다. 예를 들어 사용자가 퇴근하고 집에 들어오면 일괄적으로 조명과 보일러를 켜고 창문 블라인드를 내리도록 루틴을 설정하거나 사용자가 장기간 집을 비울 경우 클라우드가 스스로 판단해 집 안의 모든 조명을 끄고 보일러를 최저 온도로 설정하도록 작동시킬 수 있다.

알렉사 가드Alexa Guard는 아마존의 대표적인 앰비언트 컴퓨팅 서비스다. 아마존 AI 스피커가 집 안에서 들리는 소리를 듣고 있다가 사고가 발생할 때 사용자에게 알람을 보내는 식으로 작동한다. 만약 부재중에 집에서 창문이 깨지는 소리가 들리거나 수도꼭지에서 물이 흐르는 소리가 난다면 사용자에게 메시지를 보내거나 필요할 경우 보안 회사를 연결할 수도 있다. 아마존은 사용자가 내린 명령어의 단순한 수행에서 더 나아가 사용자에게 필요한 것을 미리 짐작하는 기능을 가진 헌치스Hunches 서비스도 발표했다. 예를 들어 사용자가 "알렉사 잘 자."라고 말하면 알렉사가 "지금 거실의 조명이 켜져 있는데 모두 끌까요?"라고 제안할 수 있다.

전 세계 스마트홈 시장의 규모는 꾸준히 성장하고 있지만 그 속도는 기대에 못 미치는 수준이다. 무엇보다 스마트홈의 핵심은 사용자의 편의성 극대화에 달려 있다. 현재로서는 스마트홈을 구축하고 유지하는 과정이 매우 번거로워 일반 사용자들이 충분한 편의성을 느끼지 못하고 있다. 하지만 생성형 AI, 새로운 통신 기술 그리고 앰비언트 컴퓨팅 같은 기술이 등장하면서 사용자들이 느끼는 스마트홈의 편의성은 크게 개선되리라 기대된다. 또한 사용자들이 스마트홈 환경을 손쉽게 구성할 수 있게 된다면 사용자 수요도 빠르게 증가할 것이다.

웨어러블, 이제는 '복용'도 가능합니다

2022년 애플워치의 전체 출하량이 5천만 대를 넘어섰다. 전년 대비 약 17퍼센트 증가한 수준이다. 전체 스마트 워치 시장은 삼성전자, 가민, 핏빗 같은 업체들이 가세하면서 더욱 빠르게 성장하며 웨어러블 디바이스 시장을 선도하고 있다. 반면 구글은 혁신적 웨어러블 디바이스를 개발하며 다양한 형태의 제품을 내놓았지만 대부분 실패로 끝났다. 2017년에는 리바이스와 협업해 소매를 쓸어 올리거나 터치해 스마트폰을 제어할 수 있는 스마트 재킷을 선보였지만 크게 주목받지 못했다. 2014년에 처음 출시한 안경 형태의 스마트 AR 기기 구글 글래스도 비싼 가격과 저조한 판매량을 이유로 2023년 3월에 판매를 종료했다. 그나마 구글이 스마트 워치 기업인 핏빗을 인수해 2022년에 야심차게 내놓은 픽셀워치가 시장에서 좋은 평가를 받고 있다. 하지만 그마저도 기존의 스마트 워치 제품들과 비교할 때 혁신적인 제품이라고 보기 어렵다.

최근 소형화 기술이 발전하면서 웨어러블 디바이스는 극적으로 작아질 전망이다. 2023년 4월에 애플이 개발 중인 것으로 알려진 스마트

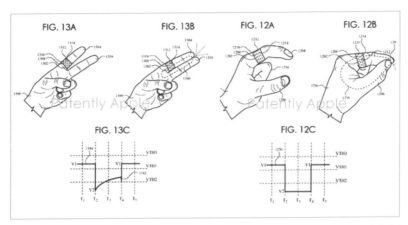

출처: 애플

링Smart Ring 이 대표적이다. 애플은 여러 손동작을 감지할 수 있는 기술이 적용된 반지 형태의 디바이스를 개발하고 있다고 알려졌다.《컴퓨터월드》, 애플인사이더와 같은 매체에서는 애플의 스마트링이 실제로 제품화될 가능성을 높게 보고 있다. 특히 애플의 VR기기인 비전프로와 연동돼 다양한 손동작을 이용한 제어에 이용될 것으로 전망하고 있다. 실제로 비전프로의 데모 영상을 보면 검지와 엄지를 맞대는 핀치 동작을 취했을 때 앱이 활성화되는 장면이 나온다. 애플에서 특허를 냈다고 알려진 스마트링의 내용과 일치한다.

2023년 2월 삼성도 미국 특허상품청UPSTO 에 갤럭시 링이라는 이름의 상표권을 출원했다. 2023년 7월에는 국내 특허청에 갤럭시 서클이라

● 사용자의 생체정보를 모니터링하는 오우라 링 3

출처: 오우라

는 상표를 등록했다. 삼성은 반지 형태의 장치에 생체 센서를 탑재해 사용자의 건강 상태를 모니터링하거나 자사의 다른 전자기기들을 손동작으로 제어하도록 구현하는 기술을 개발하고 있다.

스마트링은 극도로 작은 사이즈의 디바이스 안에 각종 전자부품을 고밀도로 집어넣어야 하기에 개발의 난이도가 매우 높은 편이다. 대표적으로 핀란드의 테크기업인 오우라OURA에서는 몇 가지 스마트링 제품의 개발을 완료해 공개했다. 2021년에 출시한 오우라 링3는 무게가 불과 5그램에 불과하지만 내부에 심박 센서와 통신 칩, 장시간 사용할 수 있

● 웨어러블 전자기기 발전 단계

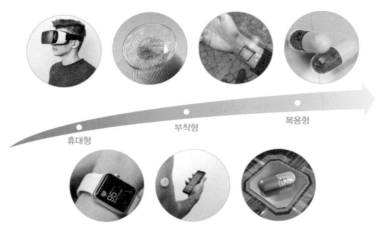

휴대형　부착형　복용형

출처: Information and Communications

는 배터리 등이 내장돼 있다. 애플헬스나 구글핏과 연동시키면 신체 컨디션을 실시간으로 측정해 활동량과 생활 패턴, 건강 상태를 스마트폰으로 확인할 수 있다. 한번 충전하면 최대 7일까지 사용할 수 있고 가격은 299달러(약 40만 원)에 판매되고 있다.

이 외에도 2019년에 출시된 아마존의 에코 루프Echo Loop도 스마트링 제품이다. 내부에 통신칩과 마이크가 내장돼 있어 어디서든 알렉사에게 음성으로 명령을 내릴 수 있다. 샤오미도 R5라는 이름의 스마트링을 출시했다. NFC가 내장돼 있어 신용카드 정보를 입력해 놓으면 오프라인 매장에서 결제하거나 지하철 개찰구에서 요금을 지불할 수 있다.

현재 대부분의 웨어러블 디바이스는 몸에 지니는 휴대형으로 개발됐다. 미래의 웨어러블 디바이스는 부착형에서 복용형으로 발전할 가능성이 있다. 부착형과 복용형은 사용자가 번거롭게 매번 착용하거나 충전하지 않아도 지속적으로 사용자의 생체 정보를 모니터링할 수 있다. 부착형 웨어러블 디바이스는 피부에 직접 전자 기판을 부착하는 방식으로 이미 관련 연구들이 활발히 이뤄지고 있다. 무엇보다 생체 자극을 최소화하면서 피부의 신축도에 따라 전자 기판도 유연하게 움직여야 한다. 충분한 내구성을 확보하고 상용화된다면 의료 분야에서 특히 많은 기여를 할 것으로 기대된다.

프랑스의 헬스케어 기업인 바디캡BodyCAP은 복용형 웨어러블 디바이스 이셀시우스e-Celsius를 개발해 상용화하는 데 성공했다. 이셀시우스는 미국 FDA의 승인을 받아 세계에서 최초로 상용화된 디지털 알약이기도 하다. 길이가 17.7밀리미터이고 무게가 1.7그램인 알약 형태를 띤다. 이셀시우스에는 섭씨 0.2도의 미세한 온도 차이도 감지할 수 있는 고성능 센서와 통신칩이 내장돼 있다.

사용자가 이셀시우스를 복용하면 식도를 거쳐 위에서 위산과 접촉한 후부터 작동을 시작한다. 또한 위와 장을 지나면서 온도 센서가 신체의 미약한 온도 차이를 감지해 내고 연결된 스마트폰에 온도 정보를 전달한다. 사람은 심부 체온이 과도하게 상승하면 열사병에 걸릴 수 있고 반대로 과도하게 하락하면 각종 질병에 걸릴 수 있다. 2020년 도쿄 올림픽에서는 캐나다 국가대표 선수단이 일본의 더운 날씨에 대한 대비책으로 이셀시우스 제품을 활용하기도 했다.

웨어러블 디바이스에 활용할 수 있는 소형화 기술이 계속 발전하면서 아이디어로만 존재하던 제품들이 실제로 제작되고 있다. 귀걸이, 안경, 목걸이와 같은 액세서리 형태에서 알약 형태까지 등장했다. 리서치 업체인 가트너에서는 일부 웨어러블 디바이스는 눈에 잘 띄지 않을 정도로 작아지고 사용자가 착용 여부를 거의 느끼지 못할 정도로 발전했다고 발표했다. 그 덕분에 평소 웨어러블 디바이스의 착용을 꺼리던 사용자들도 거부감 없이 이용할 수 있게 됐다고 밝혔다. 물론 몸에 밀착시켜 사용하는 만큼 안전성이나 개인정보 침해 문제에 대한 우려도 무시할 수 없다. 하지만 사용자의 건강 상태를 실시간으로 편리하게 모니터링할 수 있어 특히 헬스케어 분야에서 유용하게 활용되리라 기대된다.

작은 시그널도 놓치지 않는 디지털 건강 돌보미

디지털 헬스케어는 의료 서비스에 IT기술을 접목한 개념이다. AI와 클라우드 기술이 발전해 의료 분야에 응용되면서 헬스케어 분야에서도 새로운 제품들이 쏟아져 나오고 있다. CES 2023에서는 전체 참가 기업 273개사 중 전문 헬스케어 기업만 총 122개에 달할 만큼 헬스케어 분야에 대한 관심이 뜨거웠다. 특히 디지털 헬스케어는 단순히 건강을 보조하는 수준을 넘어 진단과 치료의 영역으로 진화하고 있어 앞으로도 발전 여지가 무궁무진하다.

특히 국내 인구의 고령화가 빠르게 증가하고 있어 의료 수요의 급증이 예상된다. 통계청의 자료에 따르면 2050년에 65세 이상 노인 인구가 1,900만 명으로 늘어나며 전체 인구의 40퍼센트를 차지할 전망이다. 특히 치매, 파킨슨병, 뇌경색과 같은 노인성 질환은 지속적인 진찰과 검사가 필요한데 디지털 헬스케어 제품들을 사용하면 매번 번거롭게 병원에 방문하지 않아도 가정에서 손쉽게 질병을 관리할 수 있다. 우리나라 사람들은 연평균 18.6회 병원을 방문한다고 한다. 디지털 헬스케어 제품을 활용하면 병원 방문 횟수는 줄이면서 의료 서비스 접근성을 더욱 높일 수도 있다.

최근 출시되고 있는 헬스케어 디바이스들은 크게 세 가지 특징을 가진 제품으로 나뉜다. 첫 번째, 번거로운 검진과 질병 모니터링 과정을 간편하게 개선한 제품들이다. 두 번째, 여러 가지 질병의 패턴을 미리 학습하고 의사가 쉽게 진찰할 수 있도록 기초 데이터를 제공하는 제품들이다. 세 번째, 수면 패턴이나 운동량 측정 등 평소에 상시 사용하면서 삶의 질 개선에 기여하는 제품들이다.

먼저 검진 과정을 간편하게 개선한 제품 사례로는 싱가포르 기업 애바이스 헬스Aevice Health의 애바이스MDAevice MD가 있다. 애바이스MD는 동전 크기의 패치 형태 디바이스로 가슴에 붙이도록 설계된 부착형 웨어러블 기기의 일종이다. 사용자가 애바이스MD를 부착하면 마치 청진기처럼 기관지에서 나오는 미세한 소리를 듣고 스마트폰에 무선으로 데이터를 전송한다. 호흡수, 심박수, 기관지염, 기침, 천식과 같은 건강 정보를 실시간으로 모니터링할 수 있다.

● 애바이스MD 사용 사례

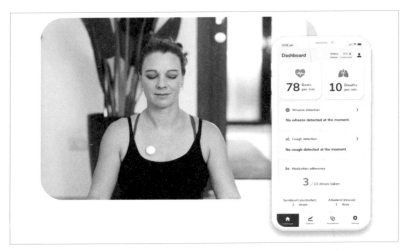

애바이스 헬스의 CEO 에이드리언 앙Adrian Ang 은 오랜 기간 천식을 앓아 왔다. 앙은 자신과 비슷한 처지의 환자들이 삶의 질을 개선할 수 있는 제품을 고안했다고 한다. 국내에도 약 150만 명의 천식 환자가 있으며 매년 2천 명가량이 사망한다고 알려져 있다. 애바이스MD는 유아에서 노인까지 사용할 수 있다. 특히 수면 중에도 장시간 모니터링을 할 수 있어 천식 환자들의 건강에 많은 기여를 하고 있다.

다음으로 질병의 패턴을 학습하고 의사에게 데이터를 제공하는 제품인 SK 바이오팜의 뇌전증 전용 디바이스가 있다. 뇌전증은 흔히 말하는 간질병의 정식 명칭이다. 이는 환자가 순간적으로 경련을 일으키고 의식 장애를 일으키는 병이다. 전 세계적으로는 3,900만 명가량의 환자가 있고 국내에도 36만 명 정도가 뇌전증으로 고통받고 있다. SK 바이오팜의 뇌전증 디바이스는 뇌파, 심전도, 움직임 데이터를 실시간으로 수집해 환자에게 발작이 발생하기 전에 미리 알림을 주거나 이력을 기록하고 분석하는 기능을 제공한다.

마지막으로 삶의 질 개선에 도움을 주는 제품인 슬립웨이브의 브리즈brid.zzz가 있다. LG전자의 사내 독립기업CIC인 슬립웨이브는 수면케어 솔루션을 개발하는 회사로, CES 2023을 통해 브리즈를 처음 공개했다. 브리즈는 두뇌의 뇌파를 측정하고 동시에 전용 이어셋을 통해 수면케어 사운드를 들려주는 디바이스다.

브리즈에 적용된 뇌파감지 센서는 사용자의 수면단계를 렘REM, Rapid Eye Movement 수면, 얕은 수면, 깊은 수면, 각성 등 여러 수면 단계를 정교하게 측정할 수 있다. 수면케어 사운드는 80여 가지의 음악과 뇌파 동조 사운드로 이루어져 있다. 뇌파 동조 사운드는 수면 시 특정 뇌파가 발생한다는 점에 착안해 브리즈가 직접 개발한 수면 유도음이다. 사용자는 브리즈의 전용 어플을 통해 수면 리포트를 매일 아침 확인할 수 있다.

이 외에도 기발한 아이디어가 돋보이는 스타트업의 다양한 헬스케어 디바이스들이 공개되고 있다. 링커버스의 인네일Innail은 손톱의 모습을 촬영해 업로드하면 색깔, 무늬, 패턴 등 18가지의 손톱 외형 정보를 분석해 건강 상태를 측정하는 디바이스다. 인네일은 6만 건 이상의 손톱 이미지 학습 결과를 바탕으로 23가지 유사 질병 데이터와 비교해 질병의 가능성을 감지하고 사용자에게 알려 준다.

재활 운동이 필요한 환자가 손쉽게 운동할 수 있도록 운동 보조, 저항력 제어 등의 역할을 하는 에이치로보틱스의 리블레스rebless, 뇌파를 측정해 우울증이나 스트레스, 치매와 같은 뇌질환 여부를 알아볼 수 있는 아이메디신의 아이싱크웨이브iSyncWave 등 다양한 디지털 헬스케어 디바이스들도 소개되고 있다. 앞으로도 다양한 기술이 헬스케어 분야에 접목된다면 사용자들의 건강 증진에 많은 기여를 할 수 있다.

디지털 헬스케어 분야는 AI와 클라우드 기술의 발전, 점차적인 규제 완화를 통해 빠른 성장세를 보이고 있다. 리서치 업체인 GIAGlobal Industry Analysts에 따르면 디지털 헬스케어 산업의 규모는 2020년 201조 원 수준에서 매년 18.8퍼센트씩 성장해 2027년이면 670조 원에 이르리라 전망된다. 무엇보다 혈당이나 뇌졸중처럼 지속적인 의료 모니터링이 필요한 만성질환자부터 돌봄이 필요한 고령 인구나 건강을 관리하는 일반인까지 폭넓은 계층에 필요한 분야다. 또한 인구의 고령화와 건강에 관심을 갖는 인구가 많아지면서 헬스케어 관련 수요도 꾸준히 증가하고 있다. 디지털 헬스케어를 통해 의사들은 더욱 정밀하게 환자의 상태를 보살필 수 있고 사용자들은 빠르고 편리하게 의료 서비스를 제공받을 수 있다.

모바일
인사이트

스마트홈, 더 편리한 집을 위한 3가지 노력

음성 비서 솔루션의 기술 향상: 생성형 AI가 접목되면서 AI 스피커 성능이 대폭 향상됐다. 고객의 목소리를 분석해 119나 경찰을 호출하는 등 긴급상황 대비는 물론 관심 있는 뉴스 기사나 생활 정보 알림도 가능하다.

디바이스 스타트업들과 협업 강화: 스마트홈 디바이스를 만드는 다양한 스타트업들이 대거 등장했다. 아마존은 알렉사 펀드를 조성해 스마트홈 스타트업에 투자하고 있으며 구글도 스마트홈에 연결 가능한 디바이스 기기 수를 5천여 종으로 확대하고 있다.

커머스, 모빌리티 등 다양한 서비스 융합: 식자재가 떨어지면 AI 냉장고가 상품을 구매하고 채워 넣는다. 기상 시간에 맞춰 미리 퍼스널 모빌리티 서비스가 배정된다. 스마트홈은 커머스, 모빌리티 서비스 등 여러 서비스와 융합해 고객의 삶을 윤택하게 만들어 줄 것이다.

휴대형에서 복용형으로 진화하는 웨어러블 디바이스

미래의 디바이스는 몸에 직접 부착하거나 복용하도록 발전할 가능성이 크다. 활발히 연구 중인 부착형은 피부에 전자 기판을 부착해 사용자의 생체 정보를 모니터링한다. 이미 상용화된 복용형 '이셀시우스'는 알약 형태로 고성능 센서와 통신칩이 내장되어 신체 온도를 감지해 준다. 활동량, 생활 패턴, 건강 상태 등을 분석하는 헬스케어 분야는 더욱더 성장하리라 기대된다.

CHAPTER 6

스타트업

알파 세대가 주목하는
유니콘으로 거듭나다

평범한 개인이 비상장 기업에 투자할 수 있을까? 이제는 가능하다. 2017년, 비상장 스타트업인 제주맥주는 11시간 만에 크라우드 펀딩만으로 7억 원의 투자금을 모았다. 4년 뒤, 제주맥주가 상장에 성공하며 개인 투자자들은 투자금 11배를 회수했다. 이제 더 다양한 방법으로 누구나 기업의 미래를 결정하는 투자자가 될 수 있다. 일반 대중도 스타트업의 움직임을 주시하며 새로운 투자 시장에 뛰어들고 있다.

AI,
투자자들의 마음을 사로잡다

숨 고르기 중인 스타트업 생태계

한때 스타트업 생태계는 제2의 벤처붐이라 불리며 한계를 모르고 팽창
하는 듯했다. 하지만 거시경제의 악화로 투자 유치가 어려워지면서 다
소 둔화된 성장세를 나타내고 있다. 2022년 초부터 전 세계는 기준 금리
인상과 인플레이션의 영향으로 경기 침체에 대한 불안에 휩싸였다. 그
여파로 스타트업의 투자 재원인 모험 자본도 줄어든 것이 성장세 하락
의 주요 원인이었다.

　또한 2020년 코로나 팬데믹 발생 시점부터 스타트업들은 대면 비즈
니스 활동과 소비 시장 둔화에 따른 매출 감소로 타격을 받아 왔다. 회사

의 재정 상태가 넉넉지 못해 사업 성장에 힘을 보탤 직원을 채용하는 데도 악영향을 미쳤다. 그동안 충분한 투자금을 보유해 높은 연봉을 제시하며 대기업의 IT 개발자를 경쟁적으로 채용하던 분위기도 한풀 꺾였다. 심지어 어렵게 채용한 개발자들이 이탈하거나 신규 채용에 어려움을 겪고 있는 상황이다.

벤처기업의 등록 심의를 주관하는 벤처기업 확인기관에서는 주기적으로 벤처기업의 등록 현황 통계를 발표하고 있다. 벤처기업은 신기술과 혁신성 등에 대한 심사를 거쳐 선정된 스타트업을 말한다. 벤처기업 확인기관의 발표 자료에 따르면 2020년까지 벤처기업 수는 대체로 성장세를 이어 왔으나 2021년과 2022년에 각각 전년 대비 -3퍼센트, -9퍼센트 성장을 기록하며 감소세를 보이고 있다.(도표 6-1)

벤처펀드에 자금을 대는 대기업이나 은행과 같은 출자자들은 경기가 불안정해지자 신규 투자금 출자에 미온적인 태도를 보이고 있다. 펀드를 운용하는 벤처캐피털들도 스타트업 투자 결정에 신중하게 접근하고 있다. 그 결과 스타트업들도 막대한 투자금을 불태우며 양적 성장을 우선시하던 과거와 달리 흑자 전환과 생존에 초점을 맞추는 실정이다.

일각에서는 제2의 벤처 붐이 끝을 맞이하고 있는 것이 아니냐는 의견을 내놓기도 한다. 하지만 한국벤처캐피탈 협회에서 발표한 자료에 따르면 아주 비관적인 양상은 아닌 듯하다. 비록 2022년도 벤처 투자 규모가 전년 대비 11.9퍼센트 감소했으나 역대 최대 벤처 투자 규모를 기록했던 2021년에 이어 두 번째로 큰 수준이다. 같은 시기 미국과 이스라엘

- 1998년 2,042개사 확인 이후 증가하여 2022년 35,123개사

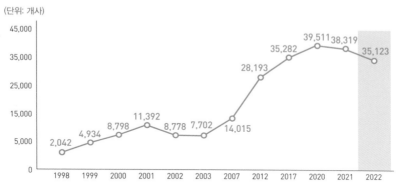

(단위: 개사)

출처: 벤처확인종합관리시스템, https://www.smes.go.kr/venturein/statistics/viewVentureCurrent

의 투자 규모가 각각 약 30퍼센트, 40퍼센트의 감소세인 데 비하면 한국은 경기 침체 속에서도 상대적으로 선방한 셈이다.

다른 나라에 비해 국내 투자 규모의 낙폭이 적었던 이유는 비교적 초기 기업에 투자하는 비중이 높았기 때문이다. 더불어 전 세계적으로 어려운 상황에서도 옥석을 발굴하기 위한 벤처캐피털의 노력도 한몫 했다. 국내 초기 스타트업 투자는 2021년 대비 7.8퍼센트 늘어난 2조 50억 원을 기록했다. 이는 새로운 사업에 대한 투자가 여전히 계속되고 있음을 보여 주는 지표다. 미국과 이스라엘은 투자금 회수 전략으로 IPO를 적극 고려하며 중기 이후 스타트업에 투자해 왔다. 하지만 2022년 글로벌 IPO가 전년 대비 42퍼센트 감소하는 등 시장이 어려움을 겪자 투자

사업 분야	스타트업 (서비스명)	설립 시기	최근 기업가치	주요 사업
핀테크	비바리퍼블리카 (토스)	2013년 4월	8조 5천억 원 (2023년 3월)	간편송금, 결제, 투자, 보험 등 다양한 금융 서비스 제공
	두나무 (업비트)	2012년 4월	3조 원 (2023년 3월)	디지털자산 거래소
이커머스	쿠팡(쿠팡) *나스닥 상장	2010년 8월	37조 1,595억 원 (2023년 5월 26일)	의류, 가전, 식품 등 다양한 상품을 판매
	에이블리 코퍼레이션 (에이블리)	2015년 9월	9천억 원 (2022년 11월)	여성 의류 판매 중개 플랫폼
	버킷플레이스 (오늘의집)	2014년 7월	2조 원 (2022년 5월)	인테리어 플랫폼으로 홈퍼니싱 및 인테리어 제품 판매
유통	우아한 형제들 (배달의 민족)	2011년 3월	15 조 원 (2022년 6월)	음식, 생필품 등 다양한 상품을 배달하는 배달 애플리케이션
교육	클래스101 (클래스101)	2015년 8월	비공개	요리, 음악, 미술 등 다양한 분야의 온라인 강의를 제공하는 온라인 강의 플랫폼
레저/ 엔터테인 먼트	야놀자 (야놀자)	2007년 2월	10조 원 (2021년 7월)	호텔, 숙박, 레스토랑 등 다양한 숙박 및 식음료 시설을 예약할 수 있는 온라인 예약 플랫폼

를 줄이는 결과로 이어졌다.

비록 스타트업 성장세는 감소세로 돌아섰으나 벤처기업 확인기관의 통계자료를 살펴보면 혁신적인 신생 스타트업 숫자는 대체적으로 증가해 왔다. 경기 불황에도 불구하고 세상의 불편함을 바꿀 스타트업은 계속 생겨나고 있음을 확인할 수 있다. 또한 이미 비즈니스를 하고 있는 스타트업들은 침체된 시장에서 살아남기 위해 고군분투하고 있다.

현재 기업가치가 수천억에서 수조 원에 이를 만큼 성장한 많은 기업이 처음엔 작은 스타트업에서 시작했다. 자유경제 시장에서는 새로운 기업이 등장하고 경쟁에서 살아남은 소수가 거대 기업으로 거듭나는 일이 자연스럽게 이뤄진다. 금융위기를 겪은 2008년에서 2010년 사이 우버, 쿠팡, 에어비앤비 같은 유니콘 기업들이 탄생했듯이 이번 위기에도 지혜롭게 재정을 관리하고 무사히 버텨 낸 스타트업 중 차기 유니콘 기업이 탄생하리라 전망된다.(도표 6-2)

스타트업의 황금알을 낳는 거위, 초거대 AI

챗GPT가 대중들 앞에 모습을 드러내자 스타트업 생태계에서도 곧바로 변화의 바람이 일었다. 스타트업들은 새로운 AI 트렌드에 발 빠르게 반응하며 챗GPT를 활용한 서비스 개발에 나서고 있다. 대표적인 스타트업으로 스픽이지랩스를 꼽을 수 있다. 2016년 미국 실리콘밸리에서 출범한 AI 기업으로 간단히 스픽이라고도 부른다. 2022년 스픽은 오픈AI 스타트업 펀드와 여러 투자사로부터 2,700만 달러(약 362억 원) 규모의 시리즈 B 투자를 받았다. 2023년 1월에는 GPT-4를 활용한 AI 튜터 기능을 스픽에 탑재해 발표했다. 이후 4개월 만에 신규 다운로드 수 100만

건을 돌파했고 출시 후 누적 다운로드 수는 350만 건을 넘어섰다.

AI 튜터는 실제 사람과 대화하듯 이용자와 자연스럽게 대화를 나눌 수 있을 뿐만 아니라 문법적 오류도 고쳐 주고 원어민들의 표현도 추천해 준다. 비단 스픽이 아니어도 유튜브에는 챗GPT를 활용한 영어 공부법을 설명하는 콘텐츠가 넘쳐 난다. 에듀테크 스타트업이라면 경쟁에서 뒤처지지 않도록 초거대 AI 서비스를 자사 제품에 적용하고 활용하는 방법을 고심하지 않을 수 없는 시대가 됐다.

오픈AI는 AI 생태계 확장을 위해 스픽을 비롯해 다양한 스타트업에 투자해 왔다. 더불어 2021년 5월에는 투자 펀드를 출범하기도 했다. 2023년 5월경 미국 증권 거래 위원회에 신고된 내용에 의하면 오픈AI 스타트업 펀드의 투자금 결성 규모는 1억 7,525만 달러(약 2,350억 원)에 이른다. 당초 오픈AI가 많은 투자자의 관심을 받으며 언급했던 펀드 결성 목표 금액인 1억 달러(약 1,341억 원)를 훌쩍 넘겼다.(도표 6-3)

AI 산업에서 비즈니스를 전개 중인 또 다른 스타트업으로 2021년도에 설립된 한국 스타트업 뤼튼테크놀로지스가 있다. 뤼튼테크놀로지스는 생성형 AI 서비스 뤼튼을 개발했으며 챗GPT와 유사한 뤼튼 채팅, 영어 이메일 작성, SNS 광고문구 생성 등 이용자가 선택할 수 있는 50여 개 이상의 툴을 제공하고 있다. GPT-4가 적용된 뤼튼 채팅은 텍스트 명령어로 글과 이미지까지 생성할 수 있다. 또한 50여 개의 각 툴은 서비스 특성을 고려해 적합한 AI 언어 모델을 다르게 조율해 사용한다.

뤼튼은 직접 개발한 생성형 AI 언어 모델을 포함해 네이버 하이퍼클

도표 6-3 오픈 AI가 투자한 주요 스타트업

기업명	추정 투자 시점	서비스 내용
디스크립트 Descript	2022년 11월	AI 기반으로 간편하게 영상을 편집하는 서비스 개발
멤Mem	2022년 11월	업무 도구로 사용할 수 있는 AI 솔루션으로 미팅 노트를 만들고 프로젝트나 기술에 대한 리서치와 정리를 돕는 제품 개발
스픽Speak	2022년 11월	발음, 문법, 어휘 등에 대한 실시간 피드백을 제공해 다양한 주제에 대해 학습자와 개방형 대화를 할 수 있는 AI 튜터 개발
하비Harvey	2022년 11월(시드 투자) 2023년 4월(시리즈 A 투자)	생성형 AI 기반으로 변호사가 고객에게 집중할 수 있도록 서류 작업과 분석, 커뮤니케이션을 돕는 솔루션 개발

로바, GPT 등 다섯 개 이상의 초거대 AI를 사용하고 있다. 예를 들어 한국어가 주로 사용되는 콘텐츠를 생성하는 툴을 쓸 때는 네이버 하이퍼클로바를 우선 사용한다거나 이미지 생성이 필요할 때는 오픈 AI의 GPT-4를 사용하면서 다른 AI를 보조적으로 사용하는 방식이다.

뤼튼은 2023년 내로 플러그인 플랫폼을 출시하는 목표를 세웠다. 앞으로 뤼튼과 대화하며 식당을 예약하거나 상품 구매도 할 수 있을 것이다. 금융, 구인구직, 이커머스, 패션, 부동산, 여행, 법률 등 다양한 분야에서 22개 기업들이 파트너사로 동참한다. 하나금융그룹, KB금융그룹, 아모레퍼시픽, 신세계 라이브쇼핑, 11번가, G마켓, 타다, 직방이 파트너

● 뤼튼 플랫폼에서 그림을 생성하는 모습

출처: 뤼튼 웹사이트, https://wrtn.ai/

스로 이름을 올렸다. 2023년 7월초 기준 뤼튼 홈페이지 내 서비스 출시 알림 등록 대기자 수는 6,200여 명을 넘겼다. 다양한 분야에서 플러그인 파트너사를 확보한 만큼 또 다른 국민 서비스로 성장할 수 있을지 귀추 가 주목된다.

미국 스타트업 감마Gamma Tech, Inc.도 눈여겨볼 만한 AI 스타트업이다. 감마는 초기 투자를 유치할 당시 차세대 문서 작업 협업 툴로 기대를 모 았다. 2021년 10월에는 협업 툴로 유명한 슬랙Slack과 드롭박스Dropbox 의 투자자인 액셀Accel을 포함해 여러 투자자들로부터 700만 달러(약 93억 원) 규모의 투자를 받았다. 당시 투자로 탄생한 제품이 GPT-4를 기반으로 프레젠테이션을 제작하는 감마 앱이다. 누구나 감마 웹사이트 에 접속해 기본적인 키워드 몇 개만 입력하면 프레젠테이션 자료를 몇

분 내로 만들어 볼 수 있다. 또 추가로 감마가 자료 제작에 활용할 수 있는 내용을 자세히 서술하면 한층 더 완성도 높은 프레젠테이션 자료를 얻을 수 있다.

한편 감마는 2023년 4월에 업무 생산성 프로그램인 워드, 파워포인트 등에 생성형 AI를 탑재한 마이크로소프트 365 코파일럿보다 한 달 먼저 유사한 서비스를 시장에 출시해 눈길을 끌었다. 감마가 출시한 생성형 AI 기반의 소프트웨어는 자연어로 오피스 업무를 처리할 수 있어 효율성 개선에 대한 기대감을 모으고 있다. 하지만 이미 많은 고객을 확보하고 있는 거대 기업인 마이크로소프트 365 코파일럿과 경쟁해 살아남으려면 감마만이 제공할 수 있는 기능이 무엇인지 대한 고민이 필요한 상황이다.

AI를 기반으로 하는 스타트업들은 저마다 각자의 기술력과 빠른 실행력을 중심으로 비즈니스를 개발해 나가며 고객을 확보하고 있다. 일각에서는 초거대 AI 서비스의 등장으로 작은 스타트업의 도태를 우려하기도 했다. 그러나 스타트업들은 오히려 초거대 AI를 자사 제품 개발에 사용하며 변화에 대응하는 중이다. 향후 스타트업 생태계 지형은 초거대 AI 중심으로 여러 스타트업이 공생하는 형태로 발전할 가능성이 높다. 더불어 초거대 AI를 이용하는 것만으로는 경쟁 우위를 점할 수 없으므로 각자 경쟁력을 갖추기 위한 전략이 필요한 시점이다.

● 감마에서 프레젠테이션 자료를 생성하는 모습

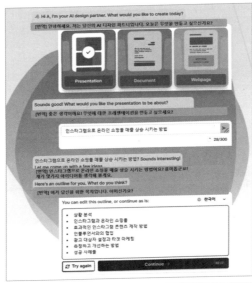

출처: 감마 앱 웹사이트, https://gamma.app/

MZ세대를 뛰어넘을 미래의 핵심 소비자층

불확실한 거시경제 속에서 스타트업들은 다양한 방법으로 미래를 준비하고 있다. AI와 같은 신기술 개발에 집중하거나 MZ 세대에 뒤이어 핵심 소비자층으로 등장할 알파 세대를 주목하는 스타트업도 있다. 알파 세대는 2010년 이후 태어난 세대를 가리키며 40대에 접어든 밀레니얼 세대의 자녀이기도 하다. 인접한 나이대인 Z세대와 묶어 잘파Zalpha 세대로 불리기도 한다.

알파 세대는 스마트폰의 대중화와 디지털 사회의 영향을 직접적으로 받은 세대다. 이들은 스마트폰이 대중화된 이후에 출생하였으며 디지털 정보에 상시 접속할 수 있는 사회 환경을 굉장히 익숙하게 여긴다. 알파 세대는 10년 내 성인이 되며 주요 소비자로 대두될 것이다. 소비자를 상대로 수익을 추구하는 기업들은 앞으로 알파 세대가 주도할 소비자 지각 변동에 미리 대비해야 한다.

이미 해외에서는 알파 세대를 타깃으로 하는 스타트업 중 기업 가치가 1조 원이 넘는 유니콘 기업이 등장하고 있다. 미국의 스타트업 그린라이트Greenlight가 대표적이다. 청소년들은 그린라이트 서비스를 이용하며 보호자 동의 아래 직불 카드를 만들고 주식 ETF 투자 같은 금융 관련 교육을 받을 수 있다. (도표 6-4)

부의 세습은 직접적인 자산 증여뿐만 아니라 금융 감각을 익힐 수 있는 성장 환경 속에서 무형의 형태로도 이뤄진다. 어린 시절부터 금융 관리와 투자의 방법을 익힐 수 있는 환경에서 자란다면 부를 형성하는 방

디지털 온리only 세대	글보다 이미지나 짧은 영상 선호	콘텐츠 소비자이자 창작자	메타버스, AI에 익숙
• 아날로그에 대한 경험이 없다. • 완벽한 디지털 환경 속에서 태어나 성장하고 있다.	• 글보다 동영상을 통해 정보를 습득한다. • 틱톡, 유튜브 쇼츠 등 짧은 동영상을 선호한다.	• 앱을 이용해 콘텐츠를 창작하고 유튜버, 틱토커로 활동한다.	• 로블록스, 마인크래프트, 제페토 등 메타버스와 AI 서비스 사용에 두려움이 없다.

출처: 하나금융경영연구소, KPR 인사이트 트리

법을 아는 성인으로 자랄 수 있다. 하지만 현실적으로 모든 사람에게 기회가 평등하게 주어지지는 않는다. 그린라이트의 창업자는 금융 문맹으로 성장하는 아이들의 수를 줄이기 위해 회사를 설립했다고 밝혔다.

그린라이트는 구독 서비스 요금에 따라 부모와 자녀가 사용할 수 있는 서비스의 종류가 달라진다. 요금제 중 맥스Max 및 인피니티Infinity에는 그린라이트에서 거래한 총액의 1퍼센트까지 캐시백을 받아 저축할 수 있는 기능과 ETF에 투자할 수 있는 중개 계좌가 있어 자녀들이 서비스를 이용하며 투자 방법까지 충분히 배울 수 있다.

정보기술 매체 테크크런치Tech Crunch에 따르면 그린라이트는 2021년 4월 2억 6천만 달러(약 3,486억 원) 규모의 시리즈 D 투자 유치를 완료하며 기업가치 23억 달러(약 3조 원)를 달성했다. 투자를 유치할 당시 매출은 전년 대비 세 배 증가했다고 발표했다. 또한 신규 투자금은 사업 확장과 더불어 향후 2년간 엔지니어링 분야의 300여 명을 비롯해 다양한 분야에서 인재를 고용하는 데 사용할 것이라 밝혔다.

2023년 1월 애석하게도 그린라이트는 임직원 20퍼센트를 해고한다고 발표했다. 불확실한 경제 상황 속에서 지속적으로 운영비를 낮추기 위한 결단이었다. 그만큼 거시경제를 예측하기란 어렵다. 거시경제가 휘청이는 상황에서 유동성 파티는 영원하지 않고, 막대한 투자금도 가변적인 변수에 불과하다.

국내에도 그린라이트와 유사한 비즈니스 모델을 가진 스타트업 레몬트리가 있다. 2021년에 설립한 레몬트리는 그해에 시드 투자로만 50억 원을 유치했다. KB인베스트먼트, 은행권청년창업재단, 캡스톤파트너스 등 유수 투자사들이 투자에 참여했다. 자본시장 전문 미디어인 딜사이트dealsite에서는 레몬트리의 기업가치가 250억 원에서 300억 원 사이에 이른다고 보도했다.

창업과 동시에 수십억 원의 시드 투자가 이루어진 사례는 흔치 않다. 훌륭한 실적으로 엑시트exit한 연쇄 창업가의 신규 사업이나 천재 엔지니어, 경쟁자의 진입 장벽이 높은 기술, 번뜩이는 비즈니스로 무장한 스타트업이라면 언제나 투자자들이 관심을 갖기 마련이다. 그럼에도 불구하고 구체적인 비즈니스 모델과 사업 성과가 나오기도 전에 50억 원의 투자를 유치한 레몬트리는 이례적인 사례로 볼 수 있다.

한국의 그린라이트로 불렸던 레몬트리는 2022년 12월에 선불 전자 지급 수단 발행 및 관리업을 영위할 수 있는 전자금융업 등록을 완료했다. 2023년 3월에는 자녀 용돈 관리 및 경제 금융 교육서비스 퍼핀Firfin,

First Fintech For Family 을 시장에 내놨다. 2023년 4월에는 KB국민카드에서 실물 카드 발급 및 배송, 국내 승인 중계 및 매입 대행, 온라인 간편결제, 가맹점 대금 정산 등의 대행 업무를 맡음으로써 레몬트리는 퍼핀의 사업 전개에 속도를 냈다. 또한 2022년에 KB국민카드의 스타트업 육성 프로그램을 통해 비즈니스 인큐베이팅에도 도움을 받은 바 있다.

퍼핀에서는 교통카드 기능을 탑재한 선불카드를 발급하며 앱을 통해 선불카드 충전 기능과 용돈 사용내역 조회, 경제금융 학습용 메타버스 콘텐츠인 퍼핀월드를 활용할 수 있다. 안드로이드 앱 출시 한 달 만에 부모 가입자는 1만 명을 돌파했고 이 중 80퍼센트는 용돈 계약까지 완료했다.

퍼핀의 운영 성과를 통해 두 가지 시사점을 확인할 수 있다. 첫 번째, 시장성 확인이다. 퍼핀 출시 후 고객 수요를 확인함으로써 미국뿐만 아니라 국내에서도 그린라이트와 같은 비즈니스의 성공 가능성을 확인했다. 두 번째, 미래 경제 주역에 대한 이해다. 레몬트리는 짧은 운영 기간에도 불구하고 알파 세대의 자금 여력과 주요 소비처를 확인하는 성과를 이뤘다. 레몬트리의 발표에 따르면 청소년의 월 평균 용돈은 초등학생이 3만 4천 원, 중학생이 4만 7천 원, 고등학생이 8만 5천 원 수준이고, 결제 빈도수가 높은 곳으로는 편의점, 다이소, 무인 문구점 순서였다. 대체로 기업에서는 신사업을 준비할 때 타깃 고객을 명확하게 이해하기 위해 고객의 소비 성향과 선호도를 파악하는 데 노력을 기울인다. 퍼핀이 확보하는 알파 세대의 데이터도 향후 신사업 진출에 큰 강점으

출처: 퍼핀, https://www.firfin.family

로 작용할 수 있다.

　에듀테크 분야도 알파 세대를 타깃으로 스타트업 비즈니스 전개가 활발한 분야 중 하나다. 알파 세대는 흔히 양가 조부모, 삼촌과 이모를 합해 총 여덟 개의 주머니를 가졌다는 의미로 골드키즈로도 불린다. 아직

경제 활동을 시작하진 않았지만 이들의 의견과 선호도가 구매자의 결정에 반영되는 경향이 강해 소비 시장을 주도할 가능성이 농후하다. 특히 양육자들은 교육과 관련한 지출에 대해서는 더 관대한 자세를 취하므로 지갑을 쉽게 열 가능성이 높다.

미국 스타트업인 클래스도조ClassDojo는 교사, 학생, 학부모가 사용하는 커뮤니케이션 플랫폼이다. 선생님과 학생, 학생의 가족들이 주로 사용하며 가입한 이용자가 5천만 명이 넘는다. 교사는 플랫폼을 통해 가정통신문을 보내거나 학생과 학부모에게 사진과 글을 공유하거나 메신저로 소통할 수 있다. 또한 클래스도조에서는 원격 수업이나 예정돼 있는 수업 학습 콘텐츠를 학생에게 제공하기도 한다.

2022년 7월에는 텐센트를 필두로 1억 2,500만 달러(약 1,674억 원)의 투자를 받으며 기업가치 12억 달러(약 1조 6,068억 원)를 넘기는 유니콘 기업이 됐다. 클래스도조는 대규모 투자 유치를 완료하면서 향후 메타버스 플랫폼을 구축하겠다고 발표했다. 메타버스 시장이 성장하리라는 믿음에서 비롯한 미래 계획이다.

전 세계에서 매일 6,600만 명이 사용하는 메타버스 게임 플랫폼 로블록스의 사용자 중 60퍼센트가 16세 이하다. 알파 세대이기도 한 이들은 디지털 네이티브로서 메타버스를 어려서부터 경험하며 친숙하게 여긴다. 수많은 기관에서 전망하듯 메타버스 사용률이 지금의 모바일 사용률과 비슷한 수준으로 성장한다면 메타버스 사용 환경을 일찍부터 준비한 기업들에게 수혜가 돌아갈 가능성이 크다. 특히 알파 세대가 매일 사용하는 메타버스 플랫폼이 된다면 아바타나 기타 서비스를 이용하기 위한 유료 구매를 부가적인 수입원으로 확보할 수 있다.

많은 스타트업이 MZ 세대 다음으로 트렌드를 선도할 알파 세대에 주목하며 비즈니스를 전개하고 있다. 현재로서는 알파 세대의 구매력보다 양육자인 MZ 세대의 구매력이 사업 매출에 크게 기여하는 구조다. 지금의 알파 세대가 본격적으로 경제 활동을 수행하고 직접적인 구매력을 보유하게 될 때 이들을 충성 고객으로 둔 기업들은 성장의 기회를 맞이할 수 있다. 시장이 원하는 서비스를 만들어 고객들을 확보할 수 있는 스타트업에 투자한다면 장차 성공의 과실을 함께 나눌 수 있을 것이다.

한계를 딛고 돌파구를
찾아 나선 기업들

버티컬앱에서 슈퍼앱으로 전환을 꿈꾸는 스타트업

많은 스타트업이 틈새를 집요하게 비집고 들어가 한 분야에서 1등이 되겠다는 버티컬vertical 전략을 내세우며 등장했다. 최근에는 슈퍼앱Superp App 전략으로 사업 방향을 전환하는 현상이 벌어지고 있다. 이는 한 부문에서 매출 성장의 한계를 느낀 스타트업들이 좀 더 규모가 있는 성장을 달성하기 위한 전략 중 하나로 해석된다.

슈퍼앱이란 하나의 앱에서 메시지 발송, 결제, 택시 호출, 음식 배달, 쇼핑, 엔터테인먼트 등의 다양한 서비스를 제공하는 앱을 말한다. 슈퍼앱을 활용하면 기업이 보유하고 있는 많은 이용자를 대상으로 재화를

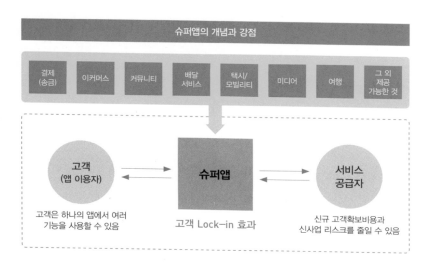

늘려 매출을 높이고 성장 가능성을 확장시킬 수 있다. 따라서 한 분야에서 어느 정도 성공을 거둔 스타트업에게 좋은 성장 전략이 된다. 슈퍼앱으로 거듭나기 위해 모회사의 자회사들을 수직으로 계열화하거나 자체적으로 신규 서비스를 론칭하면서 횡적으로 연결할 수도 있다.(도표 6-5)

2022년도 10월 미국 리서치 기업 가트너에서는 2023년에 기업들이 주목해야 할 주요 전략 기술 트렌드 10개 중 슈퍼앱을 언급했다. 그리고 전 세계 인구의 50퍼센트 이상이 다양한 슈퍼앱을 이용할 것이라 예측했다.

슈퍼앱의 글로벌 성공 사례 중에서 중국의 위챗WeChat과 동남아시아

지역의 그랩Grab이 대표적이다. 위챗은 카카오톡과 유사한 메신저 서비스를 중심으로, 그랩은 타다와 유사한 모빌리티 서비스를 중심으로 사업 영역을 확장해 나갔다. 위챗과 그랩은 공통적으로 아시아를 무대로 결제 기능까지 제공한다.

페이먼트 서비스가 출시되던 시기에 중국과 동남아시아는 선진국에 비해 신용카드 보급률이 상대적으로 낮았다. 위챗과 그랩이 페이먼트 기능을 겸비한 슈퍼앱으로 자리 잡는 데 이들 국가의 환경이 영향을 미쳤다. 즉 중국과 동남아시아의 소비자들은 낙후된 결제 인프라를 대신해 위챗 페이 또는 그랩 페이를 선택했고, 이는 두 스타트업에게 절호의 기회로 작용했다.

국내에서는 슈퍼앱 확장 전략을 활용해 성공한 사례로 카카오를 비롯해 티맵, 토스 등을 꼽는다. 그중 최근 사례로 에이블리가 주목할 만하다. 에이블리는 10대부터 20대까지의 여성을 타깃으로 2015년에 설립된 패션 커머스다. 빅데이터 기반으로 소비자 취향에 맞는 상품을 추천해 주는 알고리즘이 핵심이며 셀러에게는 발주, 고객 응대, 배송 등 마켓 운영 전반에 걸친 풀필먼트 서비스를 제공한다. 커머스 플랫폼으로서 제품 공급자와 수요자를 동시에 늘림으로써 외형적으로 규모를 키워온 것이다.

그러나 한편으론 지속적인 기업 성장과 존속을 뒷받침할 정도로 충분히 이익을 창출하고 있는지에 대한 우려도 제기됐다. 하지만 에이블리는 2023년 3월 기준 월간 손익분기점을 달성했다고 발표하며 건재함을 과시했다. 또한 전년 동월 대비 매출이 53퍼센트 성장했고 연간 거래액

● 에이블리 앱 화면

| 의류 외 화장품, 모바일 디바이스도 판매 | 커뮤니티 기능(재미)을 추가 | 커뮤니티 및 엔터테인먼트 기능의 추가 |

이용자 연령대 옵션을 보아 주 고객층이 10, 20대 여성임을 알 수 있다.

출처: 에이블리

이 조 단위를 넘어섰다는 등 유의미한 재무적 성과를 내놓았다. 패션 플
랫폼 업계에서 최초로 월간 활성 이용자 수 700만 명을 돌파했다고도
전했다.

여성 패션 의류 부문에서 유의미한 성공을 거둔 에이블리는 의류 판
매 플랫폼을 넘어 홈스타일링, 문구류, 푸드로 판매 카테고리를 확장하
며 슈퍼앱으로의 진화를 꿈꾸고 있다. 2023년도에 발표한 매출 증가와
흑자 전환의 성공 요인으로는 카테고리 확장 전략도 중요하게 작용했다
고 분석된다. 또한 에이블리는 자사의 서비스에 커뮤니티, 엔터테인먼

트 기능까지 더하고 있다. 이를 통해 이용자들에게는 자신의 코디를 업로드하고 피드백을 주고받을 뿐만 아니라 운세를 확인하고 또래들과 소통할 수 있는 공간이 생긴 것이다. 에이블리는 자사가 보유한 상당한 활성 이용자 수를 토대로 커뮤니티 기능에서 성공의 지표를 달성할 경우 에이블리 플랫폼 내에서 판매하는 상품을 유행시키는 것은 물론, 트렌드도 만들어 낼 수 있을 것이다. 그로 인한 강력한 고객 락인 효과 lock-in effect 를 누릴 수 있다고 판단된다.

슈퍼앱을 지향하는 스타트업의 다른 사례는 드라마앤컴퍼니와 버킷플레이스다. 드라마앤컴퍼니는 명함을 주고받는 플랫폼인 리멤버 Remember 를 운영하며 400만 명 이상의 직장인 회원을 보유하고 있다. 명함을 촬영하면 자동으로 앱에 명함 정보를 타이핑해 주는 서비스를 시작으로 구인구직, 직장인 커뮤니티로 사업 영역을 확장해 나가고 있다.

버킷플레이스는 인테리어 콘텐츠 공유 플랫폼으로 시작한 오늘의집이라는 앱을 운영하고 있다. 인테리어, 홈퍼니싱 상품을 판매하는 수익모델을 정립했으며 식품, 생활용품, 렌털로 상품 판매 카테고리를 확장하고 있다. 이 외에도 집 관리에 필요한 리모델링 시공 중개, 이사 입주 청소 서비스 등을 제공하며 슈퍼앱으로 진화하는 중이다.

드라마앤컴퍼니와 버킷플레이스는 사업 영역을 넓혀 가는 슈퍼앱 전략을 실행하기 위해 인수합병 방식을 사용한다는 공통점이 있다. 대규모 투자를 통해 현금을 확보한 스타트업들은 두 업체의 사례처럼 인수합병을 통해 신사업에 진출하거나 기존 사업의 파이프라인을 강화하기

도표 6-6 드라마앤컴퍼니 및 버킷플레이스의 스타트업 인수 내역

인수 스타트업(서비스명)	피인수 스타트업
드라마앤컴퍼니(리멤버)	· 2022년도, 임원 전문 헤드헌팅 기업 브리스캔영 인수 · 2021년도, 네트워크 서비스 기업 이안손앤컴퍼니, 신입·인턴 채용 플랫폼 슈퍼루키, 신입 채용 플랫폼 자소설닷컴 등 3개사 인수
버킷플레이스(오늘의집)	· 2021년도, 홈 서비스와 집수리 스타트업 집다 인수, 싱가포르 가구 플랫폼 힙밴 인수

※인수 규모는 공개되지 않음

도 한다. 유동성 현금이 풍부한 대기업에서 고려할 만한 시나리오 같지만 수백억 원의 대규모 투자를 유치한 스타트업에서도 활용하고 있는 전략이다.(도표 6-6)

경기 침체의 여파로 투자 시장이 경직되자 스타트업들은 생존에 필요한 자금 조달에 애를 먹고 있다. 투자를 받아 회사 운영과 제품 개발비로 활용하는 기업들일수록 상황은 심각하다. 투자 시장에 유동성이 풍부할 때는 상대적으로 투자를 받기가 수월하고 자금 조달에 소요되는 기간도 길지 않아 문제가 되지 않는다. 하지만 투자 시장이 위축될수록 작은 규모의 스타트업은 잔고가 바닥을 드러내며 사업 존속에 위협을 받는다. 반면 경기 불황에도 불구하고 풍부한 유동 자산을 지닌 대기업이나 스타트업 입장에서는 좋은 기회가 되기도 한다. 작지만 분명한 차별점을 가진 스타트업을 합리적인 밸류에이션으로 인수함으로써 사업 영역을 빠르게 확장시킬 수 있기 때문이다.

하지만 많은 기업에서 유니콘 스타트업의 무리한 인수합병이 초래하는 결과를 옐로모바일의 사례를 통해 목도한 바 있다. 옐로모바일은 설립 1년 만에 기업가치 1조 원을 넘기며 대한민국 두 번째 유니콘 기업으로 우뚝 섰다. 당시 옐로모바일은 모바일 스타트업 연합체를 표방하면서 인수합병에 나섰다. 인수합병 시 피인수 스타트업의 주식을 매입하는 방식과 현금을 사용하지 않고 양사의 주식을 교환하는 방식을 사용하여 빠르게 회사 규모를 키웠다.

한때 옐로모바일은 자회사 140여 개를 거느릴 만큼 몸집을 키웠으나 무리한 인수합병으로 인한 적자와 계열사들 간의 갈등으로 존폐 위기를 맞았다. 인수합병은 자본 시장의 꽃으로 불리며 기업 성장의 퀀텀 점프를 불러올 수도 있지만 자칫 기업의 명운을 좌우하기도 한다. 인수합병을 추진할 계획이라면 옐로모바일을 비롯한 다양한 사례들을 반면교사 삼아 인수기업을 철저히 분석하고 적합한 인수 재원을 마련할 뿐만 아니라 시너지 창출 방안을 고려한 계획을 세워야 한다.

AI 산업, 경기 불황에도 투자와 경쟁이 치열한 이유는?

글로벌 경제가 출렁이면서 벤처캐피털은 스타트업 투자에 신중을 기하는 반면, 생성형 AI를 포함한 AI 분야에 대한 관심은 거두지 않는 분위기다. 글로벌 시장조사업체 CB인사이트CB Insights 자료에 따르면 2023년 1분기 기준으로 전체 미국 내 AI 투자는 직전 분기 대비 27퍼센트 감소

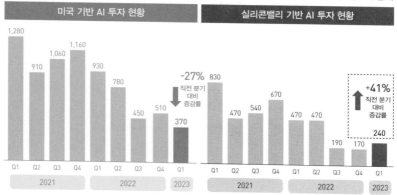

도표 6-7 **실리콘밸리 기반 AI 스타트업 투자는 반등하는 추세**

(단위 : 억 달러)

출처: CB Insights(https://www.cbinsights.com/research/report/ai-trends-q1-2023/

한 반면, 실리콘밸리에서는 직전 분기 대비 41퍼센트 증가세를 보이며 반등을 보여 줬다. 어려운 상황 속에서도 미래 먹거리인 AI에 대한 투자가 계속되고 있는 것이다.(도표 6-7)

LG그룹은 미래 먹거리로 AI를 낙점하고 투자 활동에 박차를 가하고 있다. LG는 미국에 설립한 기업형 벤처캐피털을 통해 2023년 상반기에만 AI 스타트업 네 곳에 투자를 완료했다. 불안정한 경기에도 불구하고 미래를 선도할 기술에서 우위를 점하기 위해 투자를 늘리고 있다.(도표 6-8)

투자 활동뿐만 아니라 AI 관련 비즈니스도 더욱 치열해지고 있다. 소프트웨어 정책 연구소의 AI 산업 실태 조사에 따르면 국내 AI 기업의 수

도표 6-8 LG테크놀로지벤처스의 주요 AI 스타트업 투자 내역

기업명	추정 투자 시점	사업 내용
듀얼리티	2021년 10월	AI 연구 과정에서 노출될 수 있는 개인정보를 보호하는 플랫폼
인월드AI	2022년 8월	가상 캐릭터 제작 플랫폼
흄AI	2023년 1월	AI 기반 비언어적 표현 감지 플랫폼
벤티테크놀로지	2023년 3월	AI 기반 스마트 물류 플랫폼
휴메인	2023년 3월	AI를 활용한 차세대 신개념 디바이스 개발
딥하우	2023년 4월	비즈니스 AI 학습 플랫폼

출처: LG테크놀로지벤처스, https://www.lgtechventures.com/#portfolio

는 2020년 933개에서 2022년 1,915개로 두 배 이상 증가했다. 경쟁이 치열한 AI 분야에서 여러 스타트업들이 투자자의 관심을 받고 있다.

우선 AI 기반의 디지털 휴먼 제작에 강점이 있는 딥브레인AI가 있다. 딥브레인AI는 포스코기술투자와 미국 실리콘밸리로부터 연이어 투자를 받으며 추정 기업가치가 이미 2천억 원을 넘어선 스타트업이다. 딥브레인AI는 실생활에서 사용 가능한 디지털 휴먼의 사례들을 연달아 구현해 보이면서 이목을 끌고 있다.

2023년 4월 딥브레인AI는 인천대학교와 협업해 김평원 교수를 디지털 휴먼으로 구현했다. 김평원 교수의 강의를 스크립트로 만들어 딥러닝하는 방식을 사용해 제작한 디지털 휴먼은 자연어 합성 기술로 한국어, 영어, 스페인어 등 50여 개 언어도 구사할 수 있다고 한다. 이는 실제 인간이라면 불가능에 가까운 능력이다.

2023년 5월에는 국제인공지능대전에서 챗GPT를 탑재한 대화형 AI 키오스크를 선보였다. 특히 MBC 예능 프로그램 〈나혼자산다〉에서 인기를 끌고 있는 이장우 배우를 디지털 휴먼으로 구현해 화제가 됐다. 또 전시장 방문객이 혈액형, MBTI 등을 물어봐도 막힘없이 답변하며 주목을 받았다. 조작에 어려움이 없고 음성만으로 이용할 수 있어 향후 기업이나 전시장 등과 같은 다양한 곳에서 활용하는 가능성을 보여 줬다.

딥브레인AI은 그동안 실생활과 밀접한 프로젝트들을 선보이며 AI를 활용한 디지털 휴먼이 우리 생활에 어떻게 녹아들지를 제시하고 있다. 예를 들어 대면 감정 노동에 시달리는 서비스 분야의 직무를 수행하는 사람들이 디지털 휴먼의 도움을 받을 수 있다. 디지털 휴먼이 반복적으로 일어나는 고객 대응 업무를 처리해 주면 인간은 디지털 휴먼 덕분에 절약한 시간 동안 고객 대응 전략이나 서비스 품질 개선을 이끌어 내어 업무 퀄리티를 높일 수 있다.(도표 6-9)

AI 분야에서 투자자의 이목을 끄는 두 번째 스타트업은 AI 기반 모션 캡처 기업 플루언트다. 플루언트는 2021년 7월에 설립된 초기 단계의 스타트업으로 원티드랩의 초기 투자자인 스파크랩의 투자를 받았다. 플루언트는 휴대전화만으로 3D 아바타 모션 캡처를 수행할 수 있는 솔루션을 개발했다. 이를 통해 50여 가지 안면 움직임과 60여 가지 신체 움직임을 구현할 수 있다.

AI가 인간의 움직임을 학습하고 모방하는 데 사용되는 모션 캡처는

도표 6-9 **딥브레인 AI의 주요 서비스**

서비스	주요 내용
AI 아바타 AI Avatars	딥러닝 기반의 영상 및 음성 합성 기술을 활용해 디지털 휴먼을 제작해 고객 응대, 뉴스 보도, 교육, 제품 설명 등 다양한 산업군에서 활용한다.
AI 휴먼 AI Human	딥러닝 기반의 자연어 처리 기술을 활용해 대화형 AI를 제작해 고객 응대, 마케팅, 교육 등 다양한 산업군에서 활용한다.
AI 스튜디오 AI Studios	딥러닝 기반의 영상 합성 기술을 활용해 영상 편집 프로그램을 제작해 텍스트 입력 및 디지털 휴먼 선택만으로 누구나 쉽게 고품질의 영상을 제작하도록 돕는다.

AI 산업에서 매우 중요한 기술 중 하나다. 모션 캡처는 실물의 움직임을 3차원 컴퓨터 그래픽으로 재현해 영화, 게임, 애니메이션, 스포츠, 의학, 군사 등 다양한 분야에서 사용할 수 있다. 예를 들어 AI가 인간의 움직임을 학습해 로봇을 제어하거나 인간의 움직임을 모방해 게임 캐릭터를 생성할 수 있게 되는 것이다.

모션 캡처 기술을 활용하려면 우선 사람의 동작을 본뜨기 위한 스튜디오, 카메라, 움직임 인식 센서 등 수천만 원에서 수억 원에 달하는 장비가 필요하다. 또 모션 캡처 기술에 대한 깊은 이해도를 갖춘 숙련자도 필요하다. 이와 같은 모션 캡처 작업에 필요한 장벽들을 크게 낮추는 기술을 플루언트가 해결해 준다. 플루언트의 기술을 활용하면 높은 퀄리티의 3D 아바타가 실제 사람과 같은 모션을 실시간으로 구현할 수 있다. 향후 디지털 콘텐츠를 비롯해 메타버스 안에서 다양한 용도로 활용되리라 기대된다.

　AI 분야에서 투자자의 관심을 모으는 세 번째 스타트업은 AI 데이터 라벨링 플랫폼인 크라우드웍스다. 데이터 라벨링이란 AI가 학습할 수 있는 형태로 원천 데이터를 가공하는 작업, 즉 사진, 동영상, 텍스트 등을 구별해 라벨을 달아 주는 것을 말한다. 예를 들어 사진에서 신호등을 찾아 라벨을 붙인 사진 데이터를 학습시키면 AI 모델이 신호등을 구별할 수 있다.

　단순한 객체 인식 이외에도 사람의 감정을 학습시키는 데이터 라벨링도 있다. 예를 들어 데이터 라벨러가 사람의 음성 녹음 데이터를 듣고 화남, 기쁨, 슬픔 등의 감정을 AI가 학습할 수 있는 데이터로 만들기 위해 라벨을 달아주는 것이다. 만약 전화 상담에 활용되는 AI라면 데이터 라벨러가 만든 감정 데이터를 학습한 후 상담 고객의 감정을 읽고 적합한 응대를 수행할 수 있다.

　크라우드웍스는 고객사가 AI 모델을 개발할 때 필요한 학습 데이터를 제공하는데, 이를 위해 기업의 요구 사항을 분석하고 데이터 라벨링을 수행하는 과정에 크라우드소싱Crowd-sourcing을 접목했다. 크라우드소싱은 대중crowd과 아웃소싱outsourcing의 합성어로, 기업의 문제 해결 과정에 대중을 참여시키는 작업을 말한다.

　크라우드웍스는 데이터 라벨러의 채용 없이 자신들의 교육 프로그램을 이수한 일반인들에게 라벨러로 활동할 수 있도록 자격을 부여한 후 데이터 라벨링 업무에 참여시키고 있다. 2022년에만 크라우드웍스 플랫폼에서 활동한 데이터 라벨러가 42만 명을 넘어섰다. 이처럼 크라우드소싱을 활용해 많은 데이터 라벨링 작업자를 뽑아 다량의 데이터를 빠르게 처리하고 우수 작업자를 검수자로 지정해 품질까지 높이고 있다. 2023년 8월 크라우드웍스는 코스닥에 상장된 한국제10호스팩를 흡수합병하여 코스닥 시장에 입성했다. AI 학습 데이터 플랫폼 국내 스타트업 중에는 최초로 상장에 성공하면서 많은 투자자들의 이목을 끌고 있다.

데이터 라벨링을 자동화하는 스타트업도 있다. 2021년에 설립된 미국 스타트업 리퓨엘Refuel.ai은 GPT-4를 활용한 데이터 라벨링 솔루션을 개발했다. 리퓨엘은 1만 개의 데이터를 사람이 직접 라벨링할 경우 이전까지는 약 4주의 시간이 걸렸지만 자신들의 솔루션을 사용하면 30분 만에 10만 개의 데이터를 처리할 수 있다고 밝혔다. 그 과정에서 비용도 일곱 배 이상 절감할 수 있다고 한다. 그러나 데이터 라벨링은 속도와 비용 절감 이외에 품질도 중요한 요소다. 데이터 라벨러와 검수자가 고품질의 데이터를 생산할 수 있는지 여부로 경쟁의 승패가 결정될 것이다.

AI 산업이 빠르게 변화하고 있는 가운데 각 스타트업들은 시장에서 해결해야 할 문제점과 솔루션을 찾아 치열한 비즈니스를 전개하고 있다. AI 모델 학습에 필요한 데이터 라벨링부터 디지털 휴먼과 아바타 모션에 필요한 솔루션에 이르기까지 다양한 방면에서 사업을 확장해 나가는 중이다. 다양한 분야에서 AI를 미래 먹거리로 낙점한 만큼 경기 불황 속에서도 스타트업 창업과 투자는 지속될 것이다. 그 결과로 AI 기업 간에 치열한 경쟁이 예상되며 시장은 한층 더 성숙해지리라 예상된다.

스타트업은 지금도 성장하는 중이다

부동산, 미술품, 와인도 '토큰'으로 투자하다

스타트업 투자는 평범한 개인에게 다른 세상 이야기처럼 느껴질지 모른다. 물론 개인 투자자도 마음만 먹으면 여러 플랫폼과 경로를 통해 비상장 스타트업에 투자할 수 있다. 이전까지는 소수만이 비상장 스타트업 투자에 접근할 수 있었다. 스타트업을 발굴해 투자를 검토하고 투자 계약서에 사인을 하는 데까지 필요한 복잡한 과정이 일종의 장벽처럼 느껴졌기 때문이다.

시대와 시장 상황이 변하면서 이제는 창업자를 만나지 않고도 여러 투자 플랫폼을 통해 비상장 스타트업에 투자할 수 있다. 특히 증권형 크

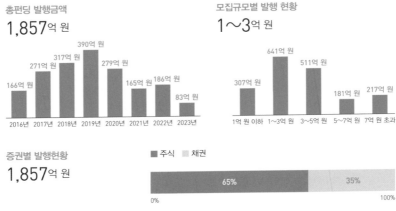

도표 6-10 증권형 크라우드펀딩 통계(2016년 1월 25일~2023년 7월 08일 누적 집계 데이터)

총펀딩 발행금액
1,857억 원

모집규모별 발행 현황
1~3억 원

증권별 발행현황
1,857억 원

■ 주식 ■ 채권

0% 65% 35% 100%

출처: 증권형 크라우드펀딩 포털. 크라우드넷. https://www.crowdnet.or.kr/statistics/issued_outline.js

라우드펀딩을 눈여겨볼 만하다. 증권형 크라우드펀딩은 2016년에 정부가 초기 스타트업의 자금조달채널 확대의 목적으로 도입한 제도다. 스타트업은 증권형 크라우드펀딩 제도를 통해 주식과 채권을 발행하여 자금을 조달할 수 있다. 한국예탁결제원의 집계 자료에 따르면 제도를 도입하고 7년이 지난 시점에 증권형 크라우드펀딩의 총 누적 펀딩 규모는 1,850억 원을 넘어섰으며 참여 투자자는 8만 5천여 명 이상이라고 한다.(도표 6-10)

2017년 제주맥주는 크라우드펀딩을 통해 약 7억 원의 투자금을 모집했다. 이후 4년 만에 IPO에 성공하면서 크라우드펀딩 투자자들은 상장일 최고가 기준으로 투자 대비 약 11배에 달하는 투자금을 회수할 수 있

● 제주맥주의 크라우드펀딩 프로젝트

출처: 크라우디, 제주맥주 크라우드펀딩 페이지, https://www.ycrowdy.com/i/TFeeeDTMyl)

었다. 제주맥주의 사례는 좋은 기업에 미리 투자할 수 있는 방법으로 크라우드펀딩 플랫폼이 충분히 사용할 만한 가치가 있음을 입증했다.

일반 대중의 스타트업 투자 규모가 점차 증가하면서 향후 스타트업 투자금 회수를 위해 IPO뿐만 아니라 구주 매각을 다루는 플랫폼이나 제도의 등장도 기대해 볼 만하다. 그러나 여전히 비상장 스타트업 주식은 시장에서 유동성이 매우 낮기 때문에 투자 회수까지 시간이 다소 오래 걸리거나 어려움을 겪을 확률이 높다는 점에 유의해야 한다.

2023년 2월 금융위원회는 토큰증권Security Token 가이드라인을 발표했다. 특히 국회 입법 논의에 따라 이르면 2024년 내 토큰증권 제도가 시행될 수도 있을 것으로 세간의 이목을 집중시켰다. 토큰증권은 블록체인 기술을 이용해 토큰 형태로 발행되는 증권이다. 대표적으로 주식, 채

도표 6-11 **스타트업 자산별 조각 투자 플랫폼**

자산	플랫폼	주요 사업구조	투자금액
미술품	아트앤가이드, 테사	·모집한 자금으로 미술품 공동 구매 진행 ·미술품 매각 시 이익 배분	천 원~
한우	뱅카우	·소에 지분 투자, 향후 소가 판매되면 이익 배분	4만 원~
음악 저작권 (저작권료 참여 청구권)	뮤직카우	·저작권료 참여 청구권을 거래 ·주식처럼 플랫폼에서 차익 실현	천 원~ 10만 원
부동산	카사	·건물 지분투자 후 임대수익을 배분 ·매각 차익실현 가능	5천 원
와인 시계 등 고가 품목	피스 등	·고가의 품목(시계, 명품, 와인 등)에 지분투자 ·매각 시 차익을 배분	만 원

출처: 각 사

권, 부동산, 미술품 등 다양한 자산을 토큰으로 발행할 수 있다. 그동안 증권형 토큰, 증권토큰 등 다양한 명칭으로 불렸으나 증권제도 측면에서 실물 증권과 전자 증권에 이은 증권의 새로운 발행 형태라는 점에 착안해 토큰증권으로 명명됐다.

금융위원회의 가이드라인에 따르면 토큰증권은 증권의 발행 형태만 블록체인에 담긴 것일 뿐 본질적으로 자본시장법에 규정된 증권과 다르지 않다. 향후 입법을 통해 토큰증권의 세부적인 내용이 확정된다면 시행 이후의 모습을 그려 볼 수 있다. 현재로서는 금융위원회에서 증권형 크라우드펀딩과 유사한 수준으로 투자자의 투자 한도 제한, 증권발행신고서 제출 등의 가이드라인을 제시하리라 예측된다.

보통 투자 상품이 증권으로 인정될 경우 까다로운 자본시장법의 테두리 안에서 사업을 영위해야 한다. 그런 이유에서 조각투자는 자본시장법에 의해 증권의 성격으로 분류될 가능성을 피해 회색 영역 안에서 제한적으로 사업이 전개됐다. 하지만 토큰증권이 도입되면 제도권 내에서 조각투자가 합법적으로 이뤄지고 대체 투자 시장이 활기를 띠리라 예상된다.

조각투자는 주로 미술품, 부동산, 명품 시계 등 고가의 자산을 여러 개로 잘게 조각으로 쪼개어 소액으로 참여할 수 있는 공동구매 형태로 진행돼 왔다. 최근 이색 재테크에 열광하는 MZ 세대들에게 조각투자가 큰 인기를 얻고 있다. 2024년도에 토큰증권 시행이 예견되면서 그간 회색 영역에서 이뤄지던 조각투자를 비롯해 비상장기업 투자의 활성화가 기대된다.(도표 6-11)

실리콘밸리에서 날아온 새로운 투자법

스타트업에 투자하는 방식도 점차 다양해지고 있다. 주로 해외에서 먼저 도입돼 검증된 방식이 국내로 도입되는 형태를 띤다. 미국 실리콘밸리에서 시작된 조건부 지분인수계약SAFE, Simple Agreement for Future Equity 과 미국 및 유럽에서 널리 사용되는 투자조건부 융자제도Venture Debt 가 국내 스타트업 투자에도 도입돼 사용되기 시작했다.

조건부 지분인수계약은 에어비앤비, 드롭박스, 코인베이스, 트위치 등 유명 유니콘 기업의 초기 투자자로 유명한 와이콤비네이터Y Combinator에서 처음 사용한 투자 방식이다. 2020년 8월 벤처 투자 촉진에 관한 법률의 시행을 통해 국내에도 정식으로 도입됐다. 아직 뚜렷한 사업 성과를 보여 줄 수 없어 기업가치 산정이 어려운 극초기 스타트업에 투자할 때 주로 사용된다.

일반적으로 신주 발행을 통한 투자유치는 기업가치를 산정한 후 그에 맞게 자본을 조달하는 과정을 거친다. 하지만 사업의 시작 단계에서는 객관적인 데이터가 부족해 적합한 기업가치를 산정하고 평가하기가 어렵다. 조건부 지분인수계약을 활용한 투자 방식은 기업가치 평가 단계를 생략하고서 투자한 다음 후속 투자를 유치할 때 기업가치를 확정하고 주식을 받는 방식이다.

우선 투자자가 계약을 체결하고서 지불한 투자금으로 스타트업은 사업을 개발한다. 이후 벤처캐피털로부터 후속 투자를 받으면 신주를 발행해 투자자에게 주주의 자격을 부여한다. 그리고 초기에 투자자가 기업가치를 정하지 않고 투자하기 때문에 투자자 보호를 위한 옵션을 제공한다. 주로 기업가치와 관련해 할인율과 기업가치 상한선 옵션 등이다.

조건부 지분인수계약을 통해 투자를 받는 시나리오를 가정해 보자. 예를 들어 사과를 가장 싼 값에 팔 수 있는 플랫폼을 개발한다는 스타트업이 있다. 투자자는 창업자와 팀 멤버의 사업 역량이 충분해 보이고 해당 사업도 잘될 것 같아 투자하고 싶어 한다. 하지만 아직 플랫폼을 출시하기 전이라 기업가치를 판단할 만한 매출이나 영업 실적이 없다. 한마디로 투자금을 산정할 합리적인 기업가치 평가모델이 없는 상태다. 그런 이유로 조건부 지분인수계약을 체결하면서 5억 원을 투자하되 기업가치 할인율 20퍼센트와 상한선 100억 원이라는 조건으로 붙였다.

1년 후 스타트업이 추진한 사업이 성공해 유수의 벤처캐피털로부터 투자를 받게 됐다. 벤처캐피털이 신주를 발행받을 때 조건부 지분인수계약 투자자도 기존의 투자금 5억 원에 대한 주식을 발행받는다. 이때 앞서 맺은 계약의 옵션인 기업가치 할인율 20퍼센트, 100억 원의 상한선 조건이 적용된다.

만약 기업가치가 100억 원이라면 할인율 20퍼센트를 적용해 80억 원의 기업가치로 주식을 계산하여 발행 받는다. 또 후속 투자로 인정받은 기업가치가 200억 원이라면 기업가치평가액 상한선 100억 원의 조건을 적용해 주식으로 받는다. 이렇듯 초기 투자자가 감내한 리스크를 고려해 우호적인 조건으로 계약을 체결한다.

조건부 지분인수계약은 스타트업이 투자를 유치할 때 투자 실사에 소요되는 시간을 줄여 빠르게 자금을 조달함으로써 사업 개발에 집중할 수 있다는 장점이 있다. 투자자는 불확실한 기업가치 평가를 뒤로 미루는 대신 초기 스타트업이 기업가치를 높이도록 육성에 힘을 쏟도록 투자할 수 있다. 그러나 이러한 방식은 신주 발행 전의 계약상 권리이므로 몇 가지 사항을 준수해야만 벤처투자촉진법에서 정의하는 조건부 지분인수계약으로 인정받을 수 있다. 투자자가 신주 인수에 대한 권리를 보

도표 6-12 **조건부 지분인수계약서 작성 시 유의사항**

구분	내용
1	투자 금액에 대한 상환 만기일이 없어야 하며 이자가 발생해서는 안 된다.
2	지분율은 후속 투자에서 결정되는 기업가치와 연동해 결정돼야 한다.
3	미래의 지분 변동을 초래하기 때문에 투자 대상 법인의 주주 전원으로부터 동의를 받아야 한다.
4	조건부 지분인수계약서에 따른 투자 유치 이후 신규 투자자를 모집할 때 본 투자 계약의 존재 여부를 고지해야 한다.

장받고자 한다면 각별히 주의해야 한다.(도표6-12)

또 다른 방식인 투자조건부 융자제도는 벤처 대출로도 불린다. 주로 벤처캐피털로부터 투자를 한번 받은 시점인 시리즈 A 이후 고려할 수 있는 투자 유치 방법이다. 후속 투자 유치 가능성이 높은 스타트업이 받을 수 있는 일종의 금융기관 대출 상품으로 투자금에 대해 상환의 의무가 있다. 또한 후속 투자금을 대출 원금의 상환 재원으로 사용해야 하고 저리로 대출받는 대신 대출 기관에 소액의 신주 발행 인수권을 부여해야 한다.

일반적으로 시중 금융기관에서 대출을 받으려면 담보물이 있어야 한다. 초기 스타트업의 경우 마땅한 담보물이 없어 대출을 받는 데 어려움이 많다. 하지만 투자조건부 융자제도를 보조적으로 활용해 사업 운영에 필요한 운전 자본을 조달할 수 있다. 국내에서는 에이블리가 투자조

도표 6-13 **투자조건부 융자제도 주요 참여자**

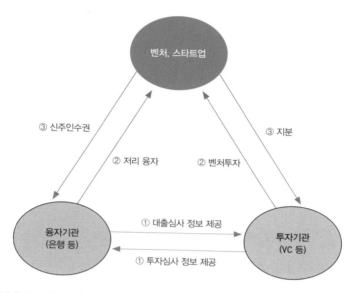

출차: 투자조건부 융자제도, 중소벤처기업부, https://www.mss.go.kr/site/smba/ex/bbs/View.do?cbIdx=86&bcIdx=1023905
&parentSeq=1023905

건부 융자로 시리즈 C 단계에서 500억 원을 투자 받아 화제를 모았다.

글로벌 컨설팅 기업 보스턴컨설팅그룹Boston Consulting Group은 2018년
부터 2022년 사이 미국의 전체 투자 규모에서 투자조건부 융자제도 거
래가 평균 19퍼센트를 차지한다고 발표했다. 그만큼 널리 사용되고 있
는 투자 방식이다. 비록 투자금을 상환해야 한다는 부담이 있지만 투자
유치가 용이하지 않은 불경기를 지나고 있거나 수익모델이 자리 잡지
않아 좋은 기업가치 평가를 기대하기 어려운 스타트업이 지분 희석 없

이도 현금을 확보해 회사의 운영 기간을 늘릴 수 있는 좋은 수단이다.(도표 6-13)

조건부 지분인수계약과 투자조건부 융자제도처럼 국내에서는 생소한 방식의 금융 제도들이 다양하게 도입되고 있다. 더불어 스타트업 투자 생태계도 점진적으로 유연해지고 있다. 특히 새로운 제도들이 자금 조달에 어려움을 겪는 단계인 창업 극초기와 중기 이후에 도입되고 있다는 사실에 주목해야 한다.

또한 스타트업 투자 관련 법령 및 제도가 점차 개선되면서 개인 투자자들도 스타트업 투자에 쉽게 접근할 수 있는 환경이 마련되고 있다. 스타트업 투자를 통해 부를 축적하고자 한다면 자본 시장에서 투자자로서 판단력을 갖출 뿐만 아니라 투자 접근 방식에 대한 정보와 유의 사항들도 숙지해야 한다.

조건부 지분인수계약의 경우 개인 투자자가 활용하기에는 까다로운 점이 많다. 투자조건부 융자제도의 경우 개인이 투자에 활용하지 못하는 제도는 아니지만 투자 대상인 스타트업이 자금을 조달하고 성장해 온 방식이나 재무 상태를 명확하게 파악해야 한다.

전 세계적으로 경기가 불안정한 시기에도 생성형 AI를 필두로 한 AI 산업에 대한 투자와 창업은 계속되고 있다. 이제 개인들도 AI 산업의 동향에 관심을 두고 트렌드를 읽어 나간다면 미래의 자산 포트폴리오를 구성하는 데 도움이 되리라 예상된다. 투자자들의 얼어붙은 자금줄에도 불구하고 대기업이나 중견기업에서는 미래에 대비하고자 기업형 벤처캐피털을 통해 스타트업 투자를 꾸준히 집행하고 있다. 스타트업 생태계의 움직임과 주요 벤처캐피털의 투자 활동을 예의주시하고 투자 의도를 이해하려는 태도를 지닌다면 스타트업 투자와 변화하는 미래에 대한 인사이트를 얻을 수 있을 것이다.

AI 스타트업, '이 기업'들이 뜨고 있다!

딥브레인AI: '딥브레인AI'는 실생활에서 사용 가능한 디지털 휴먼을 구현하며 연이어 투자에 성공하고 있다. 앞으로 디지털 휴먼이 인간의 감정 노동을 대체해 준다면 고객 대응 전략이나 서비스 품질 개선에 더더욱 많은 시간을 쓸 수 있을 것이다.

플루언트: AI 기반 모션 캡처 기업 '플루언트'는 스마트폰으로 3D 아바타 모션 캡처를 할 수 있는 솔루션을 개발했다. 인간의 움직임을 학습하고 모방하는 데 사용하는 모션 캡처는 실물 움직임을 구현해 영화, 게임, 애니메이션, 스포츠 등 다양한 분야에 사용할 수 있다.

크라우드웍스: 데이터 라벨링 플랫폼인 '크라우드웍스'는 사진, 동영상, 텍스트에 AI가 학습할 수 있도록 데이터 라벨을 달아주는 서비스를 제공한다. 별도의 데이터 라벨러 채용 없이 일반인들을 교육해 다량의 데이터를 빠르게 처리하도록 만들어 준다. 2023년 8월 31일 코스닥 시장에 상장됐다.